DINAMARQUÊS

VOCABULÁRIO

PORTUGUÊS BRASILEIRO

PORTUGUÊS DINAMARQUÊS

Para alargar o seu léxico e apurar
as suas competências linguísticas

7000 palavras

Vocabulário Português Brasileiro-Dinamarquês - 7000 palavras
Por Andrey Taranov

Os vocabulários da T&P Books destinam-se a ajudar a aprender, a memorizar, e a rever palavras estrangeiras. O dicionário é dividido em temas, cobrindo todas as principais esferas de atividades quotidianas, negócios, ciência, cultura, etc.

O processo de aprendizagem, utilizando os dicionários baseados em temáticas da T&P Books dá-lhe as seguintes vantagens:

- Informação de origem corretamente agrupada predetermina o sucesso em fases subsequentes da memorização de palavras
- Disponibilização de palavras derivadas da mesma raiz, o que permite a memorização de unidades de texto (em vez de palavras separadas)
- Pequenas unidades de palavras facilitam o processo de estabelecimento de vínculos associativos necessários para a consolidação do vocabulário
- O nível de conhecimento da língua pode ser estimado pelo número de palavras aprendidas

T&P Books Publishing
www.tpbooks.com

ISBN: 978-1-78767-324-3

Este livro também está disponível em formato E-book.
Por favor visite www.tpbooks.com ou as principais livrarias on-line.

VOCABULÁRIO DINAMARQUÊS
palavras mais úteis

Os vocabulários da T&P Books destinam-se a ajudar a aprender, a memorizar, e a rever palavras estrangeiras. O vocabulário contém mais de 7000 palavras de uso comum organizadas tematicamente.

O vocabulário contém as palavras mais comummente usadas

Recomendado como adicional para qualquer curso de línguas

Satisfaz as necessidades dos iniciados e dos alunos avançados de línguas estrangeiras

Conveniente para o uso diário, sessões de revisão e atividades de auto-teste

Permite avaliar o seu vocabulário

Características especias do vocabulário

*   As palavras estão organizadas de acordo com o seu significado, e não por ordem alfabética
*   As palavras são apresentadas em três colunas para facilitar os processos de revisão e auto-teste
*   As palavras compostas são divididas em pequenos blocos para facilitar o processo de aprendizagem
*   O vocabulário oferece uma transcrição simples e adequada de cada palavra estrangeira

O vocabulário contém 198 tópicos incluindo:

Conceitos básicos, Números, Cores, Meses, Estações do ano, Unidades de medida, Roupas & Acessórios, Alimentos & Nutrição, Restaurante, Membros da Família, Parentes, Caráter, Sentimentos, Emoções, Doenças, Cidade, Passeios, Compras, Dinheiro, Casa, Lar, Escritório, Trabalho no Escritório, Importação & Exportação, Marketing, Pesquisa de Emprego, Esportes, Educação, Computador, Internet, Ferramentas, Natureza, Países, Nacionalidades e muito mais ...

TABELA DE CONTEÚDOS

GUIA DE PRONUNCIAÇÃO

Letra	Exemplo Dinamarquês	Alfabeto fonético T&P	Exemplo Português
Aa	Afrika, kompas	[æ], [ɑ], [ɑː]	semana
Bb	barberblad	[b]	barril
Cc	cafe, creme	[k]	aquilo
Cc [1]	koncert	[s]	sanita
Dd	direktør	[d]	dentista
Dd [2]	facade	[ð]	[z] - fricativa dental sonora não-sibilante
Ee	belgier	[e], [ǝ]	mover
Ee [3]	elevator	[ɛ]	mesquita
Ff	familie	[f]	safári
Gg	mango	[g]	gosto
Hh	høne, knurhår	[h]	[h] aspirada
Ii	kolibri	[i], [iː]	sinônimo
Jj	legetøj	[j]	Vietnã
Kk	leksikon	[k]	aquilo
Ll	leopard	[l]	libra
Mm	marmor	[m]	magnólia
Nn	natur, navn	[n]	natureza
ng	omfang	[ŋ]	alcançar
nk	punktum	[ŋ]	alcançar
Oo	fortov	[o], [ɔ]	noite
Pp	planteolie	[p]	presente
Qq	sequoia	[k]	aquilo
Rr	seriøs	[ʁ]	[r] vibrante
Ss	selskab	[s]	sanita
Tt	strøm, trappe	[t]	tulipa
Uu	blæksprutte	[uː]	blusa
Vv	børnehave	[ʊ]	fava
Ww	whisky	[w]	página web
Xx	Luxembourg	[ks]	perplexo
Yy	lykke	[y], [ø]	trabalho
Zz	Venezuela	[s]	sanita
Ææ	ærter	[ɛ], [ɛː]	mover
Øø	grønsager	[ø], [œ]	milhões
Åå	åbent, afgå	[ɔ], [oː]	fava

Comentários

[1] antes de e, i
[2] depois de uma vogal acentuada
[3] no início de palavras

ABREVIATURAS
usadas no vocabulário

Abreviaturas do Português

adj	-	adjetivo
adv	-	advérbio
anim.	-	animado
conj.	-	conjunção
desp.	-	esporte
etc.	-	Etcetera
ex.	-	por exemplo
f	-	nome feminino
f pl	-	feminino plural
fem.	-	feminino
inanim.	-	inanimado
m	-	nome masculino
m pl	-	masculino plural
m, f	-	masculino, feminino
masc.	-	masculino
mat.	-	matemática
mil.	-	militar
pl	-	plural
prep.	-	preposição
pron.	-	pronome
sb.	-	sobre
sing.	-	singular
v aux	-	verbo auxiliar
vi	-	verbo intransitivo
vi, vt	-	verbo intransitivo, transitivo
vr	-	verbo reflexivo
vt	-	verbo transitivo

Abreviaturas do Dinamarquês

f	-	gênero comum
f pl	-	gênero comum plural
i	-	neutro
i pl	-	neutro plural
i, f	-	neutro, gênero comum
ngn.	-	alguém
pl	-	plural

CONCEITOS BÁSICOS

Conceitos básicos. Parte 1

1. Pronomes

eu	jeg	['jɑj]
você	du	[du]

ele	han	['han]
ela	hun	['hun]
ele, ela (neutro)	den, det	['dən], [de]

nós	vi	['vi]
vocês	I	[i]
eles, elas	de	['di]

2. Cumprimentos. Saudações. Despedidas

Oi!	Hej!	['hɑj]
Olá!	Hallo! Goddag!	[ha'lo], [go'dæˀ]
Bom dia!	Godmorgen!	[go'mɒːɒn]
Boa tarde!	Goddag!	[go'dæˀ]
Boa noite!	Godaften!	[go'aftən]

cumprimentar (vt)	at hilse	[ʌ 'hilsə]
Oi!	Hej!	['hɑj]
saudação (f)	hilsen (f)	['hilsən]
saudar (vt)	at hilse	[ʌ 'hilsə]
Como você está?	Hvordan har De det?	[vɒ'dan ha di de]
Como vai?	Hvordan går det?	[vɒ'dan gɒː de]
E aí, novidades?	Hvad nyt?	['vað 'nyt]

Tchau!	Farvel!	[fɑ'vɛl]
Até logo!	Hej hej!	['hɑj 'hɑj]
Até breve!	Hej så længe!	['hɑj sʌ 'lɛŋə]
Adeus!	Farvel!	[fɑ'vɛl]
despedir-se (dizer adeus)	at sige farvel	[ʌ 'si: fɑ'vɛl]
Até mais!	Hej hej!	['hɑj 'hɑj]

Obrigado! -a!	Tak!	['tɑk]
Muito obrigado! -a!	Mange tak!	['maŋə 'tɑk]
De nada	Velbekomme	['vɛlbə'kʌmˀə]
Não tem de quê	Det var så lidt!	[de vɑˀ sʌ let]
Não foi nada!	Det var så lidt!	[de vɑˀ sʌ let]
Desculpa!	Undskyld, ...	['ɔnˌskylˀ, ...]
Desculpe!	Undskyld mig, ...	['ɔnˌskylˀ mɑj, ...]

desculpar (vt)	at undskylde	[ʌ 'ɔn̩skyl'ə]
desculpar-se (vr)	at undskylde sig	[ʌ 'ɔn̩skyl'ə sɑj]
Me desculpe	Om forladelse	[ʌm fʌ'læ'ðəlsə]
Desculpe!	Undskyld mig!	['ɔn̩skyl' mɑj]
perdoar (vt)	at tilgive	[ʌ 'tel̩gi']
Não faz mal	Det gør ikke noget	[de 'gœɐ̞ 'ekə 'nɔːəð]
por favor	værsgo	['væɐ̞'sgo']

Não se esqueça!	Husk!	['husk]
Com certeza!	Selvfølgelig!	[sɛl'føljəli]
Claro que não!	Naturligvis ikke!	[na'tuɐ̞'li'vi's 'ekə]
Está bem! De acordo!	OK! Jeg er enig!	[ɔw'kɛj], ['jɑj 'æɐ̞ 'eːni]
Chega!	Så er det nok!	['sʌ æɐ̞ de 'nʌk]

3. Números cardinais. Parte 1

zero	nul	['nɔl]
um	en	['en]
dois	to	['to']
três	tre	['tʁɛ']
quatro	fire	['fi'ʌ]

cinco	fem	['fɛm']
seis	seks	['sɛks]
sete	syv	['syw']
oito	otte	['ɔːtə]
nove	ni	['ni']

dez	ti	['ti']
onze	elleve	['ɛlvə]
doze	tolv	['tʌl']
treze	tretten	['tʁatən]
catorze	fjorten	['fjoɐ̞tən]

quinze	femten	['fɛmtən]
dezesseis	seksten	['sɑjstən]
dezessete	sytten	['søtən]
dezoito	atten	['atən]
dezenove	nitten	['netən]

vinte	tyve	['tyːvə]
vinte e um	enogtyve	['eːnʌ̩tyːvə]
vinte e dois	toogtyve	['toːʌ̩tyːvə]
vinte e três	treogtyve	['tʁɛːʌ̩tyːvə]

trinta	tredive	['tʁaðvə]
trinta e um	enogtredive	['eːnʌ̩tʁaðvə]
trinta e dois	toogtredive	['toːʌ̩tʁaðvə]
trinta e três	treogtredive	['tʁɛːʌ̩tʁaðvə]

quarenta	fyrre	['fœɐ̞ʌ]
quarenta e um	enogfyrre	['eːnʌ̩fœɐ̞ʌ]
quarenta e dois	toogfyrre	['toːʌ̩fœɐ̞ʌ]
quarenta e três	treogfyrre	['tʁɛːʌ̩fœɐ̞ʌ]

cinquenta	halvtreds	[hal'tʁɛs]
cinquenta e um	enoghalvtreds	['e:nʌ hal̩tʁɛs]
cinquenta e dois	tooghalvtreds	['to:ʌ hal̩tʁɛs]
cinquenta e três	treoghalvtreds	['tʁɛ:ʌ hal̩tʁɛs]

sessenta	tres	['tʁɛs]
sessenta e um	enogtres	['e:nʌ̩tʁɛs]
sessenta e dois	toogtres	['to:ʌ̩tʁɛs]
sessenta e três	treogtres	['tʁɛ:ʌ̩tʁɛs]

setenta	halvfjerds	[hal'fjæɐ̯s]
setenta e um	enoghalvfjerds	['e:nʌ hal'fjæɐ̯s]
setenta e dois	tooghalvfjerds	['to:ʌ hal'fjæɐ̯s]
setenta e três	treoghalvfjerds	['tʁɛ:ʌ hal'fjæɐ̯s]

oitenta	firs	['fiɐ̯ˀs]
oitenta e um	enogfirs	['e:nʌ̩'fiɐ̯ˀs]
oitenta e dois	toogfirs	['to:ʌ̩fiɐ̯ˀs]
oitenta e três	treogfirs	['tʁɛ:ʌ̩fiɐ̯ˀs]

noventa	halvfems	[hal'fɛmˀs]
noventa e um	enoghalvfems	['e:nʌ hal̩fɛmˀs]
noventa e dois	tooghalvfems	['to:ʌ hal̩fɛmˀs]
noventa e três	treoghalvfems	['tʁɛ:ʌ hal̩fɛmˀs]

4. Números cardinais. Parte 2

cem	hundrede	['hunʌðə]
duzentos	tohundrede	['tɔw̩hunʌðə]
trezentos	trehundrede	['tʁɛ̩hunʌðə]
quatrocentos	firehundrede	['fiɐ̯̩hunʌðə]
quinhentos	femhundrede	['fɛm̩hunʌðə]

seiscentos	sekshundrede	['sɛks̩hunʌðə]
setecentos	syvhundrede	['syw̩hunʌðə]
oitocentos	ottehundrede	['ɔ:tə̩hunʌðə]
novecentos	nihundrede	['ni̩hunʌðə]

mil	tusind	['tuˀsən]
dois mil	totusind	['to̩tuˀsən]
três mil	tretusind	['tʁɛ̩tuˀsən]
dez mil	titusind	['ti̩tuˀsən]
cem mil	hundredetusind	['hunʌðə̩tuˀsən]
um milhão	million (f)	[mili'oˀn]
um bilhão	milliard (f)	[mili'ɑˀd]

5. Números. Frações

fração (f)	brøk (f)	['bʁœˀk]
um meio	en halv	[en 'halˀ]
um terço	en tredjedel	[en 'tʁɛðjə̩deˀl]
um quarto	en fjerdedel	[en 'fjɛ:ʌ̩deˀl]

um oitavo	en ottendedel	[en 'ʌtənə‚de'l]
um décimo	en tiendedel	[en 'tiənə‚de'l]
dois terços	to tredjedele	['to: 'tʁɛðjə‚de:lə]
três quartos	tre fjerdedele	['tʁɛ: 'fjɛ:ʌ‚de'lə]

6. Números. Operações básicas

subtração (f)	subtraktion (f)	[subtʁak'ɡo'n]
subtrair (vi, vt)	at subtrahere	[ʌ subtʁa'he'ʌ]
divisão (f)	division (f)	[divi'ɡo'n]
dividir (vt)	at dividere	[ʌ divi'de'ʌ]

adição (f)	addition (f)	[adi'ɡo'n]
somar (vt)	at addere	[ʌ a'de'ʌ]
adicionar (vt)	at addere	[ʌ a'de'ʌ]
multiplicação (f)	multiplikation (f)	[multiplika'ɡo'n]
multiplicar (vt)	at multiplicere	[ʌ multipli'se'ʌ]

7. Números. Diversos

algarismo, dígito (m)	ciffer (i)	['sifʌ]
número (m)	tal (i)	['tal]
numeral (m)	talord (i)	['tal‚o'ɡ]
menos (m)	minus (i)	['mi:nus]
mais (m)	plus (i)	['plus]
fórmula (f)	formel (f)	['fɒ'məl]

| cálculo (m) | beregning (f) | [be'ʁaj'nen] |
| contar (vt) | at tælle | [ʌ 'tɛlə] |

| calcular (vt) | at tælle op | [ʌ 'tɛlə 'ʌp] |
| comparar (vt) | at sammenligne | [ʌ 'samən‚li'nə] |

| Quanto? | Hvor meget? | [vɒ' 'maɑð] |
| Quantos? -as? | Hvor mange? | [vɒ' 'manə] |

soma (f)	sum (f)	['sɔm']
resultado (m)	resultat (i)	[ʁɛsul'tæ't]
resto (m)	rest (f)	['ʁast]

alguns, algumas ...	nogle få ...	['no:lə fɔ' ...]
poucos, poucas	få, ikke mange	['fɔ'], ['ekə 'manə]
um pouco de ...	lidt	['let]
resto (m)	øvrig (i)	['øwʁi]

| um e meio | halvanden | [hal'anən] |
| dúzia (f) | dusin (i) | [du'si'n] |

ao meio	i to halvdele	[i 'to: 'halde:lə]
em partes iguais	jævnt	['jɛw'nt]
metade (f)	halvdel (f)	['halde'l]
vez (f)	gang (f)	['gaŋ']

8. Os verbos mais importantes. Parte 1

abrir (vt)	at åbne	[ʌ 'ɔ:bnə]
acabar, terminar (vt)	at slutte	[ʌ 'slutə]
aconselhar (vt)	at råde	[ʌ 'ʁɔ:ðə]
adivinhar (vt)	at gætte	[ʌ 'gɛtə]
advertir (vt)	at advare	[ʌ 'að͜va'a]
ajudar (vt)	at hjælpe	[ʌ 'jɛlpə]
almoçar (vi)	at spise frokost	[ʌ 'spi:sə 'fʁɔkʌst]
alugar (~ um apartamento)	at leje	[ʌ 'lajə]
amar (pessoa)	at elske	[ʌ 'ɛlskə]
ameaçar (vt)	at true	[ʌ 'tʁu:ə]
anotar (escrever)	at skrive ned	[ʌ 'skʁi:və 'neð']
apressar-se (vr)	at skynde sig	[ʌ 'skønə saj]
arrepender-se (vr)	at beklage	[ʌ be'klæ'jə]
assinar (vt)	at underskrive	[ʌ 'ɔnʌ͜skʁi'və]
brincar (vi)	at spøge	[ʌ 'spø:jə]
brincar, jogar (vi, vt)	at lege	[ʌ 'lajə]
buscar (vt)	at søge ...	[ʌ 'sø:ə ...]
caçar (vi)	at jage	[ʌ 'jæ:jə]
cair (vi)	at falde	[ʌ 'falə]
cavar (vt)	at grave	[ʌ 'gʁa:və]
chamar (~ por socorro)	at tilkalde	[ʌ 'tel͜kal'ə]
chegar (vi)	at ankomme	[ʌ 'an͜kʌm'ə]
chorar (vi)	at græde	[ʌ 'gʁa:ðə]
começar (vt)	at begynde	[ʌ be'gøn'ə]
comparar (vt)	at sammenligne	[ʌ 'samən͜li'nə]
concordar (dizer "sim")	at samtykke	[ʌ 'sam͜tykə]
confiar (vt)	at stole på	[ʌ 'sto:lə pɔ']
confundir (equivocar-se)	at forveksle	[ʌ fʌ'vɛkslə]
conhecer (vt)	at kende	[ʌ 'kɛnə]
contar (fazer contas)	at tælle	[ʌ 'tɛlə]
contar com ...	at regne med ...	[ʌ 'ʁajnə mɛ ...]
continuar (vt)	at fortsætte	[ʌ 'fɔ:t͜sɛtə]
controlar (vt)	at kontrollere	[ʌ kʌntʁo'le'ʌ]
convidar (vt)	at indbyde, at invitere	[ʌ 'en͜by'ðə], [ʌ envi'te'ʌ]
correr (vi)	at løbe	[ʌ 'lø:bə]
criar (vt)	at oprette, at skabe	[ʌ 'ʌb͜ʁatə], [ʌ 'skæ:bə]
custar (vt)	at koste	[ʌ 'kʌstə]

9. Os verbos mais importantes. Parte 2

dar (vt)	at give	[ʌ 'gi']
dar uma dica	at give et vink	[ʌ 'gi' et 'veŋ'k]
decorar (enfeitar)	at pryde	[ʌ 'pʁy:ðə]
defender (vt)	at forsvare	[ʌ fʌ'sva'a]
deixar cair (vt)	at tabe	[ʌ 'tæ:bə]

descer (para baixo)	at gå ned	[ʌ gɔˀ 'neðˀ]
desculpar (vt)	at tilgive	[ʌ 'tel‚giˀ]
desculpar-se (vr)	at undskylde sig	[ʌ 'ɔn‚skylˀə sɑj]
dirigir (~ uma empresa)	at styre, at lede	[ʌ 'styːʌ], [ʌ 'leːðə]
discutir (notícias, etc.)	at diskutere	[ʌ disku'teˀʌ]

disparar, atirar (vi)	at skyde	[ʌ 'skyːðə]
dizer (vt)	at sige	[ʌ 'siː]
duvidar (vt)	at tvivle	[ʌ 'tviwlə]
encontrar (achar)	at finde	[ʌ 'fenə]
enganar (vt)	at snyde	[ʌ 'snyːðə]

entender (vt)	at forstå	[ʌ fʌ'stɔˀ]
entrar (na sala, etc.)	at komme ind	[ʌ 'kʌmə ‚enˀ]
enviar (uma carta)	at sende	[ʌ 'sɛnə]
errar (enganar-se)	at tage fejl	[ʌ 'tæˀ fɑjˀl]
escolher (vt)	at vælge	[ʌ 'vɛljə]

esconder (vt)	at gemme	[ʌ 'gɛmə]
escrever (vt)	at skrive	[ʌ 'skʁiːvə]
esperar (aguardar)	at vente	[ʌ 'vɛntə]
esperar (ter esperança)	at håbe	[ʌ 'hɔːbə]
esquecer (vt)	at glemme	[ʌ 'glɛmə]

estudar (vt)	at studere	[ʌ stu'deˀʌ]
exigir (vt)	at kræve	[ʌ 'kʁɛːvə]
existir (vi)	at eksistere	[ʌ ɛksi'steˀʌ]
explicar (vt)	at forklare	[ʌ fʌ'klɑˀɑ]

falar (vi)	at tale	[ʌ 'tæːlə]
faltar (a la escuela, etc.)	at forsømme	[ʌ fʌ'sœmˀə]
fazer (vt)	at gøre	[ʌ 'gœːʌ]
ficar em silêncio	at tie	[ʌ 'tiːə]
gabar-se (vr)	at prale	[ʌ 'pʁɑːlə]

gostar (apreciar)	at kunne lide	[ʌ 'kunə 'liːðə]
gritar (vi)	at skrige	[ʌ 'skʁiːə]
guardar (fotos, etc.)	at beholde	[ʌ be'hʌlˀə]
informar (vt)	at informere	[ʌ enfɔ'meˀʌ]
insistir (vi)	at insistere	[ʌ ensi'steˀʌ]

insultar (vt)	at fornærme	[ʌ fʌ'næɐ̯'mə]
interessar-se (vr)	at interessere sig	[ʌ entʁə'seˀʌ sɑj]
ir (a pé)	at gå	[ʌ 'gɔˀ]
ir nadar	at bade	[ʌ 'bæˀðə]
jantar (vi)	at spise aftensmad	[ʌ 'spiːsə 'ɑftəns‚mað]

10. Os verbos mais importantes. Parte 3

ler (vt)	at læse	[ʌ 'lɛːsə]
libertar, liberar (vt)	at befri	[ʌ be'fʁiˀ]
matar (vt)	at dræbe, at myrde	[ʌ 'dʁɛːbə], [ʌ 'myɐ̯də]
mencionar (vt)	at omtale, at nævne	[ʌ 'ʌm‚tæːlə], [ʌ 'nɛwnə]
mostrar (vt)	at vise	[ʌ 'viːsə]

mudar (modificar)	at ændre	[ʌ 'ɛndʁʌ]
nadar (vi)	at svømme	[ʌ 'svœmə]
negar-se a … (vr)	at vægre sig	[ʌ 'vɛːjʁʌ saj]
objetar (vt)	at indvende	[ʌ 'en'ˌvɛn'ə]

observar (vt)	at observere	[ʌ ʌbsæɡ've'ʌ]
ordenar (mil.)	at beordre	[ʌ be'ɒ'dʁʌ]
ouvir (vt)	at høre	[ʌ 'hø:ʌ]
pagar (vt)	at betale	[ʌ be'tæ'lə]
parar (vi)	at standse	[ʌ 'stansə]

parar, cessar (vt)	at stoppe, at slutte	[ʌ 'stʌpə], [ʌ 'slutə]
participar (vi)	at deltage	[ʌ 'delˌtæ']
pedir (comida, etc.)	at bestille	[ʌ be'stel'ə]
pedir (um favor, etc.)	at bede	[ʌ 'be'ðə]
pegar (tomar)	at tage	[ʌ 'tæ']

pegar (uma bola)	at fange	[ʌ 'faŋə]
pensar (vi, vt)	at tænke	[ʌ 'tɛŋkə]
perceber (ver)	at bemærke	[ʌ be'mæɡkə]
perdoar (vt)	at tilgive	[ʌ 'telˌgi']
perguntar (vt)	at spørge	[ʌ 'spœɡʌ]

permitir (vt)	at tillade	[ʌ 'teˌlæ'ðə]
pertencer a … (vi)	at tilhøre …	[ʌ 'telˌhø'ʌ …]
planejar (vt)	at planlægge	[ʌ 'plæːnˌlɛgə]
poder (~ fazer algo)	at kunne	[ʌ 'kunə]
possuir (uma casa, etc.)	at besidde, at eje	[ʌ be'sið'ə], [ʌ 'ajə]

preferir (vt)	at foretrække	[ʌ fɒːɒ'tʁakə]
preparar (vt)	at lave	[ʌ 'læːvə]
prever (vt)	at forudse	[ʌ 'fɒuðˌse']
prometer (vt)	at love	[ʌ 'lɔːvə]
pronunciar (vt)	at udtale	[ʌ 'uðˌtæːlə]

propor (vt)	at foreslå	[ʌ 'fɒːɒˌslɔ']
punir (castigar)	at straffe	[ʌ 'stʁafə]
quebrar (vt)	at bryde	[ʌ 'bʁy:ðə]
queixar-se de …	at klage	[ʌ 'klæːjə]
querer (desejar)	at ville	[ʌ 'vilə]

11. Os verbos mais importantes. Parte 4

ralhar, repreender (vt)	at skælde	[ʌ 'skɛlə]
recomendar (vt)	at anbefale	[ʌ 'anbeˌfæ'lə]
repetir (dizer outra vez)	at gentage	[ʌ 'gɛnˌtæ']
reservar (~ um quarto)	at reservere	[ʌ ʁɛsæɡ've'ʌ]
responder (vt)	at svare	[ʌ 'svɑːɑ]

rezar, orar (vi)	at bede	[ʌ 'be'ðə]
rir (vi)	at le, at grine	[ʌ 'le'], [ʌ 'gʁiːnə]
roubar (vt)	at stjæle	[ʌ 'stjɛːlə]
saber (vt)	at vide	[ʌ 'viːðə]
sair (~ de casa)	at gå ud	[ʌ 'gɔ' uð']

salvar (resgatar)	at redde	[ʌ 'ʁɛðə]
seguir (~ alguém)	at følge efter ...	[ʌ 'føljə 'ɛftʌ ...]
sentar-se (vr)	at sætte sig	[ʌ 'sɛtə sɑj]
ser necessário	at være behøvet	[ʌ 'vɛːʌ be'hø'veð]

ser, estar	at være	[ʌ 'vɛːʌ]
significar (vt)	at betyde	[ʌ be'ty'ðə]
sorrir (vi)	at smile	[ʌ 'smiːlə]
subestimar (vt)	at undervurdere	[ʌ 'ɔnʌvuɐ̯'de'ʌ]
surpreender-se (vr)	at blive forundret	[ʌ 'bliːə fʌ'ɔn'dʁʌð]

tentar (~ fazer)	at prøve	[ʌ 'pʁœːwə]
ter (vt)	at have	[ʌ 'hæːvə]
ter fome	at være sulten	[ʌ 'vɛːʌ 'sultən]

ter medo	at frygte	[ʌ 'fʁœgtə]
ter sede	at være tørstig	[ʌ 'vɛːʌ 'tœɐ̯sti]
tocar (com as mãos)	at røre	[ʌ 'ʁœːʌ]
tomar café da manhã	at spise morgenmad	[ʌ 'spiːsə 'mɒːɒnˌmɑð]
trabalhar (vi)	at arbejde	[ʌ 'ɑːˌbɑj'də]
traduzir (vt)	at oversætte	[ʌ 'ɒwʌˌsɛtə]

unir (vt)	at forene	[ʌ fʌ'enə]
vender (vt)	at sælge	[ʌ 'sɛljə]
ver (vt)	at se	[ʌ 'se']
virar (~ para a direita)	at svinge	[ʌ 'svenə]
voar (vi)	at flyve	[ʌ 'flyːvə]

12. Cores

cor (f)	farve (f)	['fɑːvə]
tom (m)	nuance (f)	[ny'ɑŋsə]
tonalidade (m)	farvetone (f)	['fɑːvəˌtoːnə]
arco-íris (m)	regnbue (f)	['ʁɑjnˌbuːə]

branco (adj)	hvid	['við']
preto (adj)	sort	['soɐ̯t]
cinza (adj)	grå	['gʁɔ']

verde (adj)	grøn	['gʁœn']
amarelo (adj)	gul	['gu'l]
vermelho (adj)	rød	['ʁœð']

azul (adj)	blå	['blɔ']
azul claro (adj)	lyseblå	['lysəˌblɔ']
rosa (adj)	rosa	['ʁoːsa]
laranja (adj)	orange	[o'ʁɑŋɕə]
violeta (adj)	violblå	[vi'ɔlˌblɔ']
marrom (adj)	brun	['bʁu'n]

dourado (adj)	guld-	['gul-]
prateado (adj)	sølv-	['søl-]
bege (adj)	beige	['bɛːɕ]
creme (adj)	cremefarvet	['kʁɛːmˌfɑ'veð]

turquesa (adj)	turkis	[tyɐ̯'ki'ˀs]
vermelho cereja (adj)	kirsebærrød	['kiɐ̯səbæɐ̯ˌʁœð']
lilás (adj)	lilla	['lela]
carmim (adj)	hindbærrød	['henbæɐ̯ˌʁœð']

claro (adj)	lys	['lyˀs]
escuro (adj)	mørk	['mœɐ̯k]
vivo (adj)	klar	['klɑˀ]

de cor	farve-	['fɑːvə-]
a cores	farve	['fɑːvə]
preto e branco (adj)	sort-hvid	['soɐ̯t'viðˀ]
unicolor (de uma só cor)	ensfarvet	['ensˌfaˀvəð]
multicolor (adj)	mangefarvet	['mɑŋəˌfɑːvəð]

13. Questões

Quem?	Hvem?	['vɛmˀ]
O que?	Hvad?	['vað]
Onde?	Hvor?	['vɒˀ]
Para onde?	Hvorhen?	['vɒˀˌhɛn]
De onde?	Hvorfra?	['vɒˀfʁɑˀ]
Quando?	Hvornår?	[vɒ'nɒˀ]
Para quê?	Hvorfor?	['vɔfʌ]
Por quê?	Hvorfor?	['vɔfʌ]

Para quê?	For hvad?	[fʌ 'vað]
Como?	Hvordan?	[vɒ'dan]
Qual (~ é o problema?)	Hvilken?	['velkən]
Qual (~ deles?)	Hvilken?	['velkən]

A quem?	Til hvem?	[tel 'vɛmˀ]
De quem?	Om hvem?	[ʌm 'vɛmˀ]
Do quê?	Om hvad?	[ʌm 'vað]
Com quem?	Med hvem?	[mɛ 'vɛmˀ]

Quantos? -as?	Hvor mange?	[vɒˀ 'mɑŋə]
Quanto?	Hvor meget?	[vɒˀ 'mɑɑð]
De quem? (masc.)	Hvis?	['ves]

14. Palavras funcionais. Advérbios. Parte 1

Onde?	Hvor?	['vɒˀ]
aqui	her	['hɛˀɐ̯]
lá, ali	der	['dɛˀɐ̯]

| em algum lugar | et sted | [et 'stɛð] |
| em lugar nenhum | ingen steder | ['eŋən ˌstɛːðʌ] |

perto de ...	ved	[ve]
perto da janela	ved vinduet	[ve 'venduəð]
Para onde?	Hvorhen?	['vɒˀˌhɛn]

21

aqui	herhen	['hɛˀɐ̯ˌhɛn]
para lá	derhen	['dɛˀɐ̯ˌhɛn]
daqui	herfra	['hɛˀɐ̯ˌfʁɑˀ]
de lá, dali	derfra	['dɛˀɐ̯ˌfʁɑˀ]
perto	nær	['nɛˀɐ̯]
longe	langt	['lɑŋˀt]
perto de ...	nær	['nɛˀɐ̯]
à mão, perto	i nærheden	[i 'nɛɐ̯ˌheðˀən]
não fica longe	ikke langt	['ekə 'lɑŋˀt]
esquerdo (adj)	venstre	['vɛnstʁʌ]
à esquerda	til venstre	[te 'vɛnstʁʌ]
para a esquerda	til venstre	[te 'vɛnstʁʌ]
direito (adj)	højre	['hʌjʁʌ]
à direita	til højre	[te 'hʌjʁʌ]
para a direita	til højre	[te 'hʌjʁʌ]
em frente	foran	['fɔːˈanˀ]
da frente	for-, ante-	[fʌ-], [antə'-]
adiante (para a frente)	fremad	['fʁamˀˌað]
atrás de ...	bagved	['bæˀjˌve]
de trás	bagpå	['bæˀjˌpɔˀ]
para trás	tilbage	[te'bæːjə]
meio (m), metade (f)	midte (f)	['metə]
no meio	i midten	[i 'metən]
do lado	fra siden	[fʁɑ 'siðən]
em todo lugar	overalt	[ɒwʌ'alˀt]
por todos os lados	rundtomkring	['ʁɔnˀdʌmˌkʁɛŋˀ]
de dentro	indefra	['enəˌfʁɑˀ]
para algum lugar	et sted	[et 'stɛð]
diretamente	ligeud	['liːəˈuðˀ]
de volta	tilbage	[te'bæːjə]
de algum lugar	et eller andet sted fra	[ed 'ɛlʌ 'anəð stɛð fʁɑˀ]
de algum lugar	fra et sted	[fʁɑ ed 'stɛð]
em primeiro lugar	for det første	[fʌ de 'fœɐ̯stə]
em segundo lugar	for det andet	[fʌ de 'anəð]
em terceiro lugar	for det tredje	[fʌ de 'tʁɛðjə]
de repente	pludseligt	['plusəlit]
no início	i begyndelsen	[i be'gønˀəlsən]
pela primeira vez	for første gang	[fʌ 'fœɐ̯stə gaŋˀ]
muito antes de ...	længe før ...	['lɛŋə føˀɐ̯ ...]
de novo	på ny	[pɔ 'nyˀ]
para sempre	for evigt	[fʌ 'eːvið]
nunca	aldrig	['aldʁi]
de novo	igen	[i'gɛn]

agora	nu	['nu]
frequentemente	ofte	['ʌftə]
então	da, dengang	['da], ['dɛn'ˌgɑŋ']
urgentemente	omgående	['ʌmˌgɔ'ənə]
normalmente	vanligvis	['væ:nliˌvi's]

a propósito, ...	for resten ...	[fʌ 'ʁastən ...]
é possível	muligt, muligvis	['mu:lit], ['mu:liˌvi's]
provavelmente	sandsynligvis	[san'sy'nliˌvi's]
talvez	måske	[mɔ'ske']
além disso, ...	desuden, ...	[des'u:ðən, ...]
por isso ...	derfor ...	['dɛ'g̊fʌ ...]
apesar de ...	på trods af ...	[pɔ 'tʁʌs æ' ...]
graças a ...	takket være ...	['tɑkəð ˌvɛ'ʌ ...]

que (pron.)	hvad	['vað]
que (conj.)	at	[at]
algo	noget	['nɔ:əð]
alguma coisa	noget	['nɔ:əð]
nada	ingenting	['eŋən'teŋ']

quem	hvem	['vɛm']
alguém (~ que ...)	nogen	['noən]
alguém (com ~)	nogen	['noən]

ninguém	ingen	['eŋən]
para lugar nenhum	ingen steder	['eŋən ˌstɛ:ðʌ]
de ninguém	ingens	['eŋəns]
de alguém	nogens	['noəns]

tão	så	['sʌ]
também (gostaria ~ de ...)	også	['ʌsə]
também (~ eu)	også	['ʌsə]

15. Palavras funcionais. Advérbios. Parte 2

Por quê?	Hvorfor?	['vɔfʌ]
por alguma razão	af en eller anden grund	[a en 'ɛlʌ 'anən 'gʁɔn']
porque ...	fordi ...	[fʌ'di' ...]
por qualquer razão	af en eller anden grund	[a en 'ɛlʌ 'anən 'gʁɔn']

e (tu ~ eu)	og	[ʌ]
ou (ser ~ não ser)	eller	[ɛlʌ]
mas (porém)	men	['mɛn]
para (~ a minha mãe)	for, til	[fʌ], [tel]

muito, demais	for, alt for	[fʌ], ['al't fʌ]
só, somente	bare, kun	['bɑ:ɑ], ['kɔn]
exatamente	præcis	[pʁɛ'si's]
cerca de (~ 10 kg)	cirka	['siɐka]

aproximadamente	omtrent	[ʌm'tʁan't]
aproximado (adj)	omtrentlig	[ʌm'tʁan'tli]
quase	næsten	['nɛstən]

resto (m)	rest (f)	['ʁast]
o outro (segundo)	den anden	[dən 'anən]
outro (adj)	andre	['andʁʌ]
cada (adj)	hver	['vɛˀɐ̯]
qualquer (adj)	hvilken som helst	['velkən sʌm 'hɛlˀst]
muito, muitos, muitas	megen, meget	['majən], ['maað]
muitas pessoas	mange	['maŋə]
todos	alle	['alə]

em troca de ...	til gengæld for ...	[tel 'gɛn,gɛlˀ fʌ ...]
em troca	i stedet for	[i 'stɛðə fʌ]
à mão	i hånden	[i 'hʌnən]
pouco provável	næppe	['nɛpə]

provavelmente	sandsynligvis	[san'syˀnli,viˀs]
de propósito	med vilje, forsætlig	[mɛ 'viljə], [fʌ'sɛtli]
por acidente	tilfældigt	[te'fɛlˀdit]

muito	meget	['maað]
por exemplo	for eksempel	[fʌ ɛk'sɛmˀpəl]
entre	imellem	[i'mɛlˀəm]
entre (no meio de)	blandt	['blant]
tanto	så meget	['sʌ 'maað]
especialmente	særligt	['sæɐ̯lit]

Conceitos básicos. Parte 2

16. Opostos

rico (adj)	rig	['ʁi']
pobre (adj)	fattig	['fati]
doente (adj)	syg	['sy']
bem (adj)	frisk	['fʁɛsk]
grande (adj)	stor	['sto'ɐ̯]
pequeno (adj)	lille	['lilə]
rapidamente	hurtigt	['hoɐ̯tit]
lentamente	langsomt	['laŋ,sʌmt]
rápido (adj)	hurtig	['hoɐ̯ti]
lento (adj)	langsom	['laŋ,sʌm']
alegre (adj)	glad	['glað]
triste (adj)	sørgmodig	[sœɐ̯w'mo'ði]
juntos (ir ~)	sammen	['sam'ən]
separadamente	separat	[sepɑ'ʁɑ't]
em voz alta (ler ~)	højt	['hɒj't]
para si (em silêncio)	for sig selv	[fʌ sɒj 'sɛl'v]
alto (adj)	høj	['hʌj']
baixo (adj)	lav	['læ'v]
profundo (adj)	dyb	['dy'b]
raso (adj)	lille	['lilə]
sim	ja	[ja], ['jæɐ̯]
não	nej	['nɑj']
distante (adj)	fjern	['fjæɐ̯'n]
próximo (adj)	nær	['nɛ'ɐ̯]
longe	langt	['laŋ't]
à mão, perto	i nærheden	[i 'nɛɐ̯ˌheð'ən]
longo (adj)	lang	['laŋ']
curto (adj)	kort	['kɒːt]
bom (bondoso)	god	['goð']
mal (adj)	ond	['ɔn']
casado (adj)	gift	['gift]

solteiro (adj)	ugift	['u‚gift]

proibir (vt)	at forbyde	[ʌ fʌ'by'ðə]
permitir (vt)	at tillade	[ʌ 'te‚læ'ðə]

fim (m)	slut (f)	['slut]
início (m)	begyndelse (f)	[be'gøn'əlsə]

esquerdo (adj)	venstre	['vɛnstʁʌ]
direito (adj)	højre	['hʌjʁʌ]

primeiro (adj)	første	['fœ̞stə]
último (adj)	sidste	['sistə]

crime (m)	forbrydelse (f)	[fʌ'bʁyð'əlsə]
castigo (m)	straf (f)	['stʁɑf]

ordenar (vt)	at beordre	[ʌ be'ɒ'dʁʌ]
obedecer (vt)	at underordne sig	[ʌ 'ɔnʌ‚ɒ'dnə saj]

reto (adj)	ret	['ʁat]
curvo (adj)	krum	['kʁɔm']

paraíso (m)	paradis (i)	['pɑːa‚di's]
inferno (m)	helvede (i)	['hɛlvəðə]

nascer (vi)	at fødes	[ʌ 'føːðəs]
morrer (vi)	at dø	[ʌ 'dø']

forte (adj)	stærk	['stæ̞k]
fraco, débil (adj)	svag	['svæ'j]

velho, idoso (adj)	gammel	['gɑməl]
jovem (adj)	ung	['ɔŋ']

velho (adj)	gammel	['gɑməl]
novo (adj)	ny	['ny']

duro (adj)	hård	['hɒ']
macio (adj)	blød	['blø'ð]

quente (adj)	varm	['vɑ'm]
frio (adj)	kold	['kʌl']

gordo (adj)	tyk	['tyk]
magro (adj)	tynd	['tøn']

estreito (adj)	smal	['smal']
largo (adj)	bred	['bʁɛð']

bom (adj)	god	['goð']
mau (adj)	dårlig	['dɒːli]

valente, corajoso (adj)	tapper	['tɑpʌ]
covarde (adj)	fej, krysteragtig	['fɑj'], ['kʁystʌ‚ɑgdi]

17. Dias da semana

segunda-feira (f)	mandag (f)	['man'da]
terça-feira (f)	tirsdag (f)	['tiɐ̯'sda]
quarta-feira (f)	onsdag (f)	['ɔn'sda]
quinta-feira (f)	torsdag (f)	['tɒ'sda]
sexta-feira (f)	fredag (f)	['fʁɛ'da]
sábado (m)	lørdag (f)	['lœɐ̯da]
domingo (m)	søndag (f)	['sœn'da]
hoje	i dag	[i 'dæ']
amanhã	i morgen	[i 'mɒːɒn]
depois de amanhã	i overmorgen	[i 'ɒwʌˌmɒːɒn]
ontem	i går	[i 'gɒ']
anteontem	i forgårs	[i 'fɒːˌgɒ's]
dia (m)	dag (f)	['dæ']
dia (m) de trabalho	arbejdsdag (f)	['ɑːbɑjdsˌdæ']
feriado (m)	festdag (f)	['fɛstˌdæ']
dia (m) de folga	fridag (f)	['fʁidæ']
fim (m) de semana	weekend (f)	['wiːˌkɛnd]
o dia todo	hele dagen	['heːlə 'dæ'ən]
no dia seguinte	næste dag	['nɛstə dæ']
há dois dias	for to dage siden	[fʌ to' 'dæ'ə 'siðən]
na véspera	dagen før	['dæ'ən fʌ]
diário (adj)	daglig	['dɑwli]
todos os dias	hver dag	['vɛɐ̯ 'dæ']
semana (f)	uge (f)	['uːə]
na semana passada	sidste uge	[i 'sistə 'uːə]
semana que vem	i næste uge	[i 'nɛstə 'uːə]
semanal (adj)	ugentlig	['uːəntli]
toda semana	hver uge	['vɛɐ̯ 'uːə]
duas vezes por semana	to gange om ugen	['to: 'gɑŋə ɒm 'uːən]
toda terça-feira	hver tirsdag	['vɛɐ̯ ˌtiɐ̯'sda]

18. Horas. Dia e noite

manhã (f)	morgen (f)	['mɒːɒn]
de manhã	om morgenen	[ʌm 'mɒːɒnən]
meio-dia (m)	middag (f)	['meda]
à tarde	om eftermiddagen	[ʌm 'ɛftʌmeˌdæ'ən]
tardinha (f)	aften (f)	['ɑftən]
à tardinha	om aftenen	[ʌm 'ɑftənən]
noite (f)	nat (f)	['nat]
à noite	om natten	[ʌm 'natən]
meia-noite (f)	midnat (f)	['miðˌnat]
segundo (m)	sekund (i)	[se'kɔn'd]
minuto (m)	minut (i)	[me'nut]
hora (f)	time (f)	['tiːmə]

meia hora (f)	en halv time	[en 'hal' 'ti:mə]
quarto (m) de hora	kvart (f)	['kvɑ:t]
quinze minutos	femten minutter	['fɛmtən me'nutʌ]
vinte e quatro horas	døgn (i)	['dʌj'n]
nascer (m) do sol	solopgang (f)	['so:l 'ʌp,ɡɑŋ']
amanhecer (m)	daggry (i)	['dɑw,ɡʁy:]
madrugada (f)	tidlig morgen (f)	['tiðli 'mɒ:ɒn]
pôr-do-sol (m)	solnedgang (f)	['so:l 'neð,ɡɑŋ']
de madrugada	tidligt om morgenen	['tiðlit ʌm 'mɒ:ɒnən]
esta manhã	i morges	[i 'mɒ:ɒs]
amanhã de manhã	i morgen tidlig	[i 'mɒ:ɒn 'tiðli]
esta tarde	i eftermiddag	[i 'ɛftʌme,dæ']
à tarde	om eftermiddagen	[ʌm 'ɛftʌme,dæ'ən]
amanhã à tarde	i morgen eftermiddag	[i 'mɒ:ɒn 'ɛftʌme,dæ']
esta noite, hoje à noite	i aften	[i 'ɑftən]
amanhã à noite	i morgen aften	[i 'mɒ:ɒn 'ɑftən]
às três horas em ponto	klokken tre præcis	['klʌkən tʁɛ pʁɛ'si' s]
por volta das quatro	ved fire tiden	[ve 'fi'ʌ 'tiðən]
às doze	ved 12-tiden	[ve 'tʌl 'tiðən]
em vinte minutos	om 20 minutter	[ʌm 'ty:və me'nutʌ]
em uma hora	om en time	[ʌm en 'ti:mə]
a tempo	i tide	[i 'ti:ðə]
... um quarto para	kvart i ...	['kvɑ:t i ...]
dentro de uma hora	inden for en time	['enən'fʌ en 'ti:mə]
a cada quinze minutos	hvert 15 minut	['vɛ'ɐt 'fɛmtən me'nut]
as vinte e quatro horas	døgnet rundt	['dʌjnəð 'ʁɔn't]

19. Meses. Estações

janeiro (m)	januar (f)	['janu,ɑ']
fevereiro (m)	februar (f)	['febʁu,ɑ']
março (m)	marts (f)	['mɑ:ts]
abril (m)	april (f)	[a'pʁi'l]
maio (m)	maj (f)	['mɑj']
junho (m)	juni (f)	['ju'ni]
julho (m)	juli (f)	['ju'li]
agosto (m)	august (f)	[ɑw'ɡɔst]
setembro (m)	september (f)	[sep'tɛm'bʌ]
outubro (m)	oktober (f)	[ok'to'bʌ]
novembro (m)	november (f)	[no'vɛm'bʌ]
dezembro (m)	december (f)	[de'sɛm'bʌ]
primavera (f)	forår (i)	['fɒ:,ɒ']
na primavera	om foråret	[ʌm 'fɒ:,ɒ'ð]
primaveril (adj)	forårs-	['fɒ:ɒs-]
verão (m)	sommer (f)	['sʌmʌ]

| no verão | om sommeren | [ʌm 'sʌmʌən] |
| de verão | sommer- | ['sʌmʌ-] |

outono (m)	efterår (i)	['ɛftʌˌɒ']
no outono	om efteråret	[ʌm 'ɛftʌˌɒ'ð]
outonal (adj)	efterårs-	['ɛftʌˌɒs-]

inverno (m)	vinter (f)	['ven'tʌ]
no inverno	om vinteren	[ʌm 'ven'tʌən]
de inverno	vinter-	['ventʌ-]
mês (m)	måned (f)	['mɔ:nəð]
este mês	i denne måned	[i 'dɛnə 'mɔ:nəð]
mês que vem	næste måned	['nɛstə 'mɔ:nəð]
no mês passado	sidste måned	['sistə 'mɔ:nəð]

um mês atrás	for en måned siden	[fʌ en 'mɔ:nəð 'siðən]
em um mês	om en måned	[ʌm en 'mɔ:nəð]
em dois meses	om 2 måneder	[ʌm to 'mɔ:nəðʌ]
todo o mês	en hel måned	[en 'he:l 'mɔ:nəð]
um mês inteiro	hele måneden	['he:lə 'mɔ:nəðən]

mensal (adj)	månedlig	['mɔ:nəðli]
mensalmente	månedligt	['mɔ:nəðlit]
todo mês	hver måned	['vɛɐ̯ 'mɔ:nəð]
duas vezes por mês	to gange om måneden	['to: 'gɑŋə ɒm 'mɔ:nəðən]

ano (m)	år (i)	['ɒ']
este ano	i år	[i 'ɒ']
ano que vem	næste år	['nɛstə ɒ']
no ano passado	i fjor	[i 'fjo'ɐ̯]
há um ano	for et år siden	[fʌ ed ɒ' 'siðən]
em um ano	om et år	[ʌm et 'ɒ']
dentro de dois anos	om 2 år	[ʌm to 'ɒ']
todo o ano	hele året	['he:lə 'ɒ:ɒð]
um ano inteiro	hele året	['he:lə 'ɒ:ɒð]

cada ano	hvert år	['vɛ'ɐ̯t ɒ']
anual (adj)	årlig	['ɒ:li]
anualmente	årligt	['ɒ:lit]
quatro vezes por ano	fire gange om året	['fi'ʌ 'gɑŋə ɒm 'ɒ:ɒð]

data (~ de hoje)	dato (f)	['dæ:to]
data (ex. ~ de nascimento)	dato (f)	['dæ:to]
calendário (m)	kalender (f)	[ka'lɛn'ʌ]

meio ano	et halvt år	[et hal'ᵗ 'ɒ']
seis meses	halvår (i)	['halvˌɒ']
estação (f)	årstid (f)	['ɒ:sˌtið']
século (m)	århundrede (i)	[ɒ'hunʁʌðə]

20. Tempo. Diversos

| tempo (m) | tid (f) | ['tið'] |
| momento (m) | øjeblik (i) | ['ʌjəˌblek] |

29

instante (m)	øjeblik (i)	['ʌjəˌblek]
instantâneo (adj)	øjeblikkelig	['ʌjəˌblekəli]
lapso (m) de tempo	tidsafsnit (i)	['tiðsˌskʁɛft]
vida (f)	liv (i)	['liwˀ]
eternidade (f)	evighed (f)	['e:viˌheðˀ]

época (f)	epoke (f)	[e'po:kə]
era (f)	æra (f)	['ɛ:ʁɑ]
ciclo (m)	cyklus (f)	['syklus]
período (m)	periode (f)	[pæɐ̯i'o:ðə]
prazo (m)	sigt (f)	['segt]

futuro (m)	fremtid (f)	['fʁamˌtiðˀ]
futuro (adj)	fremtidig	['fʁamˌtiðˀi]
da próxima vez	næste gang	['nɛstə gɑŋˀ]
passado (m)	fortid (f)	['fɒ:tiðˀ]
passado (adj)	forrige, forleden	['fɒ:iə], [fʌ'leðˀən]
na última vez	sidste gang	['sistə ˌgɑŋˀ]
mais tarde	senere	['seˀnʌʌ]
depois de ...	efter	['ɛftʌ]
atualmente	for nærværende	[fʌ 'nɛɐ̯ˌvɛˀʌnə]
agora	nu	['nu]
imediatamente	umiddelbart	['uˌmiðˀəlˌbɑˀð]
em breve	snart	['snɑˀt]
de antemão	på forhånd	[pɒ 'fɒ:ˌhʌnˀ]

há muito tempo	for lang tid siden	[fʌ lɑŋˀ tið 'siðən]
recentemente	nylig, nyligt	['ny:li], ['ny:lið]
destino (m)	skæbne (f)	['skɛ:bnə]
recordações (f pl)	erindring (f)	[e'ʁɛnˀdʁɛŋ]
arquivo (m)	arkiv (i)	[ɑ'kiwˀ]
durante ...	under ...	['ɔnʌ ...]
durante muito tempo	længe	['lɛŋə]
pouco tempo	ikke længe	['ekə 'lɛŋə]
cedo (levantar-se ~)	tidligt	['tiðlit]
tarde (deitar-se ~)	sent	['seˀn]

para sempre	for altid	[fʌ 'alˀtið]
começar (vt)	at begynde	[ʌ be'gønˀə]
adiar (vt)	at udsætte	[ʌ 'uðˌsɛtə]

ao mesmo tempo	samtidigt	['samˌtiðˀit]
permanentemente	altid, stadig	['alˀtið], ['sdæ:ði]
constante (~ ruído, etc.)	konstant	[kʌn'stanˀt]
temporário (adj)	midlertidig, temporær	['miðˀlʌˌtiðˀi], [tɛmbo'ʁɛˀɐ̯]

às vezes	af og til	['æˀ ʌ 'tel]
raras vezes, raramente	sjælden, sjældent	['ɕɛlən], ['ɕɛlənt]
frequentemente	ofte	['ʌftə]

21. Linhas e formas

| quadrado (m) | kvadrat (i) | [kva'dʁɑˀt] |
| quadrado (adj) | kvadratisk | [kva'dʁɑˀtisk] |

círculo (m)	cirkel (f)	['siɐ̯kəl]
redondo (adj)	rund	['ʁɔn⁷]
triângulo (m)	trekant (f)	['tʁɛˌkan⁷t]
triangular (adj)	trekantet	['tʁɛˌkan⁷təð]

oval (f)	oval (f)	[o'væ⁷l]
oval (adj)	oval	[o'væ⁷l]
retângulo (m)	rektangel (i)	['ʁakˌtaŋ⁷əl]
retangular (adj)	retvinklet	['ʁatˌveŋ⁷kləð]

pirâmide (f)	pyramide (f)	[pyɒ'mi:ðə]
losango (m)	rombe (f)	['ʁʌmbə]
trapézio (m)	trapez (i, f)	[tʁɑ'pɛts]
cubo (m)	terning (f)	['tæɐ̯neŋ]
prisma (m)	prisme (i, f)	['pʁismə]

circunferência (f)	omkreds (f)	['ʌmˌkʁɛ⁷s]
esfera (f)	sfære (f)	['sfɛ:ʌ]
globo (m)	kugle (f)	['ku:lə]
diâmetro (m)	diameter (f)	['diaˌme⁷tʌ]
raio (m)	radius (f)	['ʁɑ⁷djus]
perímetro (m)	perimeter (i, f)	[peɐ̯i'me⁷tʌ]
centro (m)	midtpunkt, centrum (i)	['medˌpɔŋ⁷t], ['sɛntʁɔm]

horizontal (adj)	horisontal	[hɒisʌn'tæ⁷l]
vertical (adj)	lodret, lod-	['lʌðˌʁat], ['lʌð-]
paralela (f)	parallel (f)	[pɑɑ'lɛl⁷]
paralelo (adj)	parallel	[pɑɑ'lɛl⁷]

linha (f)	linje (f)	['linjə]
traço (m)	streg (f)	['stʁɑj⁷]
reta (f)	lige linje (f)	['li:ə 'linjə]
curva (f)	kurve (f)	['kuɐ̯wə]
fino (linha ~a)	tynd	['tøn⁷]
contorno (m)	kontur (f)	[kɔn'tuɐ̯⁷]

interseção (f)	skæringspunkt (i)	['skɛːɐ̯ensˌpɔŋ⁷t]
ângulo (m) reto	ret vinkel (f)	['ʁat 'veŋ⁷kəl]
segmento (m)	segment (i)	[seg'mɛn⁷t]
setor (m)	sektor (f)	['sɛktʌ]
lado (de um triângulo, etc.)	side (f)	['si:ðə]
ângulo (m)	vinkel (f)	['veŋ⁷kəl]

22. Unidades de medida

peso (m)	vægt (f)	['vɛgt]
comprimento (m)	længde (f)	['lɛŋ⁷də]
largura (f)	bredde (f)	['bʁɛ⁷də]
altura (f)	højde (f)	['hʌj⁷də]
profundidade (f)	dybde (f)	['dybdə]
volume (m)	rumfang (i)	['ʁɔmˌfaŋ⁷]
área (f)	areal (i)	[ˌɑ:e'æ⁷l]
grama (m)	gram (i)	['gʁam⁷]
miligrama (m)	milligram (i)	['miliˌgʁam⁷]

31

quilograma (m)	kilogram (i)	['kilo‚gʁɑm']
tonelada (f)	ton (i, f)	['tʌn']
libra (453,6 gramas)	pund (i)	['pun']
onça (f)	ounce (f)	['awns]

metro (m)	meter (f)	['me'tʌ]
milímetro (m)	millimeter (f)	['mili‚me'tʌ]
centímetro (m)	centimeter (f)	['sɛnti‚me'tʌ]
quilômetro (m)	kilometer (f)	['kilo‚me'tʌ]
milha (f)	mil (f)	['mi'l]

polegada (f)	tomme (f)	['tʌmə]
pé (304,74 mm)	fod (f)	['fo'ð]
jarda (914,383 mm)	yard (f)	['jɑ:d]

| metro (m) quadrado | kvadratmeter (f) | [kva'dʁɑ't‚me'tʌ] |
| hectare (m) | hektar (f) | [hɛk'tɑ'] |

litro (m)	liter (f)	['litʌ]
grau (m)	grad (f)	['gʁɑ'ð]
volt (m)	volt (f)	['vʌl't]
ampère (m)	ampere (f)	[ɑm'pɛ:ɐ̯]
cavalo (m) de potência	hestekraft (f)	['hɛstə‚kʁaft]

quantidade (f)	mængde (f)	['mɛŋ'də]
um pouco de ...	lidt ...	['let ...]
metade (f)	halvdel (f)	['halde'l]
dúzia (f)	dusin (i)	[du'si'n]
peça (f)	stykke (i)	['støkə]

| tamanho (m), dimensão (f) | størrelse (f) | ['stœɐ̯ʌlsə] |
| escala (f) | målestok (f) | ['mɔ:lə‚stʌk] |

mínimo (adj)	minimal	[mini'mæ'l]
menor, mais pequeno	mindst	['men'st]
médio (adj)	middel	['mið'əl]
máximo (adj)	maksimal	[mɑksi'mæ'l]
maior, mais grande	størst	['stœɐ̯st]

23. Recipientes

pote (m) de vidro	glaskrukke (f)	['glas‚kʁɔkə]
lata (~ de cerveja)	dåse (f)	['dɔ:sə]
balde (m)	spand (f)	['span']
barril (m)	tønde (f)	['tønə]

bacia (~ de plástico)	balje (f)	['baljə]
tanque (m)	tank (f)	['taŋ'k]
cantil (m) de bolso	lommelærke (f)	['lʌmə‚læɐ̯kə]
galão (m) de gasolina	dunk (f)	['dɔŋ'k]
cisterna (f)	tank (f)	['taŋ'k]

| caneca (f) | krus (i) | ['kʁu's] |
| xícara (f) | kop (f) | ['kʌp] |

pires (m)	underkop (f)	['ɔnʌˌkʌp]
copo (m)	glas (i)	['glas]
taça (f) de vinho	vinglas (i)	['vi:nˌglas]
panela (f)	gryde (f)	['gʁy:ðə]

garrafa (f)	flaske (f)	['flaskə]
gargalo (m)	flaskehals (f)	['flaskəˌhalˀs]

jarra (f)	karaffel (f)	[kɑ'ʁɑfəl]
jarro (m)	kande (f)	['kanə]
recipiente (m)	beholder (f)	[be'hʌlˀʌ]
pote (m)	potte (f)	['pʌtə]
vaso (m)	vase (f)	['væ:sə]

frasco (~ de perfume)	flakon (f)	[fla'kʌŋ]
frasquinho (m)	flaske (f)	['flaskə]
tubo (m)	tube (f)	['tu:bə]

saco (ex. ~ de açúcar)	sæk (f)	['sɛk]
sacola (~ plastica)	pose (f)	['po:sə]
maço (de cigarros, etc.)	pakke (f)	['pɑkə]

caixa (~ de sapatos, etc.)	æske (f)	['ɛskə]
caixote (~ de madeira)	kasse (f)	['kasə]
cesto (m)	kurv (f)	['kuɐ̯ˀw]

24. Materiais

material (m)	materiale (i)	[mɑtʁi'æ:lə]
madeira (f)	træ (i)	['tʁɛˀ]
de madeira	af træ, træ-	[a 'tʁɛ], ['tʁɛ-]

vidro (m)	glas (i)	['glas]
de vidro	af glas, glas-	[a 'glas], ['glas-]

pedra (f)	sten (f)	['steˀn]
de pedra	af sten, sten-	[a 'sten], ['sten-]

plástico (m)	plastic (i, f)	['plastik]
plástico (adj)	plastic-	['plastik-]

borracha (f)	gummi (i, f)	['gomi]
de borracha	gummi-	['gomi-]

tecido, pano (m)	tøj, stof (i)	['tʌj], ['stʌf]
de tecido	i stof, stof-	[i 'stʌf], ['stʌf-]

papel (m)	papir (i)	[pa'piɐ̯ˀ]
de papel	papir-	[pa'piɐ̯-]

papelão (m)	pap, karton (i, f)	['pɑp], [kɑ'tʌŋ]
de papelão	pap-, karton-	['pɑp-], [kɑ'tʌŋ-]
polietileno (m)	polyætylen (i, f)	['polyɛtyˌleˀn]
celofane (m)	cellofan (i)	[sɛlo'fæˀn]

linóleo (m)	linoleum (i)	[li'no'ljɔm]
madeira (f) compensada	krydsfiner (f)	['kʁys fi'ne'ə̯]

porcelana (f)	porcelæn (i)	[pɒsə'lɛ'n]
de porcelana	af porcelæn	[a pɒsə'lɛ'n]
argila (f), barro (m)	ler (i)	['le'ə̯]
de barro	af ler, ler-	[a 'le'ə̯], ['leə̯-]
cerâmica (f)	keramik (f)	[keɑ'mik]
de cerâmica	keramik-	[keɑ'mik-]

25. Metais

metal (m)	metal (i)	[me'tal]
metálico (adj)	af metal, metal-	[a me'tal], [me'tal-]
liga (f)	legering (f)	[le'ge'ə̯eŋ]

ouro (m)	guld (i)	['gul]
de ouro	af guld, guld-	[a 'gul], ['gul-]
prata (f)	sølv (i)	['søl]
de prata	af sølv, sølv-	[a 'søl], ['søl-]

ferro (m)	jern (i)	['jæə̯'n]
de ferro	af jern, jern-	[a 'jæə̯'n], ['jæə̯n-]
aço (m)	stål (i)	['stɔ'l]
de aço (adj)	af stål, stål-	[a 'stɔ'l], ['stɔl-]
cobre (m)	kobber (i)	['kɒw'ʌ]
de cobre	af kobber, kobber-	[a 'kɒw'ʌ], ['kɒwʌ-]

alumínio (m)	aluminium (i)	[alu'mi'njɔm]
de alumínio	af aluminium	[a alu'mi'njɔm]
bronze (m)	bronze (f)	['bʁʌŋsə]
de bronze	af bronze, bronze-	[a 'bʁʌŋsə], ['bʁʌŋsə-]

latão (m)	messing (i, f)	['mɛseŋ]
níquel (m)	nikkel (i)	['nekəl]
platina (f)	platin (i)	[pla'ti'n]
mercúrio (m)	kviksølv (i)	['kvik͵søl]
estanho (m)	tin (i)	['ten]
chumbo (m)	bly (i)	['bly']
zinco (m)	zink (i, f)	['seŋ'k]

O SER HUMANO

O ser humano. O corpo

26. Humanos. Conceitos básicos

ser (m) humano	menneske (i)	['mɛnəskə]
homem (m)	mand (f)	['man']
mulher (f)	kvinde (f)	['kvenə]
criança (f)	barn (i)	['bɑ'n]

menina (f)	pige (f)	['pi:ə]
menino (m)	dreng (f)	['dʁaŋ']
adolescente (m)	teenager (f)	['ti:n‚ɛjtɕʌ]
velho (m)	gammel mand (f)	['gaməl 'man']
velha (f)	gammel dame (f)	['gaməl 'dæ:mə]

27. Anatomia humana

organismo (m)	organisme (f)	[ɒga'nismə]
coração (m)	hjerte (i)	['jæɐ̯tə]
sangue (m)	blod (i)	['blo'ð]
artéria (f)	arterie (f)	[ɑ'te'ɐ̯iə]
veia (f)	vene (f)	['ve:nə]

cérebro (m)	hjerne (f)	['jæɐ̯nə]
nervo (m)	nerve (f)	['næɐ̯və]
nervos (m pl)	nerver (f pl)	['næɐ̯vʌ]
vértebra (f)	ryghvirvel (f)	['ʁɶɡ‚vie̯'wəl]
coluna (f) vertebral	rygrad (f)	['ʁɶɡ‚ʁɑ'ð]

estômago (m)	mavesæk (f)	['mæ:və‚sɛk]
intestinos (m pl)	tarmer (f pl)	['tɑ'mʌ]
intestino (m)	tarm (f)	['tɑ'm]
fígado (m)	lever (f)	['lew'ʌ]
rim (m)	nyre (f)	['ny:ʌ]

osso (m)	ben (i)	['be'n]
esqueleto (m)	skelet (i)	[ske'lɛt]
costela (f)	ribben (i)	['ʁi‚be'n]
crânio (m)	hovedskal (f)	['ho:əð‚skal']

músculo (m)	muskel (f)	['muskəl]
bíceps (m)	biceps (f)	['bi‚sɛps]
tríceps (m)	triceps (f)	['tʁi:sɛps]
tendão (m)	sene (f)	['se:nə]
articulação (f)	led (i)	['leð]

pulmões (m pl)	lunger (f pl)	['loŋʌ]
órgãos (m pl) genitais	kønsdele, genitalier (pl)	['kœn‚sde:lə], [geni'tæ'ljʌ]
pele (f)	hud (f)	['huð']

28. Cabeça

cabeça (f)	hoved (i)	['ho:əð]
rosto, cara (f)	ansigt (i)	['ansegt]
nariz (m)	næse (f)	['nɛ:sə]
boca (f)	mund (f)	['mɔn']

olho (m)	øje (i)	['ʌjə]
olhos (m pl)	øjne (i pl)	['ʌjnə]
pupila (f)	pupil (f)	[pu'pil']
sobrancelha (f)	øjenbryn (i)	['ʌjən‚bʁy'n]
cílio (f)	øjenvippe (f)	['ʌjən‚vepə]
pálpebra (f)	øjenlåg (i)	['ʌjən‚lɔ'w]

língua (f)	tunge (f)	['toŋə]
dente (m)	tand (f)	['tan']
lábios (m pl)	læber (f pl)	['lɛ:bʌ]
maçãs (f pl) do rosto	kindben (i pl)	['ken‚be'n]
gengiva (f)	tandkød (i)	['tan‚køð]
palato (m)	gane (f)	['gæ:nə]

narinas (f pl)	næsebor (i pl)	['nɛ:sə‚bo'ɐ̯]
queixo (m)	hage (f)	['hæ:jə]
mandíbula (f)	kæbe (f)	['kɛ:bə]
bochecha (f)	kind (f)	['ken']

testa (f)	pande (f)	['panə]
têmpora (f)	tinding (f)	['teneŋ]
orelha (f)	øre (i)	['ø:ʌ]
costas (f pl) da cabeça	nakke (f)	['nɑkə]
pescoço (m)	hals (f)	['hal's]
garganta (f)	strube, hals (f)	['stʁu:bə], ['hal's]

cabelo (m)	hår (i pl)	['hɒ']
penteado (m)	frisure (f)	[fʁi'sy'ʌ]
corte (m) de cabelo	klipning (f)	['klepneŋ]
peruca (f)	paryk (f)	[pɑ'ʁœk]

bigode (m)	moustache (f)	[mu'stæ:ɕ]
barba (f)	skæg (i)	['skɛ'g]
ter (~ barba, etc.)	at have	[ʌ 'hæ:və]
trança (f)	fletning (f)	['flɛtneŋ]
suíças (f pl)	bakkenbart (f)	['bɑkən‚bɑ't]

ruivo (adj)	rødhåret	['ʁœð‚hɒ'ɒð]
grisalho (adj)	grå	['gʁɔ']
careca (adj)	skaldet	['skaləð]
calva (f)	skaldet plet (f)	['skaləð‚plɛt]
rabo-de-cavalo (m)	hestehale (f)	['hɛstə‚hæ:lə]
franja (f)	pandehår (i)	['panə‚hɒ']

29. Corpo humano

mão (f)	hånd (f)	['hʌn']
braço (m)	arm (f)	['ɑ'm]

dedo (m)	finger (f)	['feŋ'ʌ]
dedo (m) do pé	tå (f)	['tɔ']
polegar (m)	tommel (f)	['tʌməl]
dedo (m) mindinho	lillefinger (f)	['lilə‚feŋ'ʌ]
unha (f)	negl (f)	['nɑj'l]

punho (m)	knytnæve (f)	['knyt‚nɛ:və]
palma (f)	håndflade (f)	['hʌn‚flæ:ðə]
pulso (m)	håndled (i)	['hʌn‚leð]
antebraço (m)	underarm (f)	['ɔnʌ‚ɑ:m]
cotovelo (m)	albue (f)	['al‚bu:ə]
ombro (m)	skulder (f)	['skulʌ]

perna (f)	ben (i)	['be'n]
pé (m)	fod (f)	['fo'ð]
joelho (m)	knæ (i)	['knɛ']
panturrilha (f)	læg (f)	['lɛ'g]
quadril (m)	hofte (f)	['hʌftə]
calcanhar (m)	hæl (f)	['hɛ'l]

corpo (m)	krop (f)	['kʁʌp]
barriga (f), ventre (m)	mave (f)	['mæ:və]
peito (m)	bryst (i)	['bʁœst]
seio (m)	bryst (i)	['bʁœst]
lado (m)	side (f)	['si:ðə]
costas (dorso)	ryg (f)	['ʁœg]
região (f) lombar	lænderyg (f)	['lɛnə‚ʁœg]
cintura (f)	midje, talje (f)	['miðjə], ['taljə]

umbigo (m)	navle (f)	['nɑwlə]
nádegas (f pl)	baller, balder (f pl)	['balʌ]
traseiro (m)	bag (f)	['bæ'j]

sinal (m), pinta (f)	skønhedsplet (f)	['skœnheðs‚plɛt]
sinal (m) de nascença	modermærke (i)	['mo:ðʌ'mæɐ̯kə]
tatuagem (f)	tatovering (f)	[tato've'ɐ̯eŋ]
cicatriz (f)	ar (i)	['ɑ']

Vestuário & Acessórios

30. Roupa exterior. Casacos

roupa (f)	tøj (i), klæder (i pl)	['tʌj], ['klɛ:ðʌ]
roupa (f) exterior	overtøj (i)	['ɒwʌˌtʌj]
roupa (f) de inverno	vintertøj (i)	['ventʌˌtʌj]
sobretudo (m)	frakke (f)	['fʁakə]
casaco (m) de pele	pels (f), pelskåbe (f)	['pɛl' s], ['pɛlsˌkɔ:bə]
jaqueta (f) de pele	pelsjakke (f)	['pɛlsˌjakə]
casaco (m) acolchoado	dynejakke (f)	['dy:nəˌjakə]
casaco (m), jaqueta (f)	jakke (f)	['jakə]
impermeável (m)	regnfrakke (f)	['ʁajnˌfʁakə]
a prova d'água	vandtæt	['vanˌtɛt]

31. Vestuário de homem & mulher

camisa (f)	skjorte (f)	['skjoɐtə]
calça (f)	bukser (pl)	['bɔksʌ]
jeans (m)	jeans (pl)	['dji:ns]
paletó, terno (m)	jakke (f)	['jakə]
terno (m)	jakkesæt (i)	['jakəˌsɛt]
vestido (ex. ~ de noiva)	kjole (f)	['kjo:lə]
saia (f)	nederdel (f)	['neðʌˌde'l]
blusa (f)	bluse (f)	['blu:sə]
casaco (m) de malha	strikket trøje (f)	['stʁɛkəð 'tʁʌjə]
casaco, blazer (m)	blazer (f)	['blɛjsʌ]
camiseta (f)	t-shirt (f)	['ti:ˌɕœ:t]
short (m)	shorts (pl)	['ɕɒ:ts]
training (m)	træningsdragt (f)	['tʁɛ:neŋsˌdʁagt]
roupão (m) de banho	badekåbe (f)	['bæ:ðəˌkɔ:bə]
pijama (m)	pyjamas (f)	[py'jæ:mas]
suéter (m)	sweater (f)	['swɛtʌ]
pulôver (m)	pullover (f)	[pul'ɔwʌ]
colete (m)	vest (f)	['vɛst]
fraque (m)	kjolesæt (i)	['kjo:ləˌsɛt]
smoking (m)	smoking (f)	['smo:keŋ]
uniforme (m)	uniform (f)	[uni'fɒ'm]
roupa (f) de trabalho	arbejdstøj (i)	['a:bajdsˌtʌj]
macacão (m)	kedeldragt, overall (f)	['keðəlˌdʁagt], ['ɒwɒˌɒ:l]
jaleco (m), bata (f)	kittel (f)	['kitəl]

32. Vestuário. Roupa interior

roupa (f) íntima	undertøj (i)	[ˈɔnʌˌtʌj]
cueca boxer (f)	boxershorts (pl)	[ˈbʌgsʌˌɕɒːʦ]
calcinha (f)	trusser (pl)	[ˈtʁusʌ]
camiseta (f)	undertrøje (f)	[ˈɔnʌˌtʁʌjə]
meias (f pl)	sokker (f pl)	[ˈsʌkʌ]

camisola (f)	natkjole (f)	[ˈnatˌkjoːlə]
sutiã (m)	bh (f), brystholder (f)	[beˈhɔˀ], [ˈbʁœstˌhʌlˀʌ]
meias longas (f pl)	knæstrømper (f pl)	[ˈknɛˌstʁœmpʌ]
meias-calças (f pl)	strømpebukser (pl)	[ˈstʁœmbəˌbɔksʌ]
meias (~ de nylon)	strømper (f pl)	[ˈstʁœmpʌ]
maiô (m)	badedragt (f)	[ˈbæːðəˌdʁɑgt]

33. Adereços de cabeça

chapéu (m), touca (f)	hue (f)	[ˈhuːə]
chapéu (m) de feltro	hat (f)	[ˈhat]
boné (m) de beisebol	baseballkasket (f)	[ˈbɛjsˌbɒːl kaˈskɛt]
boina (~ italiana)	kasket (f)	[kaˈskɛt]

boina (ex. ~ basca)	baskerhue (f)	[ˈbɑːskʌˌhuːə]
capuz (m)	hætte (f)	[ˈhɛtə]
chapéu panamá (m)	panamahat (f)	[ˈpanˀamaˌhat]
touca (f)	strikhue (f)	[ˈstʁɛkˌhuə]

lenço (m)	tørklæde (i)	[ˈtœɐ̯ˌklɛːðə]
chapéu (m) feminino	hat (f)	[ˈhat]

capacete (m) de proteção	hjelm (f)	[ˈjɛlˀm]
bibico (m)	skråhue (f)	[ˈskʁʌˌhuːə]
capacete (m)	hjelm (f)	[ˈjɛlˀm]

chapéu-coco (m)	bowlerhat (f)	[ˈbɔwlʌˌhat]
cartola (f)	høj hat (f)	[ˈhʌj ˈhat]

34. Calçado

calçado (m)	sko (f)	[ˈskoˀ]
botinas (f pl), sapatos (m pl)	støvler (f pl)	[ˈstœwlʌ]
sapatos (de salto alto, etc.)	damesko (f pl)	[ˈdæːməˌskoː]
botas (f pl)	støvler (f pl)	[ˈstœwlʌ]
pantufas (f pl)	hjemmesko (f pl)	[ˈjɛməˌskoˀ]

tênis (~ Nike, etc.)	tennissko, kondisko (f pl)	[ˈtɛnisˌskoˀ], [ˈkʌndiˌskoˀ]
tênis (~ Converse)	kanvas sko (f pl)	[ˈkanvas ˌskoˀ]
sandálias (f pl)	sandaler (f pl)	[sanˈdæˀlʌ]

sapateiro (m)	skomager (f)	[ˈskoˌmæˀjʌ]
salto (m)	hæl (f)	[ˈhɛˀl]

par (m)	par (i)	['pɑ]
cadarço (m)	snøre (f)	['snɶ:ʌ]
amarrar os cadarços	at snøre	[ʌ 'snɶ:ʌ]
calçadeira (f)	skohorn (i)	['skoˌhoɡˀn]
graxa (f) para calçado	skocreme (f)	['skoˌkʁɛˀm]

35. Têxtil. Tecidos

algodão (m)	bomuld (i, f)	['bʌˌmulˀ]
de algodão	i bomuld	[i 'bʌˌmulˀ]
linho (m)	hør (f)	['hɶɡ]
de linho	i hør, hør-	[i 'hɶɡ], ['hɶɡ-]

seda (f)	silke (f)	['selkə]
de seda	i silke, silke-	[i 'selkə], ['selkə-]
lã (f)	uld (f)	['ulˀ]
de lã	i uld, uld-	[i 'ulˀ], ['ul-]

veludo (m)	fløjl (i, f)	['flʌjˀl]
camurça (f)	ruskind (i)	['ʁuˌsken̓]
veludo (m) cotelê	jernbanefløjl (i, f)	['jæɡnbænəˌflʌjˀl]

nylon (m)	nylon (i, f)	['nɑjlʌn]
de nylon	nylon-	['nɑjlʌn-]
poliéster (m)	polyester (i, f)	[poly'ɛstʌ]
de poliéster	polyester-	[poly'ɛstʌ-]

couro (m)	læder, skind (i)	['lɛðˀʌ], ['skenˀ]
de couro	i læder, læder-	[i 'lɛˀðʌ], ['lɛðʌ-]
pele (f)	pels (f)	['pɛlˀs]
de pele	pels-	['pɛls-]

36. Acessórios pessoais

luva (f)	handsker (f pl)	['hanskʌ]
mitenes (f pl)	vanter (f pl)	['vanˀtʌ]
cachecol (m)	halstørklæde (i)	['hals 'tɶɡˌklɛ:ðə]

óculos (m pl)	briller (pl)	['bʁɛlʌ]
armação (f)	brillestel (i)	['bʁɛləˌstɛlˀ]
guarda-chuva (m)	paraply (f)	[pɑɑ'plyˀ]
bengala (f)	stok (f)	['stʌk]
escova (f) para o cabelo	hårbørste (f)	['hɒˌbɶɡstə]
leque (m)	vifte (f)	['veftə]

gravata (f)	slips (i)	['sleps]
gravata-borboleta (f)	butterfly (f)	['bʌtʌˌflɑj]
suspensórios (m pl)	seler (f pl)	['se:lʌ]
lenço (m)	lommetørklæde (i)	['lʌməˌtɶɡklɛ:ðə]

| pente (m) | kam (f) | ['kɑmˀ] |
| fivela (f) para cabelo | hårspænde (i) | ['hɒːˌspɛnə] |

| grampo (m) | hårnål (f) | ['hɒːˌnɔˀl] |
| fivela (f) | spænde (i) | ['spɛnə] |

| cinto (m) | bælte (i) | ['bɛltə] |
| alça (f) de ombro | rem (f) | ['ʁam'] |

bolsa (f)	taske (f)	['taskə]
bolsa (feminina)	dametaske (f)	['dæːmeːˌtaskə]
mochila (f)	rygsæk (f)	['ʁɶgˌsɛk]

37. Vestuário. Diversos

moda (f)	mode (f)	['moːðə]
na moda (adj)	moderigtig	['moːðəˌʁɛgti]
estilista (m)	modedesigner (f)	['moːðə de'sɑjnʌ]

colarinho (m)	krave (f)	['kʁɑːvə]
bolso (m)	lomme (f)	['lʌmə]
de bolso	lomme-	['lʌmə-]
manga (f)	ærme (i)	['æɐmə]
ganchinho (m)	strop (f)	['stʁʌp]
bragueta (f)	gylp (f)	['gylˀp]

zíper (m)	lynlås (f)	['lynˌlɔˀs]
colchete (m)	hægte, lukning (f)	['hɛgtə], ['loknen]
botão (m)	knap (f)	['knɑp]
botoeira (casa de botão)	knaphul (i)	['knɑpˌhɔl]
soltar-se (vr)	at falde af	[ʌ 'falə 'æˀ]

costurar (vi)	at sy	[ʌ syˀ]
bordar (vt)	at brodere	[ʌ bʁo'deˀʌ]
bordado (m)	broderi (i)	[bʁodʌ'ʁiˀ]
agulha (f)	synål (f)	['synˌɔˀl]
fio, linha (f)	tråd (f)	['tʁɔˀð]
costura (f)	søm (f)	['sœmˀ]

sujar-se (vr)	at smudse sig til	[ʌ 'smusə sɑ 'tel]
mancha (f)	plet (f)	['plɛt]
amarrotar-se (vr)	at blive krøllet	[ʌ 'bliːə 'kʁœləð]
rasgar (vt)	at rive	[ʌ 'ʁiːvə]
traça (f)	møl (i)	['mœl]

38. Cuidados pessoais. Cosméticos

pasta (f) de dente	tandpasta (f)	['tanˌpasta]
escova (f) de dente	tandbørste (f)	['tanˌbɶɐ̯stə]
escovar os dentes	at børste tænder	[ʌ 'bɶɐ̯stə 'tɛnʌ]

gilete (f)	skraber (f)	['skʁɑːbʌ]
creme (m) de barbear	barbercreme (f)	[bɑ'beˀɐ̯ˌkʁɛˀm]
barbear-se (vr)	at barbere sig	[ʌ bɑ'beˀʌ sɑj]
sabonete (m)	sæbe (f)	['sɛːbə]

41

xampu (m)	shampoo (f)	['ɕæːm͵puː]
tesoura (f)	saks (f)	['sɑks]
lixa (f) de unhas	neglefil (f)	['nɑjlə͵fiʔl]
corta-unhas (m)	neglesaks (f)	['nɑjlə͵sɑks]
pinça (f)	pincet (f)	[pen'sɛt]

cosméticos (m pl)	kosmetik (f)	[kʌsmə'tik]
máscara (f)	ansigtsmaske (f)	['ansegts 'maskə]
manicure (f)	manicure (f)	[mani'kyːʌ]
fazer as unhas	at få manicure	[ʌ 'fɔʔ mani'kyːʌ]
pedicure (f)	pedicure (f)	[pedi'kyːʌ]

bolsa (f) de maquiagem	kosmetiktaske (f)	[kʌsmə'tik͵taskə]
pó (de arroz)	pudder (i)	['puðʔʌ]
pó (m) compacto	pudderdåse (f)	['puðʌ͵dɔːsə]
blush (m)	rouge (f)	['ʁuːɕ]

perfume (m)	parfume (f)	[pɑ'fyːmə]
água-de-colônia (f)	eau de toilette (f)	[͵odətoa'lɛt]
loção (f)	lotion (f)	['lɔwɕən]
colônia (f)	eau de cologne (f)	[odəko'lʌnjə]

sombra (f) de olhos	øjenskygge (f)	['ʌjən͵skygə]
delineador (m)	eyeliner (f)	['ɑːj͵lɑjnʌ]
máscara (f), rímel (m)	mascara (f)	[ma'skɑːɑ]

batom (m)	læbestift (f)	['lɛːbə͵steft]
esmalte (m)	neglelak (f)	['nɑjlə͵lak]
laquê (m), spray fixador (m)	hårspray (f)	['hɒː͵spʁɛj]
desodorante (m)	deodorant (f)	[deodo'ʁɑnʔt]

creme (m)	creme (f)	['kʁɛʔm]
creme (m) de rosto	ansigtscreme (f)	['ansegts 'kʁɛʔm]
creme (m) de mãos	håndcreme (f)	['hʌn͵kʁɛʔm]
creme (m) antirrugas	antirynke creme (f)	[antə'ʁœŋkə 'kʁɛʔm]
creme (m) de dia	dagcreme (f)	['dɑw͵kʁɛʔm]
creme (m) de noite	natcreme (f)	['nat͵kʁɛʔm]
de dia	dag-	['dɑw-]
da noite	nat-	['nat-]

absorvente (m) interno	tampon (f)	[tɑm'pʌŋ]
papel (m) higiênico	toiletpapir (i)	[toa'lɛt pa'piɐ̯ʔ]
secador (m) de cabelo	hårtørrer (f)	['hɒː͵tœɐ̯ʌ]

39. Joalheria

joias (f pl)	smykker (i pl)	['smøkʌ]
precioso (adj)	ædel-	['ɛʔðəl-]
marca (f) de contraste	stempel (i)	['stɛmʔpəl]

anel (m)	ring (f)	['ʁɛŋ]
aliança (f)	vielsesring (f)	['viʔəlsəs͵ʁɛŋʔ]
pulseira (f)	armbånd (i)	['ɑːm͵bʌnʔ]
brincos (m pl)	øreringe (f pl)	['øːʌ͵ʁɛŋə]

colar (m)	halskæde (f)	['hals‚kɛ:ðə]
coroa (f)	krone (f)	['kʁo:nə]
colar (m) de contas	perlekæde (f)	['pæ ̞ɡlə‚kɛ:ðə]

diamante (m)	diamant (f)	[dia'manˀt]
esmeralda (f)	smaragd (f)	[smɑ'ʁɑwˀd]
rubi (m)	rubin (f)	[ʁu'biˀn]
safira (f)	safir (f)	[sa'fi ̞ɡˀ]
pérola (f)	perler (f pl)	['pæ ̞ɡlʌ]
âmbar (m)	rav (i)	['ʁɑw]

40. Relógios de pulso. Relógios

relógio (m) de pulso	armbåndsur (i)	['ɑ:mbʌns‚u ̞ɡˀ]
mostrador (m)	urskive (f)	['u ̞ɡ‚ski:və]
ponteiro (m)	viser (f)	['vi:sʌ]
bracelete (em aço)	armbånd (i)	['ɑ:m‚bʌnˀ]
bracelete (em couro)	urrem (f)	['u ̞ɡ‚ʁamˀ]

pilha (f)	batteri (i)	[batʌ'ʁiˀ]
acabar (vi)	at blive afladet	[ʌ 'bli:ə 'ɑw‚læˀðəð]
trocar a pilha	at skifte et batteri	[ʌ 'skiftə et batʌ'ʁiˀ]
estar adiantado	at gå for hurtigt	[ʌ gɔˀ fʌ 'ho ̞tit]
estar atrasado	at gå for langsomt	[ʌ gɔˀ fʌ 'laŋ‚sʌmt]

relógio (m) de parede	vægur (i)	['vɛ:g‚u ̞ɡˀ]
ampulheta (f)	timeglas (i)	['ti:mə‚glas]
relógio (m) de sol	solur (i)	['so:l‚u ̞ɡˀ]
despertador (m)	vækkeur (i)	['vɛkə‚u ̞ɡˀ]
relojoeiro (m)	urmager (f)	['u ̞ɡ‚mæ ̞ˀjʌ]
reparar (vt)	at reparere	[ʌ ʁɛpə'ʁɛˀʌ]

Alimentação. Nutrição

41. Comida

carne (f)	kød (i)	['køð]
galinha (f)	høne (f)	['hœ:nə]
frango (m)	kylling (f)	['kyleŋ]
pato (m)	and (f)	['anˀ]
ganso (m)	gås (f)	['gɔˀs]
caça (f)	vildt (i)	['vilˀt]
peru (m)	kalkun (f)	[kal'kuˀn]

carne (f) de porco	flæsk (i)	['flɛsk]
carne (f) de vitela	kalvekød (i)	['kalvə,køð]
carne (f) de carneiro	lammekød (i)	['lɑmə,køð]
carne (f) de vaca	oksekød (i)	['ʌksə,køð]
carne (f) de coelho	kanin (f)	[ka'niˀn]

linguiça (f), salsichão (m)	pølse (f)	['pølsə]
salsicha (f)	wienerpølse (f)	['viˀnʌ,pølsə]
bacon (m)	bacon (i, f)	['bɛjkʌn]
presunto (m)	skinke (f)	['skeŋkə]
pernil (m) de porco	skinke (f)	['skeŋkə]

patê (m)	pate, paté (f)	[pa'te]
fígado (m)	lever (f)	['lewˀʌ]
guisado (m)	kødfars (f)	['køð,faˀs]
língua (f)	tunge (f)	['toŋə]

ovo (m)	æg (i)	['ɛˀg]
ovos (m pl)	æg (i pl)	['ɛˀg]
clara (f) de ovo	hvide (f)	['vi:ðə]
gema (f) de ovo	blomme (f)	['blʌmə]

peixe (m)	fisk (f)	['fesk]
mariscos (m pl)	fisk og skaldyr	[fesk 'ɒw 'skaldyɐˀ]
crustáceos (m pl)	krebsdyr (i pl)	['kʁabs,dyɐˀ]
caviar (m)	kaviar (f)	['kavi,ɑˀ]

caranguejo (m)	krabbe (f)	['kʁabə]
camarão (m)	reje (f)	['ʁajə]
ostra (f)	østers (f)	['østʌs]
lagosta (f)	languster (f)	[laŋ'gustʌ]
polvo (m)	blæksprutte (f)	['blɛk,spʁutə]
lula (f)	blæksprutte (f)	['blɛk,spʁutə]

esturjão (m)	stør (f)	['støˀɐ̯]
salmão (m)	laks (f)	['laks]
halibute (m)	helleflynder (f)	['hɛlə,flønʌ]
bacalhau (m)	torsk (f)	['tɒ:sk]

cavala, sarda (f)	makrel (f)	[mɑ'kʁal']
atum (m)	tunfisk (f)	['tu:n‚fesk]
enguia (f)	ål (f)	['ɔ'l]
truta (f)	ørred (f)	['œɐ̞ʌð]
sardinha (f)	sardin (f)	[sɑ'di'n]
lúcio (m)	gedde (f)	['geðə]
arenque (m)	sild (f)	['sil']
pão (m)	brød (i)	['bʁœð']
queijo (m)	ost (f)	['ɔst]
açúcar (m)	sukker (i)	['sɔkʌ]
sal (m)	salt (i)	['sal't]
arroz (m)	ris (f)	['ʁi's]
massas (f pl)	pasta (f)	['pasta]
talharim, miojo (m)	nudler (f pl)	['nuð'lʌ]
manteiga (f)	smør (i)	['smœɐ̞]
óleo (m) vegetal	vegetabilsk olie (f)	[vegəta'bi'lsk 'oljə]
óleo (m) de girassol	solsikkeolie (f)	['so:l‚sekə ‚oljə]
margarina (f)	margarine (f)	[mɑgɑ'ʁi:nə]
azeitonas (f pl)	oliven (f pl)	[o'li'vən]
azeite (m)	olivenolie (f)	[o'li'vən‚oljə]
leite (m)	mælk (f)	['mɛl'k]
leite (m) condensado	kondenseret mælk (f)	[kʌndən'se'ʌð mɛl'k]
iogurte (m)	yoghurt (f)	['jo‚guɐ'tt]
creme (m) azedo	cremefraiche, syrnet fløde (f)	[kʁɛ:m'fʁɛ:ɕ], ['syɐ̞nəð 'flø:ðə]
creme (m) de leite	fløde (f)	['flø:ðə]
maionese (f)	mayonnaise (f)	[mɑjo'nɛ:s]
creme (m)	creme (f)	['kʁɛ'm]
grãos (m pl) de cereais	gryn (i)	['gʁy'n]
farinha (f)	mel (i)	['me'l]
enlatados (m pl)	konserves (f)	[kɔn'sæɐ̞vəs]
flocos (m pl) de milho	cornflakes (pl)	['koɐ̞n‚flɛks]
mel (m)	honning (f)	['hʌneŋ]
geleia (m)	syltetøj (i)	['syltə‚tʌj]
chiclete (m)	tyggegummi (i)	['tygə‚gomi]

42. Bebidas

água (f)	vand (i)	['van']
água (f) potável	drikkevand (i)	['dʁɛkə‚van']
água (f) mineral	mineralvand (i)	[minə'ʁɑl‚van']
sem gás (adj)	uden brus	['uðən 'bʁu's]
gaseificada (adj)	med kulsyre	[mɛ 'bʁu's]
com gás	med brus	[mɛ 'bʁu's]

| gelo (m) | is (f) | ['i'ˀs] |
| com gelo | med is | [mɛ 'i'ˀs] |

não alcoólico (adj)	alkoholfri	['alkohʌlˌfʁi']
refrigerante (m)	alkoholfri drik (f)	['alkohʌlˌfʁi' 'dʁɛk]
refresco (m)	læskedrik (f)	['lɛskəˌdʁɛk]
limonada (f)	limonade (f)	[limo'næːðə]

bebidas (f pl) alcoólicas	alkoholiske drikke (f pl)	[alko'hoˀliskə 'dʁɛkə]
vinho (m)	vin (f)	['vi'n]
vinho (m) branco	hvidvin (f)	['viðˌvi'n]
vinho (m) tinto	rødvin (f)	['ʁɶðˌvi'n]

licor (m)	likør (f)	[li'kø'ɐ̯]
champanhe (m)	champagne (f)	[çam'panjə]
vermute (m)	vermouth (f)	['væɐ̯mut]

uísque (m)	whisky (f)	['wiski]
vodca (f)	vodka (f)	['vʌdka]
gim (m)	gin (f)	['djen]
conhaque (m)	cognac, konjak (f)	['kʌn'jɑg]
rum (m)	rom (f)	['ʁʌm']

café (m)	kaffe (f)	['kɑfə]
café (m) preto	sort kaffe (f)	['soɐ̯t 'kɑfə]
café (m) com leite	kaffe (f) med mælk	['kɑfə mɛ 'mɛl'k]
cappuccino (m)	cappuccino (f)	[kɑpu'tji:no]
café (m) solúvel	pulverkaffe (f)	['pɔlvʌˌkɑfə]

leite (m)	mælk (f)	['mɛl'k]
coquetel (m)	cocktail (f)	['kʌkˌtɛjl]
batida (f), milkshake (m)	milkshake (f)	['milkˌçɛjk]

suco (m)	juice (f)	['dʒuːs]
suco (m) de tomate	tomatjuice (f)	[to'mæːtˌdʒuːs]
suco (m) de laranja	appelsinjuice (f)	[apəl'si'n 'dʒuːs]
suco (m) fresco	friskpresset juice (f)	['fʁɛskˌpʁasəð 'dʒuːs]

cerveja (f)	øl (i)	['øl]
cerveja (f) clara	lyst øl (i)	['lyst ˌøl]
cerveja (f) preta	mørkt øl (i)	['mɶɐ̯kt ˌøl]

chá (m)	te (f)	['te']
chá (m) preto	sort te (f)	['soɐ̯t ˌte']
chá (m) verde	grøn te (f)	['gʁɶn' ˌte']

43. Vegetais

| vegetais (m pl) | grøntsager (pl) | ['gʁɶntˌsæ'jʌ] |
| verdura (f) | grønt (i) | ['gʁɶn't] |

tomate (m)	tomat (f)	[to'mæˀt]
pepino (m)	agurk (f)	[a'guɐ̯k]
cenoura (f)	gulerod (f)	['guləˌʁoˀð]

batata (f)	kartoffel (f)	[ka'tʌfəl]
cebola (f)	løg (i)	['lʌjˀ]
alho (m)	hvidløg (i)	['við‚lʌjˀ]

couve (f)	kål (f)	['kɔˀl]
couve-flor (f)	blomkål (f)	['blʌm‚kɔˀl]
couve-de-bruxelas (f)	rosenkål (f)	['ʁo:sən‚kɔˀl]
brócolis (m pl)	broccoli (f)	['bʁʌkoli]

beterraba (f)	rødbede (f)	[ʁœð'be:ðə]
berinjela (f)	aubergine (f)	[obæɐ̯'ɕi:n]
abobrinha (f)	squash, zucchini (f)	['sgwʌɕ], [su'ki:ni]
abóbora (f)	græskar (i)	['gʁaskɑ]
nabo (m)	majroe (f)	['maj‚ʁo:ə]

salsa (f)	persille (f)	[pæɐ̯'selə]
endro, aneto (m)	dild (f)	['dilˀ]
alface (f)	salat (f)	[sa'læˀt]
aipo (m)	selleri (f)	['selʌ‚ʁiˀ]
aspargo (m)	asparges (f)	[a'spɑˀs]
espinafre (m)	spinat (f)	[spi'næˀt]

ervilha (f)	ærter (f pl)	['æɐ̯ˀtʌ]
feijão (~ soja, etc.)	bønner (f pl)	['bœnʌ]
milho (m)	majs (m)	['majˀs]
feijão (m) roxo	bønne (f)	['bœnə]

pimentão (m)	peber (i, f)	['pewʌ]
rabanete (m)	radiser (f pl)	[ʁa'disə]
alcachofra (f)	artiskok (f)	[‚ɑ:ti'skʌk]

44. Frutos. Nozes

fruta (f)	frugt (f)	['fʁɔgt]
maçã (f)	æble (i)	['ɛˀblə]
pera (f)	pære (f)	['pɛˀʌ]
limão (m)	citron (f)	[si'tʁoˀn]
laranja (f)	appelsin (f)	[ɑpəl'siˀn]
morango (m)	jordbær (i)	['joɐ̯‚bæɐ̯]

tangerina (f)	mandarin (f)	[mandɑ'ʁiˀn]
ameixa (f)	blomme (f)	['blʌmə]
pêssego (m)	fersken (f)	['fæɐ̯skən]
damasco (m)	abrikos (f)	[abʁi'koˀs]
framboesa (f)	hindbær (i)	['hen‚bæɐ̯]
abacaxi (m)	ananas (f)	['ananas]

banana (f)	banan (f)	[ba'næˀn]
melancia (f)	vandmelon (f)	['van me'loˀn]
uva (f)	drue (f)	['dʁu:ə]
ginja (f)	kirsebær (i)	['kiɐ̯sə‚bæɐ̯]
cereja (f)	morel (f)	[mo'ʁalˀ]
melão (m)	melon (f)	[me'loˀn]
toranja (f)	grapefrugt (f)	['gʁɛjp‚fʁɔgt]

abacate (m)	avokado (f)	[avo'kæ:do]
mamão (m)	papaja (f)	[pa'pɑja]
manga (f)	mango (f)	['mɑŋgo]
romã (f)	granatæble (i)	[gʁɑ'næ't͡ɛ:blə]

groselha (f) vermelha	ribs (i, f)	['ʁɛbs]
groselha (f) negra	solbær (i)	['so:l͡ˌbæɡ]
groselha (f) espinhosa	stikkelsbær (i)	['stekəlsˌbæɡ]
mirtilo (m)	blåbær (i)	['blɔ'ˌbæɡ]
amora (f) silvestre	brombær (i)	['bʁɔmˌbæɡ]

passa (f)	rosin (f)	[ʁo'si'n]
figo (m)	figen (f)	['fi:ən]
tâmara (f)	daddel (f)	['daðˀəl]

amendoim (m)	jordnød (f)	['joɡˌnøðˀ]
amêndoa (f)	mandel (f)	['manˀəl]
noz (f)	valnød (f)	['valˌnøðˀ]
avelã (f)	hasselnød (f)	['hasəlˌnøðˀ]
coco (m)	kokosnød (f)	['ko:kosˌnøðˀ]
pistaches (m pl)	pistacier (f pl)	[pi'stæ:ɕʌ]

45. Pão. Bolaria

pastelaria (f)	konditorvarer (f pl)	[kʌn'ditʌˌvɑ:ɑ]
pão (m)	brød (i)	['bʁœðˀ]
biscoito (m), bolacha (f)	småkager (f pl)	['smʌˌkæ:jʌ]

chocolate (m)	chokolade (f)	[ɕoko'læ:ðə]
de chocolate	chokolade-	[ɕoko'læ:ðə-]
bala (f)	konfekt, karamel (f)	[kɔn'fɛkt], [kɑɑ'mɛl']
doce (bolo pequeno)	kage (f)	['kæ:jə]
bolo (m) de aniversário	lagkage (f)	['lɑwˌkæ:jə]

| torta (f) | pie (f) | ['pɑ:j] |
| recheio (m) | fyld (i, f) | ['fylˀ] |

geleia (m)	syltetøj (i)	['syltəˌtʌj]
marmelada (f)	marmelade (f)	[mɑmə'læ:ðə]
wafers (m pl)	vaffel (f)	['vɑfəl]
sorvete (m)	is (f)	['i's]
pudim (m)	budding (f)	['buðeŋ]

46. Pratos cozinhados

prato (m)	ret (f)	['ʁat]
cozinha (~ portuguesa)	køkken (i)	['køkən]
receita (f)	opskrift (f)	['ʌpˌskʁɛft]
porção (f)	portion (f)	[pɒ'ɕo'n]

| salada (f) | salat (f) | [sa'læ'̩t] |
| sopa (f) | suppe (f) | ['sɔpə] |

caldo (m)	bouillon (f)	['bul'jʌŋ]
sanduíche (m)	smørrebrød (i)	['smœɐ̯ʌˌbʁœð']
ovos (m pl) fritos	spejlæg (i)	['spɑjlˌɛ'g]

| hambúrguer (m) | hamburger (f) | ['hæːmˌbɶːgʌ] |
| bife (m) | bøf (f) | ['bøf] |

acompanhamento (m)	tilbehør (i)	['telbeˌhø'ɐ̯]
espaguete (m)	spaghetti (f)	[spa'gɛti]
purê (m) de batata	kartoffelmos (f)	[ka'tʌfəlˌmɔs]
pizza (f)	pizza (f)	['pidsa]
mingau (m)	grød (f)	['gʁœð']
omelete (f)	omelet (f)	[omə'lɛt]

fervido (adj)	kogt	['kʌgt]
defumado (adj)	røget	['ʁʌjəð]
frito (adj)	stegt	['stɛgt]
seco (adj)	tørret	['tœɐ̯ʌð]
congelado (adj)	frossen	['fʁɔsən]
em conserva (adj)	syltet	['syltəð]

doce (adj)	sød	['søð']
salgado (adj)	saltet	['saltəð]
frio (adj)	kold	['kʌl']
quente (adj)	hed, varm	['heð'], ['vɑ'm]
amargo (adj)	bitter	['betʌ]
gostoso (adj)	lækker	['lɛkʌ]

cozinhar em água fervente	at koge	[ʌ 'kɔ:wə]
preparar (vt)	at lave	[ʌ 'læ:və]
fritar (vt)	at stege	[ʌ 'stɑjə]
aquecer (vt)	at varme op	[ʌ 'vɑ:mə ʌp]

salgar (vt)	at salte	[ʌ 'saltə]
apimentar (vt)	at pebre	[ʌ 'pewʁʌ]
ralar (vt)	at rive	[ʌ 'ʁi:və]
casca (f)	skal, skræl (f)	['skal'], ['skʁal']
descascar (vt)	at skrælle	[ʌ 'skʁalə]

47. Especiarias

sal (m)	salt (i)	['sal't]
salgado (adj)	saltet	['saltəð]
salgar (vt)	at salte	[ʌ 'saltə]

pimenta-do-reino (f)	sort peber (i, f)	['soɐ̯t 'pewʌ]
pimenta (f) vermelha	rød peber (i, f)	['ʁœð 'pewʌ]
mostarda (f)	sennep (f)	['senʌp]
raiz-forte (f)	peberrod (f)	['pewʌˌʁo'ð]

condimento (m)	krydderi (i)	[kʁyðʌ'ʁi']
especiaria (f)	krydderi (i)	[kʁyðʌ'ʁi']
molho (~ inglês)	sovs, sauce (f)	['sɒw's]
vinagre (m)	eddike (f)	['ɛðikə]

anis estrelado (m)	anis (f)	['anis]
manjericão (m)	basilikum (f)	[ba'sil'ikɔm]
cravo (m)	nellike (f)	['nel'ekə]
gengibre (m)	ingefær (f)	['eŋəˌfæɡ]
coentro (m)	koriander (f)	[kɒi'an'dʌ]
canela (f)	kanel (i, f)	[ka'ne'l]

gergelim (m)	sesam (f)	['se:sɑm]
folha (f) de louro	laurbærblad (i)	['lɑwʌbæɡˌblað]
páprica (f)	paprika (f)	['pɑpʁika]
cominho (m)	kommen (f)	['kʌmən]
açafrão (m)	safran (i, f)	[sa'fʁɑ'n]

48. Refeições

| comida (f) | mad (f) | ['mað] |
| comer (vt) | at spise | [ʌ 'spi:sə] |

café (m) da manhã	morgenmad (f)	['mɒ:ɒnˌmað]
tomar café da manhã	at spise morgenmad	[ʌ 'spi:sə 'mɒ:ɒnˌmað]
almoço (m)	frokost (f)	['fʁɔkʌst]
almoçar (vi)	at spise frokost	[ʌ 'spi:sə 'fʁɔkʌst]
jantar (m)	aftensmad (f)	['ɑftənsˌmað]
jantar (vi)	at spise aftensmad	[ʌ 'spi:sə 'ɑftənsˌmað]

| apetite (m) | appetit (f) | [ɑpə'tit] |
| Bom apetite! | Velbekomme! | ['vɛlbə'kʌm'ə] |

abrir (~ uma lata, etc.)	at åbne	[ʌ 'ɔ:bnə]
derramar (~ líquido)	at spilde	[ʌ 'spilə]
derramar-se (vr)	at spildes ud	[ʌ 'spiləs uð']

ferver (vi)	at koge	[ʌ 'kɔ:wə]
ferver (vt)	at koge	[ʌ 'kɔ:wə]
fervido (adj)	kogt	['kʌgt]
esfriar (vt)	at afkøle	[ʌ 'ɑwˌkø'lə]
esfriar-se (vr)	at afkøles	[ʌ 'ɑwˌkø'ləs]

| sabor, gosto (m) | smag (f) | ['smæ'j] |
| fim (m) de boca | bismag (f) | ['bismæ'j] |

emagrecer (vi)	at være på diæt	[ʌ 'vɛ:ʌ pɔ' di'ɛ't]
dieta (f)	diæt (f)	[di'ɛ't]
vitamina (f)	vitamin (i)	[vita'mi'n]
caloria (f)	kalorie (f)	[ka'loɡ'jə]
vegetariano (m)	vegetar, vegetarianer (f)	[vegə'tɑ'], [vegətɑi'æ'nʌ]
vegetariano (adj)	vegetarisk	[vegə'tɑ'isk]

gorduras (f pl)	fedt (i)	['fet]
proteínas (f pl)	proteiner (i pl)	[pʁɔtə'i'nʌ]
carboidratos (m pl)	kulhydrater (i pl)	['kɔlhyˌdʁɑ'dʌ]
fatia (~ de limão, etc.)	skive (f)	['ski:və]
pedaço (~ de bolo)	stykke (i)	['støkə]
migalha (f), farelo (m)	krumme (f)	['kʁɔmə]

49. Por a mesa

colher (f)	ske (f)	['ske?]
faca (f)	kniv (f)	['kniw?]
garfo (m)	gaffel (f)	['gafəl]

xícara (f)	kop (f)	['kʌp]
prato (m)	tallerken (f)	[ta'læɡkən]
pires (m)	underkop (f)	['ɔnʌˌkʌp]
guardanapo (m)	serviet (f)	[sæɡvi'ɛt]
palito (m)	tandstikker (f)	['tanˌstekʌ]

50. Restaurante

restaurante (m)	restaurant (f)	[ʁɛsto'ʁɑŋ]
cafeteria (f)	cafe, kaffebar (f)	[ka'fe?], ['kɑfəˌbɑ?]
bar (m), cervejaria (f)	bar (f)	['bɑ?]
salão (m) de chá	tesalon (f)	['te?sa'lʌŋ]

garçom (m)	tjener (f)	['tjɛ:nʌ]
garçonete (f)	servitrice (f)	[sæɡvi'tʁi:sə]
barman (m)	bartender (f)	['bɑ:ˌtɛndʌ]

cardápio (m)	menu (f)	[me'ny]
lista (f) de vinhos	vinkort (i)	['vi:nˌkɒ:t]
reservar uma mesa	at bestille et bord	[ʌ be'stel?ə ed 'bo?ɡ]

prato (m)	ret (f)	['ʁat]
pedir (vt)	at bestille	[ʌ be'stel?ə]
fazer o pedido	at bestille	[ʌ be'stel?ə]

aperitivo (m)	aperitif (f)	[apeɡi'tif]
entrada (f)	forret (f)	['fɔ:ʁat]
sobremesa (f)	dessert (f)	[de'sɛɡ?t]

conta (f)	regning (f)	['ʁɑjneŋ]
pagar a conta	at betale regningen	[ʌ be'tæ?lə 'ʁɑjneŋən]
dar o troco	at give tilbage	[ʌ 'gi? te'bæ:jə]
gorjeta (f)	drikkepenge (pl)	['dʁɛkəˌpɛŋə]

Família, parentes e amigos

51. Informação pessoal. Formulários

nome (m)	navn (i)	['naw'n]
sobrenome (m)	efternavn (i)	['ɛftʌˌnaw'n]
data (f) de nascimento	fødselsdato (f)	['føsəlsˌdæːto]
local (m) de nascimento	fødested (i)	['føːðəˌstɛð]
nacionalidade (f)	nationalitet (f)	[naɕonaliˈte't]
lugar (m) de residência	bopæl (i)	['boˌpɛ'l]
país (m)	land (i)	['lan']
profissão (f)	fag (i), profession (f)	['fæ'j], [pʁofəˈɕo'n]
sexo (m)	køn (i)	['kœn']
estatura (f)	højde (f)	['hʌj'də]
peso (m)	vægt (f)	['vɛgt]

52. Membros da família. Parentes

mãe (f)	mor (f), moder (f)	['moɐ̯], ['moːð ʌ]
pai (m),	far (f), fader (f)	['faː], ['fæːð ʌ]
filho (m)	søn (f)	['sœn]
filha (f)	datter (f)	['datʌ]
caçula (f)	yngste datter (f)	['øŋ'stə 'datʌ]
caçula (m)	yngste søn (f)	['øŋ'stə 'sœn]
filha (f) mais velha	ældste datter (f)	['ɛl'stə 'datʌ]
filho (m) mais velho	ældste søn (f)	['ɛl'stə sœn]
irmão (m)	bror (f)	['bʁoɐ̯]
irmão (m) mais velho	storebror (f)	['stoɐ̯ˌbʁoɐ̯]
irmão (m) mais novo	lillebror (f)	['liləˌbʁoɐ̯]
irmã (f)	søster (f)	['søstʌ]
irmã (f) mais velha	storesøster (f)	['stoɐ̯ˌsøstʌ]
irmã (f) mais nova	lillesøster (f)	['liləˌsøstʌ]
primo (m)	fætter (f)	['fɛtʌ]
prima (f)	kusine (f)	[kuˈsiːnə]
mamãe (f)	mor (f)	['moɐ̯]
papai (m)	papa, far (f)	['papa], ['faː]
pais (pl)	forældre (pl)	[fʌˈɛl'dʁʌ]
criança (f)	barn (i)	['baʔn]
crianças (f pl)	børn (pl)	['bœɐ̯'n]
avó (f)	bedstemor (f)	['bɛstəˌmoɐ̯]
avô (m)	bedstefar (f)	['bɛstəˌfaː]
neto (m)	barnebarn (i)	['baːnəˌbaʔn]

| neta (f) | barnebarn (i) | ['bɑ:nəˌbɑˀn] |
| netos (pl) | børnebørn (pl) | ['bœɐ̯nəˌbœɐ̯ˀn] |

tio (m)	onkel (f)	['ɔŋˀkəl]
tia (f)	tante (f)	['tantə]
sobrinho (m)	nevø (f)	[ne'vø]
sobrinha (f)	niece (f)	[ni'ɛ:sə]

sogra (f)	svigermor (f)	['sviˀʌˌmoɐ̯]
sogro (m)	svigerfar (f)	['sviˀʌˌfɑ:]
genro (m)	svigersøn (f)	['sviˀʌˌsœn]
madrasta (f)	stedmor (f)	['stɛðˌmoɐ̯]
padrasto (m)	stedfar (f)	['stɛðˌfɑ:]

criança (f) de colo	spædbarn (i)	['spɛðˌbɑˀn]
bebê (m)	spædbarn (i)	['spɛðˌbɑˀn]
menino (m)	lille barn (i)	['lilə 'bɑˀn]

mulher (f)	kone (f)	['ko:nə]
marido (m)	mand (f)	['manˀ]
esposo (m)	ægtemand (f)	['ɛgtəˌmanˀ]
esposa (f)	hustru (f)	['hustʁu]

casado (adj)	gift	['gift]
casada (adj)	gift	['gift]
solteiro (adj)	ugift	['uˌgift]
solteirão (m)	ungkarl (f)	['ɔŋˌkæˀl]
divorciado (adj)	fraskilt	['fʁɑˌskelˀt]
viúva (f)	enke (f)	['ɛŋkə]
viúvo (m)	enkemand (f)	['ɛŋkəˌmanˀ]

parente (m)	slægtning (f)	['slɛgtneŋ]
parente (m) próximo	nær slægtning (f)	['nɛˀɐ̯ 'slɛgtneŋ]
parente (m) distante	fjern slægtning (f)	['fjæɐ̯ˀn 'slɛgtneŋ]
parentes (m pl)	slægtninge (pl)	['slɛgtneŋə]

órfão (m), órfã (f)	forældreløst barn (i)	[fʌ'ɛlˀdʁʌlø:st bɑˀn]
tutor (m)	formynder (f)	['fɔ:ˌmønˀʌ]
adotar (um filho)	at adoptere	[ʌ adʌp'teˀʌ]
adotar (uma filha)	at adoptere	[ʌ adʌp'teˀʌ]

53. Amigos. Colegas de trabalho

amigo (m)	ven (f)	['vɛn]
amiga (f)	veninde (f)	[vɛn'enə]
amizade (f)	venskab (i)	['vɛnˌskæˀb]
ser amigos	at være venner	[ʌ 'vɛ:ʌ 'vɛnʌ]

amigo (m)	ven (f)	['vɛn]
amiga (f)	veninde (f)	[vɛn'enə]
parceiro (m)	partner (f)	['pɑ:tnʌ]

| chefe (m) | chef (f) | ['ɕɛˀf] |
| superior (m) | overordnet (f) | ['ɒwʌˌɒˀdnəð] |

proprietário (m)	ejer (f)	['ajʌ]
subordinado (m)	underordnet (f)	['ɔnʌˌp'dnəð]
colega (m, f)	kollega (f)	[ko'le:ga]

conhecido (m)	bekendt (f)	[be'kɛn't]
companheiro (m) de viagem	medrejsende (f)	['mɛðˌʁaj'sənə]
colega (m) de classe	klassekammerat (f)	['klasə kaməˈʁɑ:t]

vizinho (m)	nabo (f)	['næ:bo]
vizinha (f)	nabo (f)	['næ:bo]
vizinhos (pl)	naboer (pl)	['næ:bo'ʌ]

54. Homem. Mulher

mulher (f)	kvinde (f)	['kvenə]
menina (f)	pige (f)	['pi:ə]
noiva (f)	brud (f)	['bʁuð]

bonita, bela (adj)	smuk	['smɔk]
alta (adj)	høj	['hʌj']
esbelta (adj)	slank	['slɑŋ'k]
baixa (adj)	ikke ret høj	['ekə ʁat hʌj']

| loira (f) | blondine (f) | [blʌn'di:nə] |
| morena (f) | brunette (f) | [bʁu'nɛtə] |

de senhora	dame-	['dæ:mə-]
virgem (f)	jomfru (f)	['jʌmfʁu]
grávida (adj)	gravid	[gʁa'við']

homem (m)	mand (f)	['man']
loiro (m)	blond mand (f)	['blʌn' 'man']
moreno (m)	mørkhåret mand (f)	['mœɐ̯kˌhɒ'ɒð man']
alto (adj)	høj	['hʌj']
baixo (adj)	ikke ret høj	['ekə ʁat hʌj']

rude (adj)	grov, uhøflig	['gʁɒw'], [u'høfli]
atarracado (adj)	undersætsig	['ɔnʌˌsɛtsi]
robusto (adj)	robust	[ʁo'bust]
forte (adj)	stærk	['stæɐ̯k]
força (f)	kraft, styrke (f)	['kʁɑft], ['skyɐ̯kə]

gordo (adj)	tyk	['tyk]
moreno (adj)	mørkhudet	['mœɐ̯kˌhu'ðət]
esbelto (adj)	slank	['slɑŋ'k]
elegante (adj)	elegant	[elə'gan't]

55. Idade

idade (f)	alder (f)	['al'ʌ]
juventude (f)	ungdom (f)	['ɔŋˌdʌm']
jovem (adj)	ung	['ɔŋ']

| mais novo (adj) | yngre | ['øŋʁʌ] |
| mais velho (adj) | ældre | ['ɛldʁʌ] |

jovem (m)	ung mand, yngling (f)	['ɔŋ manʔ], ['øŋleŋ]
adolescente (m)	teenager (f)	['tiːnˌɛjtɕʌ]
rapaz (m)	fyr (f)	['fyɐ̯ʔ]

| velho (m) | gammel mand (f) | ['gaməl 'manʔ] |
| velha (f) | gammel dame (f) | ['gaməl 'dæːmə] |

adulto	voksen	['vʌksən]
de meia-idade	midaldrende	['miðˌalʔʁʌnə]
idoso, de idade (adj)	ældre	['ɛldʁʌ]
velho (adj)	gammel	['gaməl]

aposentadoria (f)	pension (f)	[paŋ'ɕoʔn]
aposentar-se (vr)	at gå på pension	[ʌ gɔʔ pɔ paŋ'ɕoʔn]
aposentado (m)	pensionist (f)	[paŋɕo'nist]

56. Crianças

criança (f)	barn (i)	['baʔn]
crianças (f pl)	børn (pl)	['bœɐ̯ʔn]
gêmeos (m pl), gêmeas (f pl)	tvillinger (f pl)	['tvileŋʌ]

berço (m)	vugge (f)	['vɔgə]
chocalho (m)	rangle (f)	['ʁaŋlə]
fralda (f)	ble (f)	['bleʔ]

chupeta (f), bico (m)	sut (f)	['sut]
carrinho (m) de bebê	barnevogn (f)	['baːnəˌvɒwʔn]
jardim (m) de infância	børnehave (f)	['bœɐ̯nəˌhæːvə]
babysitter, babá (f)	barnepige (f)	['baːnəˌpiːə]

infância (f)	barndom (f)	['baːnˌdʌmʔ]
boneca (f)	dukke (f)	['dɔkə]
brinquedo (m)	legetøj (i)	['lajəˌtʌj]
jogo (m) de montar	byggelegetøj (i)	['bygə lajəˌtʌj]

bem-educado (adj)	velopdragen	['vɛlʌpˌdʁaʔwən]
malcriado (adj)	uopdragen	[uʌp'dʁaʔwən]
mimado (adj)	forkælet	[fʌ'kɛʔləð]

ser travesso	at være uartig	[ʌ 'vɛːʌ u'aʔdi]
travesso, traquinas (adj)	uartig	[u'aʔdi]
travessura (f)	uartighed (f)	[u'aʔdiˌheðʔ]
criança (f) travessa	uartigt barn (i)	[u'aʔdit 'baʔn]

| obediente (adj) | lydig | ['lyːði] |
| desobediente (adj) | ulydig | [u'lyʔði] |

dócil (adj)	føjelig	['fʌjəli]
inteligente (adj)	klog	['klɔʔw]
prodígio (m)	vidunderbarn (i)	['viðɔnʌˌbaʔn]

55

57. Casais. Vida de família

beijar (vt)	at kysse	[ʌ 'køsə]
beijar-se (vr)	at kysses	[ʌ 'køsəs]
família (f)	familie (f)	[fa'mil'jə]
familiar (vida ~)	familie-	[fa'miljə-]
casal (m)	par (i)	['pɑ]
matrimônio (m)	ægteskab (i)	['ɛgtə̩sgæˀb]
lar (m)	hjemmets arne (f)	['jɛməðs 'ɑːnə]
dinastia (f)	dynasti (i)	[dynas'tiˀ]

encontro (m)	stævnemøde (i)	['stɛwnə̩møːðə]
beijo (m)	kys (i)	['køs]

amor (m)	kærlighed (f)	['kæɐ̯li̩heðˀ]
amar (pessoa)	at elske	[ʌ 'ɛlskə]
amado, querido (adj)	elskede	['ɛlskəðə]

ternura (f)	ømhed (f)	['œm̩heðˀ]
afetuoso (adj)	øm	['œmˀ]
fidelidade (f)	troskab (f)	['tʁo̩skæˀb]
fiel (adj)	trofast	['tʁofast]
cuidado (m)	omsorg (f)	['ʌm̩sɒˀw]
carinhoso (adj)	omsorgsfuld	['ʌm̩sɒwsfulˀ]

recém-casados (pl)	nygifte (pl)	['ny̩giftə]
lua (f) de mel	hvedebrødsdage (pl)	['veːðəbʁœðs̩dæːə]
casar-se (com um homem)	at gifte sig	[ʌ 'giftə sɑj]
casar-se (com uma mulher)	at gifte sig	[ʌ 'giftə sɑj]

casamento (m)	bryllup (i)	['bʁœlʌp]
bodas (f pl) de ouro	guldbryllup (i)	['gul̩bʁœlʌp]
aniversário (m)	årsdag (f)	['ɒˀs̩dæˀ]

amante (m)	elsker (f)	['ɛlskʌ]
amante (f)	elskerinde (f)	[ɛlskʌ'enə]

adultério (m), traição (f)	utroskab (f)	['utʁo̩skæˀb]
cometer adultério	at være utro	[ʌ 'vɛːʌ 'u̩tʁoˀ]
ciumento (adj)	jaloux	[ɕa'lu]
ser ciumento, -a	at være jaloux	[ʌ 'vɛːʌ ɕa'lu]
divórcio (m)	skilsmisse (f)	['skelˀs̩misə]
divorciar-se (vr)	at blive skilt	[ʌ 'bliːə 'skelˀt]

brigar (discutir)	at skændes	[ʌ 'skɛnəs]
fazer as pazes	at forsone sig	[ʌ fʌ'soˀnə saj]
juntos (ir ~)	sammen	['sɑmˀən]
sexo (m)	sex (f)	['sɛgs]

felicidade (f)	lykke (f)	['løkə]
feliz (adj)	lykkelig	['løkəli]
infelicidade (f)	ulykke (f)	['u̩løkə]
infeliz (adj)	ulykkelig	[u'løkəli]

Caráter. Sentimentos. Emoções

58. Sentimentos. Emoções

sentimento (m)	følelse (f)	['fø:ləlsə]
sentimentos (m pl)	følelser (f pl)	['fø:ləlsʌ]
sentir (vt)	at føle, at mærke	[ʌ 'fø:lə], [ʌ 'mæɐ̯kə]

fome (f)	sult (f)	['sulˀt]
ter fome	at være sulten	[ʌ 'vɛ:ʌ 'sultən]
sede (f)	tørst (f)	['tœɐ̯st]
ter sede	at være tørstig	[ʌ 'vɛ:ʌ 'tœɐ̯sti]
sonolência (f)	søvnighed (f)	['sœwniˌheðˀ]
estar sonolento	at være søvnig	[ʌ 'vɛ:ʌ 'sœwni]

cansaço (m)	træthed (f)	['tʁatˌheðˀ]
cansado (adj)	træt	['tʁat]
ficar cansado	at blive træt	[ʌ 'bli:ə 'tʁat]

humor (m)	humør (i)	[hu'mø'ɐ̯]
tédio (m)	kedsomhed (f)	['keðsʌmˌheðˀ]
entediar-se (vr)	at kede sig	[ʌ 'ke:ðə saj]
reclusão (isolamento)	afsondrethed (f)	['awˌsʌnˀdʁʌðˌheðˀ]
isolar-se (vr)	at isolere sig	[ʌ iso'le'ʌ saj]

preocupar (vt)	at bekymre	[ʌ be'køm'ʁʌ]
estar preocupado	at bekymre sig	[ʌ be'køm'ʁʌ saj]
preocupação (f)	bekymring (f)	[be'køm'ʁɛŋ]
ansiedade (f)	uro (f)	['uˌʁoˀ]
preocupado (adj)	bekymret	[be'køm'ʁʌð]
estar nervoso	at være nervøs	[ʌ 'vɛ:ʌ næɐ̯'vø's]
entrar em pânico	at gå i panik	[ʌ gɔˀ i pa'nik]

esperança (f)	håb (i)	['hɔˀb]
esperar (vt)	at håbe	[ʌ 'hɔ:bə]

certeza (f)	sikkerhed (f)	['sekʌˌheðˀ]
certo, seguro de ...	sikker	['sekʌ]
indecisão (f)	usikkerhed (f)	['uˌsekʌheðˀ]
indeciso (adj)	usikker	['uˌsekʌ]

bêbado (adj)	fuld	['fulˀ]
sóbrio (adj)	ædru	['ɛ:ˌdʁuˀ]
fraco (adj)	svag	['svæˀj]
feliz (adj)	lykkelig	['løkəli]
assustar (vt)	at skræmme	[ʌ 'skʁamə]
fúria (f)	raseri (i)	[ˌʁɑ:sʌ'ʁiˀ]
ira, raiva (f)	arrigskab (f)	['ɑˀiˌsgæˀb]
depressão (f)	depression (f)	[depʁɛ'ɕoˀn]
desconforto (m)	ubehag (i)	['ubeˌhæˀj]

conforto (m)	komfort (f)	[kʌmˈfɔː], [kʌmˈfɔːt]
arrepender-se (vr)	at beklage	[ʌ beˈklæˀjə]
arrependimento (m)	beklagelse (f)	[beˈklæˀjəlsə]
azar (m), má sorte (f)	uheld (i)	[ˈuˌhɛlˀ]
tristeza (f)	sorg (f)	[ˈsɒˀw]
vergonha (f)	skam (f)	[ˈskɑmˀ]
alegria (f)	glæde (f)	[ˈglɛːðə]
entusiasmo (m)	entusiasme (f)	[ɑŋtuˈɕasmə]
entusiasta (m)	entusiast (f)	[ɑŋtuˈɕast]
mostrar entusiasmo	at vise entusiasme	[ʌ ˈviːsə ɑŋtuˈɕasmə]

59. Caráter. Personalidade

caráter (m)	karakter (f)	[kɑɑkˈteˀɐ̯]
falha (f) de caráter	karakterbrist (i, f)	[kɑɑkˈteɐ̯ˌbʁɛst]
mente (f)	fornuft (f)	[fʌˈnɔft]
razão (f)	forstand (f)	[fʌˈstanˀ]
consciência (f)	samvittighed (f)	[samˈvitiˌheðˀ]
hábito, costume (m)	vane (f)	[ˈvæːnə]
habilidade (f)	evne (f)	[ˈɛwnə]
saber (~ nadar, etc.)	at kunne	[ʌ ˈkunə]
paciente (adj)	tålmodig	[tʌlˈmoˀði]
impaciente (adj)	utålmodig	[utʌlˈmoˀði]
curioso (adj)	nysgerrig	[ˈnysˌgæɐ̯ˀi]
curiosidade (f)	nysgerrighed (f)	[ˈnysˌgæɐ̯ˀiheðˀ]
modéstia (f)	beskedenhed (f)	[beˈskeˀðənˌheðˀ]
modesto (adj)	beskeden	[beˈskeˀðən]
imodesto (adj)	ubeskeden	[ˈubeˌskeˀðən]
preguiça (f)	dovenskab (f)	[ˈdɒwənˌskæˀb]
preguiçoso (adj)	doven	[ˈdɒwən]
preguiçoso (m)	dovenkrop (f)	[ˈdɒwənˌkʁʌp]
astúcia (f)	list (f)	[ˈlest]
astuto (adj)	listig	[ˈlesti]
desconfiança (f)	mistro (f)	[ˈmisˌtʁoˀ]
desconfiado (adj)	mistroisk	[ˈmisˌtʁoˀisk]
generosidade (f)	generøsitet (f)	[ɕenəʁœsiˈteˀt]
generoso (adj)	generøs	[ɕenəˈʁœˀs]
talentoso (adj)	talentfuld	[taˈlɛntˌfulˀ]
talento (m)	talent (i)	[taˈlɛnˀt]
corajoso (adj)	modig	[ˈmoːði]
coragem (f)	mod (i)	[ˈmoˀð]
honesto (adj)	ærlig	[ˈæɐ̯li]
honestidade (f)	ærlighed (f)	[ˈæɐ̯liˌheðˀ]
prudente, cuidadoso (adj)	forsigtig	[fʌˈsegti]
valoroso (adj)	modig	[ˈmoːði]

sério (adj)	alvorlig	[al'vɒʔli]
severo (adj)	streng	['stʁaŋʔ]
decidido (adj)	beslutsom	[be'slutˌsʌmʔ]
indeciso (adj)	ubeslutsom	[ube'slutˌsʌmʔ]
tímido (adj)	forsagthed, genert	[ɕe'neɡʔtˌheðʔ], [ɕe'neɡʔt]
timidez (f)	forsagthed (f)	[ɕe'neɡʔtˌheðʔ]
confiança (f)	tillid (f)	['teˌliðʔ]
confiar (vt)	at tro	[ʌ 'tʁoʔ]
crédulo (adj)	tillidsfuld	['teliðsˌfulʔ]
sinceramente	oprigtigt	[ʌp'ʁɛgtit]
sincero (adj)	oprigtig	[ʌp'ʁɛgti]
sinceridade (f)	oprigtighed (f)	[ʌp'ʁɛgtiheðʔ]
aberto (adj)	åben	['ɔːbən]
calmo (adj)	stille	['stelə]
franco (adj)	oprigtig	[ʌp'ʁɛgti]
ingênuo (adj)	naiv	[na'iʔw]
distraído (adj)	åndsfraværende	[ʌns'fʁɑˌvɛʔʌnə]
engraçado (adj)	morsom	['moɡˌsʌmʔ]
ganância (f)	grådighed (f)	['gʁɔːðiˌheðʔ]
ganancioso (adj)	grådig	['gʁɔːði]
avarento, sovina (adj)	gerrig	['gæɡi]
mal (adj)	ond	['ɔnʔ]
teimoso (adj)	hårdnakket	['hɒːˌnakəð]
desagradável (adj)	ubehagelig	[ube'hæʔjəli]
egoísta (m)	egoist (f)	[ego'ist]
egoísta (adj)	egoistisk	[ego'istisk]
covarde (m)	kryster (f)	['kʁystʌ]
covarde (adj)	fej, krysteragtig	['fajʔ], ['kʁystʌˌagdi]

60. O sono. Sonhos

dormir (vi)	at sove	[ʌ 'sɒwə]
sono (m)	søvn (f)	['sœwʔn]
sonho (m)	drøm (f)	['dʁœmʔ]
sonhar (ver sonhos)	at drømme	[ʌ 'dʁœmə]
sonolento (adj)	søvnig	['sœwni]
cama (f)	seng (f)	['sɛŋʔ]
colchão (m)	madras (f)	[ma'dʁɑs]
cobertor (m)	dyne (f), tæppe (i)	['dyːnə], ['tɛpə]
travesseiro (m)	pude (i)	['puːðə]
lençol (m)	lagen (i)	['læjʔən]
insônia (f)	søvnløshed (f)	['sœwnløsˌheðʔ]
sem sono (adj)	søvnløs	['sœwnˌløʔs]
sonífero (m)	sovepille (f)	['sɒwəˌpelə]
tomar um sonífero	at tage en sovepille	[ʌ 'tæʔ en 'sɒwəˌpelə]
estar sonolento	at være søvnig	[ʌ 'vɛːʌ 'sœwni]

bocejar (vi)	at gabe	[ʌ 'gæːbə]
ir para a cama	at gå i seng	[ʌ 'gɔʔ i 'sɛŋʔ]
fazer a cama	at rede sengen	[ʌ 'ʁɛːðə 'sɛŋən]
adormecer (vi)	at falde i søvn	[ʌ 'falə i sœwʔn]

pesadelo (m)	mareridt (i)	['mɑːɑˌʁit]
ronco (m)	snorken (f)	['snɒːkən]
roncar (vi)	at snorke	[ʌ 'snɒːkə]

despertador (m)	vækkeur (i)	['vɛkəˌuɐ̯ʔ]
acordar, despertar (vt)	at vække	[ʌ 'vɛkə]
acordar (vi)	at vågne	[ʌ 'vɔwnə]
levantar-se (vr)	at stå op	[ʌ stɔʔ 'ʌp]
lavar-se (vr)	at vaske sig	[ʌ 'vaskə sɑj]

61. Humor. Riso. Alegria

humor (m)	humor (f)	['huːmʌ]
senso (m) de humor	sans (f) for humor	[sans fʌ 'huːmʌ]
divertir-se (vr)	at more sig	[ʌ 'moːʌ sɑj]
alegre (adj)	glad, munter	['glað], ['mɔnʔtʌ]
diversão (f)	munterhed (f)	['mɔntʌˌheðʔ]

sorriso (m)	smil (i)	['smiʔl]
sorrir (vi)	at smile	[ʌ 'smiːlə]
começar a rir	at bryde ud i latter	[ʌ 'bʁyːðə uðʔ i 'latʌ]
rir (vi)	at le, at grine	[ʌ 'leʔ], [ʌ 'gʁiːnə]
riso (m)	latter (f)	['latʌ]

anedota (f)	anekdote (f)	[anek'doːtə]
engraçado (adj)	sjov, morsom	['ɕɒwʔ], ['moɐ̯ˌsʌmʔ]
ridículo, cômico (adj)	morsom	['moɐ̯ˌsʌmʔ]

brincar (vi)	at spøge	[ʌ 'spøːjə]
piada (f)	skæmt, spøg (f)	['skɛmʔt], ['spʌjʔ]
alegria (f)	glæde (f)	['glɛːðə]
regozijar-se (vr)	at glæde sig	[ʌ 'glɛːðə sɑj]
alegre (adj)	glad	['glað]

62. Discussão, conversação. Parte 1

comunicação (f)	kommunikation (f)	[komunika'ɕoʔn]
comunicar-se (vr)	at kommunikere	[ʌ komuni'keʔʌ]

conversa (f)	samtale (f)	['samˌtæːlə]
diálogo (m)	dialog (f)	[dia'loʔ]
discussão (f)	diskussion (f)	[disku'ɕoʔn]
debate (m)	debat (f)	[de'bat]
debater (vt)	at diskutere	[ʌ disku'teʔʌ]

interlocutor (m)	samtalepartner (f)	['samˌtæːlə 'paːtnʌ]
tema (m)	emne (i)	['ɛmnə]

ponto (m) de vista	synspunkt (i)	['syns‚pɔŋˀt]
opinião (f)	mening (f)	['me:nen]
discurso (m)	tale (f)	['tæ:lə]

discussão (f)	diskussion (f)	[disku'ɕoˀn]
discutir (vt)	at drøfte, at diskutere	[ʌ 'dʁœftə], [ʌ disku'teˀʌ]
conversa (f)	samtale (f)	['sam‚tæ:lə]
conversar (vi)	at snakke, at samtale	[ʌ 'snakə], [ʌ 'sam‚tæˀlə]
reunião (f)	møde (i)	['mø:ðə]
encontrar-se (vr)	at mødes	[ʌ 'mø:ðəs]

provérbio (m)	ordsprog (i)	['oɐ̯‚spʁɔˀw]
ditado, provérbio (m)	ordsprog (i)	['oɐ̯‚spʁɔˀw]
adivinha (f)	gåde (f)	['gɔ:ðə]
dizer uma adivinha	at udgøre en gåde	[ʌ 'uð‚gœˀʌ en 'gɔ:ðə]
senha (f)	adgangskode (f)	['aðgaŋs‚ko:ðə]
segredo (m)	hemmelighed (f)	['hɛməli‚heðˀ]

juramento (m)	ed (f)	['eðˀ]
jurar (vi)	at sværge	[ʌ 'svæɐ̯wə]
promessa (f)	løfte (i)	['løftə]
prometer (vt)	at love	[ʌ 'lɔ:və]

conselho (m)	råd (i)	['ʁɔˀð]
aconselhar (vt)	at råde	[ʌ 'ʁɔ:ðə]
seguir o conselho	at følge råd	[ʌ 'føljə 'ʁɔˀð]
escutar (~ os conselhos)	at adlyde	[ʌ 'að‚lyˀðə]

novidade, notícia (f)	nyhed (f)	['nyheðˀ]
sensação (f)	sensation (f)	[sɛnsa'ɕoˀn]
informação (f)	oplysninger (f pl)	['ʌp‚lyˀsneŋʌ]
conclusão (f)	slutning (f)	['slutneŋ]
voz (f)	røst, stemme (f)	['ʁœst], ['stɛmə]
elogio (m)	kompliment (i, f)	[kompli'maŋ]
amável, querido (adj)	elskværdig	[ɛlsk'væɐ̯ˀdi]

palavra (f)	ord (i)	['oˀɐ̯]
frase (f)	frase (f)	['fʁɑ:sə]
resposta (f)	svar (i)	['svɑˀ]
verdade (f)	sandhed (f)	['san‚heðˀ]
mentira (f)	løgn (f)	['lʌjˀn]

pensamento (m)	tanke (f)	['taŋkə]
ideia (f)	ide, idé (f)	[i'deˀ]
fantasia (f)	fantasi (f)	[fanta'siˀ]

63. Discussão, conversação. Parte 2

estimado, respeitado (adj)	respekteret	[ʁɛspɛk'teˀʌð]
respeitar (vt)	at respektere	[ʌ ʁɛspɛk'teˀʌ]
respeito (m)	respekt (f)	[ʁɛ'spɛkt]
Estimado ..., Caro ...	Ærede ...	['ɛˀʌðə ...]
apresentar	at introducere	[ʌ entʁodu'seˀʌ]
(alguém a alguém)		

conhecer (vt)	at stifte bekendtskab med ...	[ʌ 'steftə be'kɛnˀdˌskæˀb mɛ ...]
intenção (f)	hensigt (f)	['hɛnˌsegt]
tencionar (~ fazer algo)	at have til hensigt	[ʌ 'hæːvə te 'hɛnˌsegt]
desejo (de boa sorte)	ønske (i)	['ønskə]
desejar (ex. ~ boa sorte)	at ønske	[ʌ 'ønskə]

surpresa (f)	overraskelse (f)	['ɒwʌˌʁɑskəlsə]
surpreender (vt)	at forundre	[ʌ fʌ'ɔnˀdʁʌ]
surpreender-se (vr)	at blive forundret	[ʌ 'bliːə fʌ'ɔnˀdʁʌð]

dar (vt)	at give	[ʌ 'giˀ]
pegar (tomar)	at tage	[ʌ 'tæˀ]
devolver (vt)	at give tilbage	[ʌ 'giˀ te'bæːjə]
retornar (vt)	at returnere	[ʌ ʁɛtuɐ̯'neˀʌ]

desculpar-se (vr)	at undskylde sig	[ʌ 'ɔnˌskylˀə sɑj]
desculpa (f)	undskyldning (f)	['ɔnˌskylˀnen]
perdoar (vt)	at tilgive	[ʌ 'telˌgiˀ]

falar (vi)	at tale	[ʌ 'tæːlə]
escutar (vt)	at lytte	[ʌ 'lytə]
ouvir até o fim	at høre på	[ʌ 'høːʌ 'pɔˀ]
entender (compreender)	at forstå	[ʌ fʌ'stɔˀ]

mostrar (vt)	at vise	[ʌ 'viːsə]
olhar para ...	at se på ...	[ʌ 'seˀ pɔˀ ...]
chamar (alguém para ...)	at kalde	[ʌ 'kalə]
perturbar, distrair (vt)	at forstyrre	[ʌ fʌ'styɐ̯ˀʌ]
perturbar (vt)	at forstyrre	[ʌ fʌ'styɐ̯ˀʌ]
entregar (~ em mãos)	at overrække	[ʌ 'ɒwʌˌʁækə]

pedido (m)	begæring (f)	[be'gɛˀɡ̊eŋ]
pedir (ex. ~ ajuda)	at bede	[ʌ 'beˀðə]
exigência (f)	krav (i)	['kʁɑˀw]
exigir (vt)	at kræve	[ʌ 'kʁɛːvə]

insultar (chamar nomes)	at drille	[ʌ 'dʁɛlə]
zombar (vt)	at håne	[ʌ 'hɔːnə]
zombaria (f)	hån (f), spot (f)	['hɔˀn], ['spʌt]
alcunha (f), apelido (m)	øgenavn (i)	['øːjəˌnɑwˀn]

insinuação (f)	insinuation (f)	[ensinua'ɕoˀn]
insinuar (vt)	at insinuere	[ʌ ensinu'eˀʌ]
querer dizer	at betyde	[ʌ be'tyˀðə]

descrição (f)	beskrivelse (f)	[be'skʁiˀvəlsə]
descrever (vt)	at beskrive	[ʌ be'skʁiˀvə]
elogio (m)	ros (f)	['ʁoˀs]
elogiar (vt)	at rose, at berømme	[ʌ 'ʁoːsə], [ʌ be'ʁɶmˀə]

desapontamento (m)	skuffelse (f)	['skɔfəlsə]
desapontar (vt)	at skuffe	[ʌ 'skɔfə]
desapontar-se (vr)	at blive skuffet	[ʌ 'bliːə 'skɔfəð]
suposição (f)	antagelse (f)	[anˌtæˀjəlsə]
supor (vt)	at antage, at formode	[ʌ 'anˌtæˀ], [ʌ fʌ'moˀðə]

| advertência (f) | advarsel (f) | ['að,vɑ:səl] |
| advertir (vt) | at advare | [ʌ 'að,vɑˀɑ] |

64. Discussão, conversação. Parte 3

| convencer (vt) | at overtale | [ʌ 'ɒwʌ,tæˀlə] |
| acalmar (vt) | at berolige | [ʌ be'ʁoˀ,liˀə] |

silêncio (o ~ é de ouro)	tavshed (f)	['tɑws,heðˀ]
ficar em silêncio	at tie	[ʌ 'ti:ə]
sussurrar (vt)	at hviske	[ʌ 'veskə]
sussurro (m)	hvisken (f)	['veskən]

| francamente | oprigtigt | [ʌp'ʁɛgtit] |
| na minha opinião ... | efter min mening ... | ['ɛftʌ min 'me:neŋ ...] |

detalhe (~ da história)	detalje (f)	[de'taljə]
detalhado (adj)	detaljeret	[detal'jeˀʌð]
detalhadamente	i detaljer	[i de'taljʌ]

| dica (f) | vink (i) | ['veŋˀk] |
| dar uma dica | at give et vink | [ʌ 'giˀ et 'veŋˀk] |

olhar (m)	blik (i)	['blek]
dar uma olhada	at kaste et blik	[ʌ 'kastə et blek]
fixo (olhada ~a)	stiv, stift	['stiwˀ], ['stift]
piscar (vi)	at blinke	[ʌ 'bleŋkə]
piscar (vt)	at blinke	[ʌ 'bleŋkə]
acenar com a cabeça	at nikke	[ʌ 'nekə]

suspiro (m)	suk (i)	['sɔk]
suspirar (vi)	at sukke	[ʌ 'sɔkə]
estremecer (vi)	at gyse	[ʌ 'gy:sə]
gesto (m)	gestus (f)	['gestus]
tocar (com as mãos)	at røre	[ʌ 'ʁœ:ʌ]
agarrar (~ pelo braço)	at gribe	[ʌ 'gʁi:bə]
bater de leve	at klappe	[ʌ 'klɑpə]

Cuidado!	Pas på!	['pas 'pɔ]
Sério?	Virkelig?	['viʁkəli]
Tem certeza?	Er du sikker?	['æɐ̯ du 'sekʌ]
Boa sorte!	Held og lykke!	['hɛlˀ ʌ 'løkə]
Entendi!	Helt klart!	['hɛlˀt klɑ:t]
Que pena!	Det var synd!	[de vaˀ sønˀ]

65. Acordo. Recusa

consentimento (~ mútuo)	samtykke (i)	['sɑm,tykə]
consentir (vi)	at samtykke	[ʌ 'sɑm,tykə]
aprovação (f)	godkendelse (f)	['goð,kɛnˀəlsə]
aprovar (vt)	at godkende	[ʌ 'goð,kɛnˀə]
recusa (f)	afslag (i)	['ɑw,slæˀj]

negar-se a ...	at vægre sig	[ʌ 'vɛːjʁʌ saj]
Ótimo!	Fint!	['fiʔnt]
Tudo bem!	Godt nok!	['gʌt nʌk]
Está bem! De acordo!	OK! Jeg er enig!	[ɔw'kɛj], ['jɑj 'æɐ̯ 'eːni]

proibido (adj)	forbudt	[fʌ'byʔt]
é proibido	det er forbudt	[de 'æɐ̯ fʌ'byʔð]
é impossível	det er umuligt	[de 'æɐ̯ u'muʔlit]
incorreto (adj)	fejlagtig	['fɑjlˌɑgti]

rejeitar (~ um pedido)	at afslå	[ʌ 'awˌslɔʔ]
apoiar (vt)	at støtte	[ʌ 'støtə]
aceitar (desculpas, etc.)	at acceptere	[ʌ aksɛp'teʔʌ]

confirmar (vt)	at bekræfte	[ʌ be'kʁaftə]
confirmação (f)	bekræftelse (f)	[be'kʁaftəlsə]
permissão (f)	tilladelse (f)	['teˌlæʔðəlsə]
permitir (vt)	at tillade	[ʌ 'teˌlæʔðə]
decisão (f)	beslutning (f)	[be'slutnen]
não dizer nada	at tie	[ʌ 'tiːə]

condição (com uma ~)	betingelse (f)	[be'tenʔəlsə]
pretexto (m)	påskud, foregivende (i)	['pɔˌskuð], ['fɒːɒˌgiʔvənə]
elogio (m)	ros (f)	['ʁoʔs]
elogiar (vt)	at rose, at berømme	[ʌ 'ʁoːsə], [ʌ be'ʁœmʔə]

66. Sucesso. Boa sorte. Insucesso

êxito, sucesso (m)	succes (f)	[syk'se]
com êxito	med succes	[mɛ syk'se]
bem sucedido (adj)	vellykket	['vɛlˌløkəð]

sorte (fortuna)	held (i)	['hɛlʔ]
Boa sorte!	Held og lykke!	['hɛlʔ ʌ 'løkə]
de sorte	heldig	['hɛldi]
sortudo, felizardo (adj)	heldig	['hɛldi]

fracasso (m)	fiasko (f)	['fjasko]
pouca sorte (f)	uheld (i), utur (f)	['uˌhɛlʔ], ['uˌtuɐ̯ʔ]
azar (m), má sorte (f)	uheld (i)	['uˌhɛlʔ]

mal sucedido (adj)	mislykket	['misˌløkəð]
catástrofe (f)	katastrofe (f)	[kata'stʁoːfə]

orgulho (m)	stolthed (f)	['stʌltˌheðʔ]
orgulhoso (adj)	stolt	['stʌlʔt]
estar orgulhoso, -a	at være stolt	[ʌ 'vɛːʌ 'stʌlʔt]

vencedor (m)	sejrherre (f)	['sɑjʌˌhæʔʌ]
vencer (vi, vt)	at sejre, at vinde	[ʌ 'sɑjʁʌ], [ʌ 'venə]
perder (vt)	at tabe	[ʌ 'tæːbə]
tentativa (f)	forsøg (i)	[fʌ'søʔj]
tentar (vt)	at prøve, at forsøge	[ʌ 'pʁœːwə], [ʌ fʌ'søʔjə]
chance (m)	chance (f)	['ɕɑŋsə]

67. Conflitos. Emoções negativas

grito (m)	skrig (i)	['skʁiˀ]
gritar (vi)	at skrige	[ʌ 'skʁiːə]
começar a gritar	at begynde at skrige	[ʌ be'gønˀə ʌ 'skʁiːə]
discussão (f)	skænderi (i)	[skɛnʌ'ʁiˀ]
brigar (discutir)	at skændes	[ʌ 'skɛnəs]
escândalo (m)	skænderi (i)	[skɛnʌ'ʁiˀ]
criar escândalo	at skændes	[ʌ 'skɛnəs]
conflito (m)	konflikt (f)	[kʌn'flikt]
mal-entendido (m)	misforståelse (f)	[misfʌ'stɔˀəlsə]
insulto (m)	fornærmelse (f)	[fʌ'næɡˀməlsə]
insultar (vt)	at fornærme	[ʌ fʌ'næɡˀme]
insultado (adj)	fornærmet	[fʌ'næɡˀməð]
ofensa (f)	fornærmelse (f)	[fʌ'næɡˀməlsə]
ofender (vt)	at fornærme	[ʌ fʌ'næɡˀme]
ofender-se (vr)	at blive fornærmet	[ʌ 'bliːə fʌ'næɡˀməð]
indignação (f)	forargelse, indignation (f)	[fʌ'ɑˀwəlsə], [endina'ço'n]
indignar-se (vr)	at blive indigneret	[ʌ 'bliːə endi'neˀʌð]
queixa (f)	klage (f)	['klæːjə]
queixar-se (vr)	at klage	[ʌ 'klæːjə]
desculpa (f)	undskyldning (f)	['ɔnˌskylˀneŋ]
desculpar-se (vr)	at undskylde sig	[ʌ 'ɔnˌskylˀə sɑj]
pedir perdão	at bede om forladelse	[ʌ 'beˀðə ʌm fʌ'læˀðəlsə]
crítica (f)	kritik (f)	[kʁi'tik]
criticar (vt)	at kritisere	[ʌ kʁiti'seˀʌ]
acusação (f)	anklage (f)	['anˌklæˀjə]
acusar (vt)	at anklage	[ʌ 'anˌklæˀjə]
vingança (f)	hævn (f)	['hɛwˀn]
vingar (vt)	at hævne	[ʌ 'hɛwnə]
vingar-se de	at hævne	[ʌ 'hɛwnə]
desprezo (m)	foragt (f)	[fʌ'ɑgt]
desprezar (vt)	at foragte	[ʌ fʌ'ɑgtə]
ódio (m)	had (i)	['ha ð]
odiar (vt)	at hade	[ʌ 'hæːðə]
nervoso (adj)	nervøs	[næɡ'vøˀs]
estar nervoso	at være nervøs	[ʌ 'vɛːʌ næɡ'vøˀs]
zangado (adj)	vred	['vʁɛðˀ]
zangar (vt)	at gøre vred	[ʌ 'gœːʌ 'vʁɛðˀ]
humilhação (f)	ydmygelse (f)	['yðˌmyˀəlsə]
humilhar (vt)	at ydmyge	[ʌ 'yðˌmyˀə]
humilhar-se (vr)	at ydmyge sig	[ʌ 'yðˌmyˀə sɑj]
choque (m)	chok (i)	['ɕʌk]
chocar (vt)	at chokere	[ʌ ɕo'keˀʌ]
aborrecimento (m)	knibe (f)	['kniːbə]

desagradável (adj)	ubehagelig	[ube'hæ'jəli]
medo (m)	frygt (f)	['fʁɔegt]
terrível (tempestade, etc.)	frygtelig	['fʁɔegtəli]
assustador (ex. história ~a)	uhyggelig, skræmmende	[u'hygəli], ['skʁamənə]
horror (m)	rædsel (f)	['ʁað'səl]
horrível (crime, etc.)	forfærdelig	[fʌ'fæɐ̯'dli]

começar a tremer	at begynde at ryste	[ʌ be'gøn'ə ʌ 'ʁɶstə]
chorar (vi)	at græde	[ʌ 'gʁa:ðə]
começar a chorar	at begynde at græde	[ʌ be'gøn'ə ʌ 'gʁa:ðə]
lágrima (f)	tåre (f)	['tɔ:ɒ]

falta (f)	skyld (f)	['skyl']
culpa (f)	skyldfølelse (f)	['skyl,fø:ləlsə]
desonra (f)	skam, vanære (f)	['skam'], ['van,ɛ:ʌ]
protesto (m)	protest (f)	[pʁo'tɛst]
estresse (m)	stress (i, f)	['stʁɛs]

perturbar (vt)	at forstyrre	[ʌ fʌ'styɐ̯'ʌ]
zangar-se com ...	at være gal	[ʌ 'vɛ:ʌ 'gæ'l]
zangado (irritado)	vred	['vʁɛð']
terminar (vt)	at afbryde	[ʌ 'aw,bʁy'ðə]
praguejar	at sværge	[ʌ 'svæɐ̯wə]

assustar-se	at blive skræmt	[ʌ 'bli:ə 'skʁamt]
golpear (vt)	at slå	[ʌ 'slɔ']
brigar (na rua, etc.)	at slås	[ʌ 'slʌs]

resolver (o conflito)	at løse	[ʌ 'lø:sə]
descontente (adj)	utilfreds	['ute,fʁɛs]
furioso (adj)	rasende	['ʁɑ:sənə]

Não está bem!	Det er ikke godt!	[de 'æɐ̯ 'ekə 'gʌt]
É ruim!	Det er dårligt!	[de 'æɐ̯ 'dɒ:lit]

Medicina

68. Doenças

doença (f)	sygdom (f)	['sy:ˌdʌmˀ]
estar doente	at være syg	[ʌ 'vɛ:ʌ syˀ]
saúde (f)	helse, sundhed (f)	['hɛlsə], ['sɔnˌheðˀ]
nariz (m) escorrendo	snue (f)	['snu:ə]
amigdalite (f)	angina (f)	[aŋ'gi:na]
resfriado (m)	forkølelse (f)	[fʌ'køˀləlsə]
ficar resfriado	at blive forkølet	[ʌ 'bli:ə fʌ'køˀləð]
bronquite (f)	bronkitis (f)	[bʁʌŋ'kitis]
pneumonia (f)	lungebetændelse (f)	['lɔŋə be'tɛnˀəlsə]
gripe (f)	influenza (f)	[enflu'ɛnsa]
míope (adj)	nærsynet	['næɐ̯ˌsyˀnəð]
presbita (adj)	langsynet	['laŋˌsyˀnəð]
estrabismo (m)	skeløjethed (f)	['skelˌʌjəðˌheðˀ]
estrábico, vesgo (adj)	skeløjet	['skelˌʌjˀəð]
catarata (f)	grå stær (f)	['gʁɔˀ 'stɛˀɐ̯]
glaucoma (m)	glaukom (i), grøn stær (f)	[glaw'koˀm], ['gʁœnˀ 'stɛˀɐ̯]
AVC (m), apoplexia (f)	hjerneblødning (f)	['jæɐ̯nəˌbløðneŋ]
ataque (m) cardíaco	infarkt (i, f)	[en'fa:kt]
enfarte (m) do miocárdio	hjerteinfarkt (i, f)	['jæɐ̯tə en'fa:kt]
paralisia (f)	lammelse (f)	['laməlsə]
paralisar (vt)	at lamme, at paralysere	[ʌ 'lamə], [ʌ paaly'se:ʌ]
alergia (f)	allergi (f)	[alæɐ̯'giˀ]
asma (f)	astma (f)	['astma]
diabetes (f)	diabetes (f)	[dia'be:təs]
dor (f) de dente	tandpine (f)	['tanˌpi:nə]
cárie (f)	caries, karies (f)	['kaˀiəs]
diarreia (f)	diarre (f)	[dia'ʁɛ]
prisão (f) de ventre	forstoppelse (f)	[fʌ'stʌpəlsə]
desarranjo (m) intestinal	mavebesvær (i)	['mæ:vəˌbe'svɛˀɐ̯]
intoxicação (f) alimentar	madforgiftning (f)	['maðfʌˌgiftneŋ]
intoxicar-se	at få madforgiftning	[ʌ 'fɔˀ 'maðfʌˌgiftəˀ]
artrite (f)	artritis (f)	[a'tʁitis]
raquitismo (m)	rakitis (f)	[ʁa'kitis]
reumatismo (m)	reumatisme (f)	[ʁʌjma'tismə]
arteriosclerose (f)	arterieforkalkning (f)	[a'te:ɐ̯iə fʌ'kalˀkneŋ]
gastrite (f)	gastritis (f)	[ga'stʁitis]
apendicite (f)	appendicit (f)	[apɛndi'sit]

| colecistite (f) | galdeblærebetændelse (f) | ['galə‚blɛ:ʌ be'tɛn'əlsə] |
| úlcera (f) | mavesår (i) | ['mæ:və‚sɒ'] |

sarampo (m)	mæslinger (pl)	['mɛs‚leŋ'ʌ]
rubéola (f)	røde hunde (f)	['ʁɶ:ðə 'hunə]
icterícia (f)	gulsot (f)	['gul‚so't]
hepatite (f)	hepatitis (f)	[hepa'titis]

esquizofrenia (f)	skizofreni (f)	[skidsofʁɛ'ni']
raiva (f)	rabies (f)	['ʁɑ'bjɛs]
neurose (f)	neurose (f)	[nɶw'ʁo:sə]
contusão (f) cerebral	hjernerystelse (f)	['jæɡnə‚ʁɶəstəlsə]

câncer (m)	kræft (f), cancer (f)	['kʁaft], ['kan'sʌ]
esclerose (f)	sklerose (f)	[sklə'ʁo:sə]
esclerose (f) múltipla	multipel sklerose (f)	[mul'ti'pəl sklə'ʁo:sə]

alcoolismo (m)	alkoholisme (f)	[alkoho'lismə]
alcoólico (m)	alkoholiker (f)	[alko'ho'likʌ]
sífilis (f)	syfilis (f)	['syfilis]
AIDS (f)	AIDS (f)	['ɛjds]

tumor (m)	svulst, tumor (f)	['svul'st], ['tu:mɒ]
maligno (adj)	ondartet, malign	['ɔn‚ɑ'dəð], [ma'li'n]
benigno (adj)	godartet, benign	['goð‚ɑ'təð], [be'ni'n]
febre (f)	feber (f)	['fe'bʌ]
malária (f)	malaria (f)	[ma'lɑ'ia]
gangrena (f)	koldbrand (f)	['kʌl‚bʁɑn']
enjoo (m)	søsyge (f)	['sø‚sy:ə]
epilepsia (f)	epilepsi (f)	[epilɛp'si']

epidemia (f)	epidemi (f)	[epedə'mi']
tifo (m)	tyfus (f)	['tyfus]
tuberculose (f)	tuberkulose (f)	[tubæɡku'lo:sə]
cólera (f)	kolera (f)	['ko'ləʁɑ]
peste (f) bubônica	pest (f)	['pɛst]

69. Sintomas. Tratamentos. Parte 1

sintoma (m)	symptom (i)	[sym'to'm]
temperatura (f)	temperatur (f)	[tɛmpʁɑ'tuɡ']
febre (f)	høj temperatur, feber (f)	['hʌj tɛmpʁɑ'tuɡ'], ['fe'bʌ]
pulso (m)	puls (f)	['pul's]

vertigem (f)	svimmelhed (f)	['svem'əl‚heð']
quente (testa, etc.)	varm	['vɑ'm]
calafrio (m)	gysen (f)	['gy:sən]
pálido (adj)	bleg	['blɑj']

tosse (f)	hoste (f)	['ho:stə]
tossir (vi)	at hoste	[ʌ 'ho:stə]
espirrar (vi)	at nyse	[ʌ 'ny:sə]
desmaio (m)	besvimelse (f)	[be'svi'məlsə]
desmaiar (vi)	at besvime	[ʌ be'svi'mə]

mancha (f) preta	blåt mærke (i)	['blʌt 'mæɐ̯kə]
galo (m)	bule (f)	['bu:lə]
machucar-se (vr)	at slå sig	[ʌ 'slɔ' saj]
contusão (f)	blåt mærke (i)	['blʌt 'mæɐ̯kə]
machucar-se (vr)	at støde sig	[ʌ 'sdø:ðə saj]

mancar (vi)	at halte	[ʌ 'haltə]
deslocamento (f)	forvridning (f)	[fʌ'vʁið'nen]
deslocar (vt)	at forvride	[ʌ fʌ'vʁið'ə]
fratura (f)	brud (i), fraktur (f)	['bʁuð], [fʁak'tuɐ̯']
fraturar (vt)	at få et brud	[ʌ 'fɔ' ed 'bʁuð]

corte (m)	snitsår (i)	['snit,sɒ']
cortar-se (vr)	at skære sig	[ʌ 'skɛ:ʌ saj]
hemorragia (f)	blødning (f)	['bløðnen]

queimadura (f)	brandsår (i)	['bʁan,sɒ']
queimar-se (vr)	at brænde sig	[ʌ 'bʁanə saj]

picar (vt)	at stikke	[ʌ 'stekə]
picar-se (vr)	at stikke sig	[ʌ 'stekə saj]
lesionar (vt)	at skade	[ʌ 'skæ:ðə]
lesão (m)	skade (f)	['skæ:ðə]
ferida (f), ferimento (m)	sår (i)	['sɒ']
trauma (m)	traume, trauma (i)	['tʁawmə], ['tʁawma]

delirar (vi)	at tale i vildelse	[ʌ 'tæ:lə i 'vilelsə]
gaguejar (vi)	at stamme	[ʌ 'stamə]
insolação (f)	solstik (i)	['so:l,stek]

70. Sintomas. Tratamentos. Parte 2

dor (f)	smerte (f)	['smæɐ̯tə]
farpa (no dedo, etc.)	splint (f)	['splen't]

suor (m)	sved (f)	['sveð']
suar (vi)	at svede	[ʌ 'sve:ðə]
vômito (m)	opkastning (f)	['ʌp,kastnen]
convulsões (f pl)	kramper (f pl)	['kʁampʌ]

grávida (adj)	gravid	[gʁa'við']
nascer (vi)	at fødes	[ʌ 'fø:ðəs]
parto (m)	fødsel (f)	['føsəl]
dar à luz	at føde	[ʌ 'fø:ðə]
aborto (m)	abort (f)	[a'bɒ't]

respiração (f)	åndedræt (i)	['ʌnə,dʁat]
inspiração (f)	indånding (f)	['en,ʌn'en]
expiração (f)	udånding (f)	['uð,ʌn'en]
expirar (vi)	at ånde ud	[ʌ 'ʌnə uð]
inspirar (vi)	at ånde ind	[ʌ 'ʌnə en']

inválido (m)	handikappet person (f)	['handi,kapəð pæɐ̯'so'n]
aleijado (m)	krøbling (f)	['kʁœblen]

drogado (m)	narkoman (f)	[nɑko'mæˀn]
surdo (adj)	døv	['døˀw]
mudo (adj)	stum	['stɔmˀ]
surdo-mudo (adj)	døvstum	['døwˌstɔmˀ]

louco, insano (adj)	gal, sindssyg	['gæˀl], ['senˀˌsyˀ]
louco (m)	gal mand (f)	['gæˀl 'manˀ]
louca (f)	gal kvinde (f)	['gæˀl 'kvenə]
ficar louco	at blive sindssyg	[ʌ 'bli:ə 'senˀˌsyˀ]

gene (m)	gen (i)	['geˀn]
imunidade (f)	immunitet (f)	[imuni'teˀt]
hereditário (adj)	arvelig	['ɑːvəli]
congênito (adj)	medfødt	['mɛðˌføˀt]

vírus (m)	virus (i, f)	['viːʁus]
micróbio (m)	mikrobe (f)	[mi'kʁoːbə]
bactéria (f)	bakterie (f)	[bɑk'teɐ̯ˀiə]
infecção (f)	infektion (f)	[enfɛk'ɕoˀn]

71. Sintomas. Tratamentos. Parte 3

| hospital (m) | sygehus (i) | ['sy:əˌhuˀs] |
| paciente (m) | patient (f) | [pa'ɕɛnˀt] |

diagnóstico (m)	diagnose (f)	[dia'gnoːsə]
cura (f)	kur, behandling (f)	['kuɐ̯ˀ], [be'hanˀleŋ]
tratamento (m) médico	behandling (f)	[be'hanˀleŋ]
curar-se (vr)	at blive behandlet	[ʌ 'bli:ə be'hanˀləð]
tratar (vt)	at behandle	[ʌ be'hanˀlə]
cuidar (pessoa)	at pleje	[ʌ 'plɑjə]
cuidado (m)	pleje (f)	['plɑjə]

operação (f)	operation (f)	[opəʁa'ɕoˀn]
enfaixar (vt)	at forbinde	[ʌ fʌ'benˀə]
enfaixamento (m)	forbinding (f)	[fʌ'benˀeŋ]

vacinação (f)	vaccination (f)	[vɑgsina'ɕoˀn]
vacinar (vt)	at vaccinere	[ʌ vɑksi'neˀʌ]
injeção (f)	injektion (f)	[enjɛk'ɕoˀn]
dar uma injeção	at give en sprøjte	[ʌ 'giˀ en 'spʁʌjtə]

ataque (~ de asma, etc.)	anfald (i)	['anˌfalˀ]
amputação (f)	amputation (f)	[ɑmputa'ɕoˀn]
amputar (vt)	at amputere	[ʌ ɑmpu'teˀʌ]
coma (f)	koma	['ko:ma]
estar em coma	at ligge i koma	[ʌ 'legə i 'ko:ma]
reanimação (f)	intensivafdeling (f)	['entənˌsiwˀ 'awˌdeˀleŋ]

recuperar-se (vr)	at blive rask	[ʌ 'bli:ə 'ʁɑsk]
estado (~ de saúde)	tilstand (f)	['telˌstanˀ]
consciência (perder a ~)	bevidsthed (f)	[be'vestˌheðˀ]
memória (f)	hukommelse (f)	[hu'kʌmˀəlsə]
tirar (vt)	at trække ud	[ʌ 'tʁakə uðˀ]

| obturação (f) | plombe (f) | ['plɔmbə] |
| obturar (vt) | at plombere | [ʌ plɔm'be²ʌ] |

| hipnose (f) | hypnose (f) | [hyp'noːsə] |
| hipnotizar (vt) | at hypnotisere | [ʌ hypnoti'se²ʌ] |

72. Médicos

médico (m)	læge (f)	['lɛːjə]
enfermeira (f)	sygeplejerske (f)	['syːəˌplɑj²ʌskə]
médico (m) pessoal	personlig læge (f)	[pæɐ̯'so²nli 'lɛːjə]

dentista (m)	tandlæge (f)	['tanˌlɛːjə]
oculista (m)	øjenlæge (f)	['ʌjənˌlɛːjə]
terapeuta (m)	terapeut (f)	[tea'pœw²t]
cirurgião (m)	kirurg (f)	[ki'ʁuɐ̯²w]

psiquiatra (m)	psykiater (f)	[syki'æ²tʌ]
pediatra (m)	børnelæge (f)	['bœɐnəˌlɛːjə]
psicólogo (m)	psykolog (f)	[syko'lo²]
ginecologista (m)	gynækolog (f)	[gynɛko'lo²]
cardiologista (m)	kardiolog (f)	[kɑdio'lo²]

73. Medicina. Drogas. Acessórios

medicamento (m)	medicin (f)	[medi'si²n]
remédio (m)	middel (i)	['miðˀəl]
receitar (vt)	at ordinere	[ʌ ɒdi'ne²ʌ]
receita (f)	recept (f)	[ʁɛ'sɛpt]

comprimido (m)	tablet (f), pille (f)	[tɑb'lɛt], ['pelə]
unguento (m)	salve (f)	['salvə]
ampola (f)	ampul (f)	[ɑm'pul²]
solução, preparado (m)	mikstur (f)	[meks'tuɐ̯²]
xarope (m)	sirup (f)	['si²ʁɔp]
cápsula (f)	pille (f)	['pelə]
pó (m)	pulver (i)	['pɔl²vʌ]

atadura (f)	gazebind (i)	['gæːsəˌben²]
algodão (m)	vat (i)	['vat]
iodo (m)	jod (i, f)	['jo²ð]

curativo (m) adesivo	plaster (i)	['plastʌ]
conta-gotas (m)	pipette (f)	[pi'pɛtə]
termômetro (m)	termometer (i)	[tæɐ̯mo'me²tʌ]
seringa (f)	sprøjte (f)	['spʁʌjtə]

| cadeira (f) de rodas | kørestol (f) | ['køːʌˌsto²l] |
| muletas (f pl) | krykker (f pl) | ['kʁœkə] |

| analgésico (m) | smertestillende medicin (i) | ['smæɐ̯dəˌstelənə medi'si²n] |
| laxante (m) | laksativ (i) | [lɑksa'tiw²] |

álcool (m)	**sprit** (f)	['sprit]
ervas (f pl) medicinais	**lægeurter** (f pl)	['lɛːjəˌuɐ̯ˀtʌ]
de ervas (chá ~)	**urte-**	['uɐ̯tə-]

74. Fumar. Produtos tabágicos

tabaco (m)	**tobak** (f)	[to'bɑk]
cigarro (m)	**cigaret** (f)	[sigə'ʁat]
charuto (m)	**cigar** (f)	[si'gɑˀ]
cachimbo (m)	**pibe** (f)	['piːbə]
maço (~ de cigarros)	**pakke** (f)	['pɑkə]

fósforos (m pl)	**tændstikker** (f pl)	['tɛnˌstekʌ]
caixa (f) de fósforos	**tændstikæske** (f)	['tɛnstekˌɛskə]
isqueiro (m)	**lighter** (f)	['lɑjtʌ]
cinzeiro (m)	**askebæger** (i)	['askəˌbɛːjʌ]
cigarreira (f)	**cigaretetui** (i)	[sigə'ʁat etu'i]

piteira (f)	**mundstykke** (i)	['mɔnˌstøkə]
filtro (m)	**filter** (i)	['filˀtʌ]

fumar (vi, vt)	**at ryge**	[ʌ 'ʁyːə]
acender um cigarro	**at tænde en cigaret**	[ʌ 'tɛnə en sigə'ʁat]
tabagismo (m)	**rygning** (f)	['ʁyːneŋ]
fumante (m)	**ryger** (f)	['ʁyːʌ]

bituca (f)	**stump** (f), **skod** (i)	['stɔmˀp], ['skʌð]
fumaça (f)	**røg** (f)	['ʁʌjˀ]
cinza (f)	**aske** (f)	['askə]

HABITAT HUMANO

Cidade

75. Cidade. Vida na cidade

cidade (f)	by (f)	['by']
capital (f)	hovedstad (f)	['ho:əð‚ståð]
aldeia (f)	landsby (f)	['lans‚by']
mapa (m) da cidade	bykort (i)	['by‚kɒ:t]
centro (m) da cidade	centrum (i) af byen	['sɛntʁɔm a 'byən]
subúrbio (m)	forstad (f)	['fɒ:‚ståð]
suburbano (adj)	forstads-	['fɒ:‚ståðs-]
periferia (f)	udkant (f)	['uð‚kan't]
arredores (m pl)	omegne (f pl)	['ʌm‚aj'nə]
quarteirão (m)	kvarter (i)	[kvɑ'te'ɐ̯]
quarteirão (m) residencial	boligkvarter (i)	['bo:likvɑ'te'ɐ̯]
tráfego (m)	trafik (f)	[tʁɑ'fik]
semáforo (m)	trafiklys (i)	[tʁɑ'fik‚ly's]
transporte (m) público	offentlig transport (f)	['ʌfəntli tʁɑns'pɒ:t]
cruzamento (m)	kryds (i, f)	['kʁys]
faixa (f)	fodgængerovergang (f)	['foðgɛŋʌ 'ɒwʌ‚gaŋ']
túnel (m) subterrâneo	gangtunnel (f)	['gaŋtu‚nɛl']
cruzar, atravessar (vt)	at gå over	[ʌ gɒ' 'ɒw'ʌ]
pedestre (m)	fodgænger (f)	['foð‚gɛŋʌ]
calçada (f)	fortov (i)	['fɒ:‚tɒw]
ponte (f)	bro (f)	['bʁo']
margem (f) do rio	kaj (f)	['kɑj']
fonte (f)	springvand (i)	['spʁɛŋ‚van']
alameda (f)	alle (f)	[a'le']
parque (m)	park (f)	['pɑ:k]
bulevar (m)	boulevard (f)	[bulə'vɑ'd]
praça (f)	torv (i)	['tɒ'w]
avenida (f)	avenue (f)	[avə'ny]
rua (f)	gade (f)	['gæ:ðə]
travessa (f)	sidegade (f)	['si:ðə‚gæ:ðə]
beco (m) sem saída	blindgyde (f)	['blen'‚gy:ðə]
casa (f)	hus (i)	['hu's]
edifício, prédio (m)	bygning (f)	['bygnɛŋ]
arranha-céu (m)	skyskraber (f)	['sky‚skʁɑ:bʌ]
fachada (f)	facade (f)	[fa'sæ:ðə]
telhado (m)	tag (i)	['tæ'j]

janela (f)	vindue (i)	['vendu]
arco (m)	bue (f)	['bu:ə]
coluna (f)	søjle (f)	['sʌjlə]
esquina (f)	hjørne (i)	['jœɐ̯'nə]

vitrine (f)	udstillingsvindue (i)	['uðˌstelˀeŋs 'vendu]
letreiro (m)	skilt (i)	['skelˀt]
cartaz (do filme, etc.)	plakat (f)	[pla'kæˀt]
cartaz (m) publicitário	reklameplakat (f)	[ɐɛ'klæːməˌpla'kæˀt]
painel (m) publicitário	reklameskilt (i)	[ɐɛ'klæːməˌskelˀt]

lixo (m)	affald (i)	['awˌfalˀ]
lata (f) de lixo	skraldespand (f)	['skɐɑləˌspanˀ]
jogar lixo na rua	at smide affald	[ʌ 'smiːðə 'awˌfalˀ]
aterro (m) sanitário	losseplads (f)	['lʌsəˌplas]

orelhão (m)	telefonboks (f)	[teləˈfoːnˌbʌks]
poste (m) de luz	lygtepæl (f)	['løgtəˌpɛˀl]
banco (m)	bænk (f)	['bɛŋˀk]

polícia (m)	politibetjent (f)	[poli'ti be'tjɛnˀt]
polícia (instituição)	politi (i)	[poli'tiˀ]
mendigo, pedinte (m)	tigger (f)	['tegʌ]
desabrigado (m)	hjemløs (f)	['jɛmˌløˀs]

76. Instituições urbanas

loja (f)	forretning (f), butik (f)	[fʌ'ɐatneŋ], [bu'tik]
drogaria (f)	apotek (i)	[apo'teˀk]
ótica (f)	optik (f)	[ʌp'tik]
centro (m) comercial	indkøbscenter (i)	['enˌkøˀbs ˌsɛnˀtʌ]
supermercado (m)	supermarked (i)	['suˀpʌˌmaːkəð]

padaria (f)	bageri (i)	[bæjʌ'ɐiˀ]
padeiro (m)	bager (f)	['bæːjʌ]
pastelaria (f)	konditori (i)	[kʌnditʌ'ɐiˀ]
mercearia (f)	købmandsbutik (f)	['kømans bu'tik]
açougue (m)	slagterbutik (f)	['slagtʌ bu'tik]

fruteira (f)	grønthandel (f)	['gɐœntˌhanˀəl]
mercado (m)	marked (i)	['maːkəð]

cafeteria (f)	cafe, kaffebar (f)	[ka'feˀ], ['kafəˌbaˀ]
restaurante (m)	restaurant (f)	[ɐɛsto'ɐɑŋ]
bar (m)	ølstue (f)	['ølˌstuːə]
pizzaria (f)	pizzeria (i)	[pidsə'ɐiːa]

salão (m) de cabeleireiro	frisørsalon (f)	[fɐi'søɐ saˌlʌŋ]
agência (f) dos correios	postkontor (i)	['pʌst kɔn'toˀɐ̯]
lavanderia (f)	renseri (i)	[ɐansʌ'ɐiˀ]
estúdio (m) fotográfico	fotoatelier (i)	['foto atəl'je]

sapataria (f)	skotøjsforretning (f)	['skoˌtʌjs fʌ'ɐatneŋ]
livraria (f)	boghandel (f)	['bowˌhanˀəl]

loja (f) de artigos esportivos	sportsforretning (f)	['spɒːʦ fʌ'ʁatneŋ]
costureira (m)	reparation (f) af tøj	[ʁɛpʁɑ'ɕoˀn a 'tʌj]
aluguel (m) de roupa	udlejning (f) af tøj	['uðˌlɑjˀneŋ a 'tʌj]
videolocadora (f)	filmleje (f)	['filmˌlɑjə]
circo (m)	cirkus (i)	['siɛkus]
jardim (m) zoológico	zoologisk have (f)	[soo'loˀisk 'hæːvə]
cinema (m)	biograf (f)	[bio'gʁɑˀf]
museu (m)	museum (i)	[mu'sɛːɔm]
biblioteca (f)	bibliotek (i)	[biblio'teˀk]
teatro (m)	teater (i)	[te'æˀtʌ]
ópera (f)	opera (f)	['oˀpəʁa]
boate (casa noturna)	natklub (f)	['natˌklub]
cassino (m)	kasino (i)	[ka'siːno]
mesquita (f)	moske (f)	[mo'skeˀ]
sinagoga (f)	synagoge (f)	[syna'goːə]
catedral (f)	katedral (f)	[katə'dʁɑˀl]
templo (m)	tempel (i)	['tɛmˀpəl]
igreja (f)	kirke (f)	['kiɛkə]
faculdade (f)	institut (i)	[ensdi'tut]
universidade (f)	universitet (i)	[univæɛsi'teˀt]
escola (f)	skole (f)	['skoːlə]
prefeitura (f)	præfektur (i)	[pʁɛfɛk'tuɛˀ]
câmara (f) municipal	rådhus (i)	['ʁɔðˌhuˀs]
hotel (m)	hotel (i)	[ho'tɛlˀ]
banco (m)	bank (f)	['baŋˀk]
embaixada (f)	ambassade (f)	[amba'sæːðə]
agência (f) de viagens	rejsebureau (i)	['ʁajsə byˌʁo]
agência (f) de informações	informationskontor (i)	[enfɒma'ɕons kɔn'toˀɐ]
casa (f) de câmbio	vekselkontor (i)	['vɛksəl kɔn'toˀɐ]
metrô (m)	metro (f)	['meːtʁo]
hospital (m)	sygehus (i)	['syːəˌhuˀs]
posto (m) de gasolina	tankstation (f)	['taŋk sta'ɕˀon]
parque (m) de estacionamento	parkeringsplads (f)	[pɑ'keˀɡeŋsˌplas]

77. Transportes urbanos

ônibus (m)	bus (f)	['bus]
bonde (m) elétrico	sporvogn (f)	['spoɛˌvɒwˀn]
trólebus (m)	trolleybus (f)	['tʁʌliˌbus]
rota (f), itinerário (m)	rute (f)	['ʁuːtə]
número (m)	nummer (i)	['nɔmˀʌ]
ir de ... (carro, etc.)	at køre på ...	[ʌ 'køːʌ 'pɔˀ ...]
entrar no ...	at stå på ...	[ʌ stɔˀ 'pɔˀ ...]
descer do ...	at stå af ...	[ʌ stɔˀ 'æˀ ...]
parada (f)	stop, stoppested (i)	['stʌp], ['stʌpəstɛð]

próxima parada (f)	næste station (f)	['nɛstə sta'ɕo'n]
terminal (m)	endestation (f)	['ɛnəsta'ɕo'n]
horário (m)	køreplan (f)	['kø:ʌˌplæ'n]
esperar (vt)	at vente	[ʌ 'vɛntə]

| passagem (f) | billet (f) | [bi'lɛt] |
| tarifa (f) | billetpris (f) | [bi'lɛtˌpʁi's] |

bilheteiro (m)	kasserer (f)	[ka'se'ʌ]
controle (m) de passagens	billetkontrol (f)	[bi'lɛt kɔn'tʁʌl']
revisor (m)	kontrollør (f)	[kʌntʁo'lø'ɐ̯]

atrasar-se (vr)	at komme for sent	[ʌ 'kʌmə fʌ 'se'nt]
perder (o autocarro, etc.)	at komme for sent til ...	[ʌ 'kʌmə fʌ 'se'nt tel ...]
estar com pressa	at skynde sig	[ʌ 'skønə saj]

táxi (m)	taxi (f)	['tɑksi]
taxista (m)	taxichauffør (f)	['tɑksi ɕo'fø'ɐ̯]
de táxi (ir ~)	i taxi	[i 'tɑksi]
ponto (m) de táxis	taxiholdeplads (f)	['tɑksi 'hʌləˌplas]
chamar um táxi	at bestille en taxi	[ʌ be'stel'ə en 'tɑksi]
pegar um táxi	at tage en taxi	[ʌ 'tæ' en 'tɑksi]

tráfego (m)	trafik (f)	[tʁɑ'fik]
engarrafamento (m)	trafikprop (f)	[tʁɑ'fikˌpʁʌp]
horas (f pl) de pico	myldretid (f)	['mylʁʌˌtið']
estacionar (vi)	at parkere	[ʌ pɑ'ke'ʌ]
estacionar (vt)	at parkere	[ʌ pɑ'ke'ʌ]
parque (m) de estacionamento	parkeringsplads (f)	[pɑ'ke'ɡ̊eŋsˌplas]

metrô (m)	metro (f)	['me:tʁo]
estação (f)	station (f)	[sta'ɕo'n]
ir de metrô	at køre med metroen	[ʌ 'kø:ʌ mɛ 'metʁo:ən]
trem (m)	tog (i)	['tɔ'w]
estação (f) de trem	banegård (f)	['bæ:nəˌgɒ']

78. Turismo

monumento (m)	monument (i)	[monu'mɛn't]
fortaleza (f)	fæstning (f)	['fɛstneŋ]
palácio (m)	palads (i)	[pɑ'las]
castelo (m)	slot (i), borg (f)	['slʌt], ['bɒ'w]
torre (f)	tårn (i)	['tɒ'n]
mausoléu (m)	mausoleum (i)	[mɑwso'lɛ:ɔm]

arquitetura (f)	arkitektur (f)	[ɑkitɛk'tuɐ̯']
medieval (adj)	middelalderlig	['miðəlˌal'ʌli]
antigo (adj)	gammel	['gaməl]
nacional (adj)	national	[naɕo'næ'l]
famoso, conhecido (adj)	kendt, berømt	['kɛn't], [be'ʁɶm't]

turista (m)	turist (f)	[tu'ʁist]
guia (pessoa)	guide (f)	['gajd]
excursão (f)	udflugt (f)	['uðˌflɔgt]

| mostrar (vt) | at vise | [ʌ 'viːsə] |
| contar (vt) | at fortælle | [ʌ fʌ'tɛlˀə] |

encontrar (vt)	at finde	[ʌ 'fenə]
perder-se (vr)	at gå vild	[ʌ gɔˀ 'vilˀ]
mapa (~ do metrô)	kort (i)	['kɒːt]
mapa (~ da cidade)	kort (i)	['kɒːt]

lembrança (f), presente (m)	souvenir (f)	[suvə'niːɐ̯]
loja (f) de presentes	souvenirforretning (f)	[suvə'niːɐ̯ fʌ'ʁatnen]
tirar fotos, fotografar	at fotografere	[ʌ fotogʁɑ'feˀʌ]
fotografar-se (vr)	at blive fotograferet	[ʌ 'bliːə fotogʁɑːˈfeˀʌð]

79. Compras

comprar (vt)	at købe	[ʌ 'køːbə]
compra (f)	indkøb (i)	['enˌkøˀb]
fazer compras	at gå på indkøb	[ʌ gɔˀ pɔ 'enˌkøˀb]
compras (f pl)	shopping (f)	['ɕʌpen]

| estar aberta (loja) | at være åben | [ʌ 'vɛːʌ 'ɔːbən] |
| estar fechada | at være lukket | [ʌ 'vɛːʌ 'lɔkəð] |

calçado (m)	sko (f)	['skoˀ]
roupa (f)	klæder (i pl)	['klɛːðʌ]
cosméticos (m pl)	kosmetik (f)	[kʌsmə'tik]
alimentos (m pl)	madvarer (f pl)	['maðvɑːʌ]
presente (m)	gave (f)	['gæːvə]

| vendedor (m) | sælger (f) | ['sɛljʌ] |
| vendedora (f) | sælger (f) | ['sɛljʌ] |

caixa (f)	kasse (f)	['kasə]
espelho (m)	spejl (i)	['spajˀl]
balcão (m)	disk (f)	['disk]
provador (m)	prøverum (i)	['pʁœːwəˌʁɔmˀ]

provar (vt)	at prøve	[ʌ 'pʁœːwə]
servir (roupa, caber)	at passe	[ʌ 'pasə]
gostar (apreciar)	at kunne lide	[ʌ 'kunə 'liːðə]

preço (m)	pris (f)	['pʁiˀs]
etiqueta (f) de preço	prismærke (i)	['pʁisˌmæɐ̯kə]
custar (vt)	at koste	[ʌ 'kʌstə]
Quanto?	Hvor meget?	[vɒˀ 'maɑð]
desconto (m)	rabat (f)	[ʁɑ'bat]

não caro (adj)	billig	['bili]
barato (adj)	billig	['bili]
caro (adj)	dyr	['dyɐ̯ˀ]
É caro	Det er dyrt	[de 'æɐ̯ 'dyɐ̯ˀt]

| aluguel (m) | leje (f) | ['lajə] |
| alugar (roupas, etc.) | at leje | [ʌ 'lajə] |

| crédito (m) | kredit (f) | [kʁɛ'dit] |
| a crédito | på kredit | [pɔ kʁɛ'dit] |

80. Dinheiro

dinheiro (m)	penge (pl)	['pɛŋə]
câmbio (m)	veksling (f)	['vɛksleŋ]
taxa (f) de câmbio	kurs (f)	['kuɐ̯'s]
caixa (m) eletrônico	pengeautomat (f)	['pɛŋə ɑwto'mæˀt]
moeda (f)	mønt (f)	['mønˀt]

| dólar (m) | dollar (f) | ['dʌlʌ] |
| euro (m) | euro (f) | ['œwʁo] |

lira (f)	lire (f)	['liːʌ]
marco (m)	mark (f)	['mɑːk]
franco (m)	franc (f)	['fʁɑŋˀk]
libra (f) esterlina	engelske pund (i)	['ɛŋˀelskə punˀ]
iene (m)	yen (f)	['jɛn]

dívida (f)	gæld (f)	['gɛlˀ]
devedor (m)	skyldner (f)	['skylnʌ]
emprestar (vt)	at låne ud	[ʌ 'lɔːnə ˌuðˀ]
pedir emprestado	at låne	[ʌ 'lɔːnə]

banco (m)	bank (f)	['bɑŋˀk]
conta (f)	konto (f)	['kʌnto]
depositar (vt)	at indsætte	[ʌ 'enˌsɛtə]
depositar na conta	at sætte ind på kontoen	[ʌ 'sɛtə 'enˀ pɔ 'kʌnto:ən]
sacar (vt)	at hæve fra kontoen	[ʌ 'hɛːvə fʁɑ 'kʌnto:ən]

cartão (m) de crédito	kreditkort (i)	[kʁɛ'dit kɒːt]
dinheiro (m) vivo	kontanter (pl)	[kɒn'tanˀʌ]
cheque (m)	check (f)	['ɕɛk]
passar um cheque	at skrive en check	[ʌ 'skʁiːvə en 'ɕɛk]
talão (m) de cheques	checkhæfte (i)	['ɕɛkˌhɛftə]

carteira (f)	tegnebog (f)	['tɑjnəˌbɔˀw]
niqueleira (f)	pung (f)	['pɔŋˀ]
cofre (m)	pengeskab (i)	['pɛŋəˌskæˀb]

herdeiro (m)	arving (f)	['ɑːveŋ]
herança (f)	arv (f)	['ɑˀw]
fortuna (riqueza)	formue (f)	['fɔːˌmuːə]

arrendamento (m)	leje (f)	['lɑjə]
aluguel (pagar o ~)	husleje (f)	['husˌlɑjə]
alugar (vt)	at leje	[ʌ 'lɑjə]

preço (m)	pris (f)	['pʁiˀs]
custo (m)	omkostning (f)	['ʌmˌkʌstneŋ]
soma (f)	sum (f)	['sɔmˀ]
gastar (vt)	at bruge	[ʌ 'bʁuːə]
gastos (m pl)	udgifter (f pl)	['uðˌgiftʌ]

economizar (vi)	at spare	[ʌ 'spɑːɑ]
econômico (adj)	sparsommelig	[spɑ'sʌmˀəli]
pagar (vt)	at betale	[ʌ be'tæˀlə]
pagamento (m)	betaling (f)	[be'tæˀleŋ]
troco (m)	byttepenge (pl)	['bytəˌpɛŋə]
imposto (m)	skat (f)	['skat]
multa (f)	bøde (f)	['bøːðə]
multar (vt)	at give bødestraf	[ʌ 'giˀ 'bøːðəˌstʁaf]

81. Correios. Serviço postal

agência (f) dos correios	postkontor (i)	['pʌst kɔn'toˀɐ̯]
correio (m)	post (f)	['pʌst]
carteiro (m)	postbud (i)	['pʌstˌbuð]
horário (m)	åbningstid (f)	['ɔːbneŋsˌtiðˀ]
carta (f)	brev (i)	['bʁɛwˀ]
carta (f) registada	rekommanderet brev (i)	[ʁɛkɔman'deˀʌð 'bʁɛwˀ]
cartão (m) postal	postkort (i)	['pʌstˌkɔːt]
telegrama (m)	telegram (i)	[telə'gʁamˀ]
encomenda (f)	postpakke (f)	['pʌstˌpakə]
transferência (f) de dinheiro	pengeoverførsel (f)	['pɛŋə 'ɒwʌˌføɐ̯ˀsəl]
receber (vt)	at modtage	[ʌ 'moðˌtæˀ]
enviar (vt)	at sende	[ʌ 'sɛnə]
envio (m)	afsendelse (f)	['awˌsɛnˀəlsə]
endereço (m)	adresse (f)	[a'dʁasə]
código (m) postal	postnummer (i)	['pʌstˌnɔmˀʌ]
remetente (m)	afsender (f)	['awˌsɛnˀʌ]
destinatário (m)	modtager (f)	['moðˌtæˀjʌ]
nome (m)	fornavn (i)	['fɔːˌnɑwˀn]
sobrenome (m)	efternavn (i)	['ɛftʌˌnɑwˀn]
tarifa (f)	tarif (f)	[tɑ'ʁif]
ordinário (adj)	vanlig	['væˀnli]
econômico (adj)	økonomisk	[øko'noˀmisk]
peso (m)	vægt (f)	['vɛgt]
pesar (estabelecer o peso)	at veje	[ʌ 'vajə]
envelope (m)	konvolut, kuvert (f)	[kɔnvo'lut], [ku'væɐ̯t]
selo (m) postal	frimærke (i)	['fʁiˌmæɐ̯kə]
colar o selo	at frankere	[ʌ fʁɑŋ'keˀʌ]

Moradia. Casa. Lar

82. Casa. Habitação

casa (f)	hus (i)	['hu's]
em casa	hjemme	['jɛmə]
pátio (m), quintal (f)	gård (f)	['gɒ']
cerca, grade (f)	hegn (i)	['hɑj'n]

tijolo (m)	tegl (i, f), mursten (f)	['tɑj'l], ['muɐ̯ˌste'n]
de tijolos	tegl-	['tɑjl-]
pedra (f)	sten (f)	['ste'n]
de pedra	sten-	['sten-]
concreto (m)	beton (f)	[be'tʌŋ]
concreto (adj)	beton-	[be'tʌŋ-]

novo (adj)	ny	['ny']
velho (adj)	gammel	['gaməl]
decrépito (adj)	faldefærdig	['faləˌfæɐ̯'di]
moderno (adj)	moderne	[mo'dæɐ̯nə]
de vários andares	fleretages-	['fleˌetæ'ɕes-]
alto (adj)	høj	['hʌj']

andar (m)	etage (f)	[e'tæ'ɕə]
de um andar	enetages	['e:neˌtæ'ɕes]

térreo (m)	stue (f), stueetage (f)	['stu:ə], ['stu:ə e'tæ'ɕə]
andar (m) de cima	øverste etage (f)	['øw'ʌstə e'tæ'ɕə]

telhado (m)	tag (i)	['tæ'j]
chaminé (f)	skorsten (f)	['skɒːˌste'n]

telha (f)	tegl (i, f)	['tɑj'l]
de telha	tegl-	['tɑjl-]
sótão (m)	loft (i)	['lʌft]

janela (f)	vindue (i)	['vendu]
vidro (m)	glas (i)	['glas]

parapeito (m)	vindueskarm (f)	['vendusˌkɑ'm]
persianas (f pl)	vinduesskodder (f pl)	['vendusˌskʌðʌ]

parede (f)	mur (f), væg (f)	['muɐ̯'], ['vɛ'g]
varanda (f)	balkon, altan (f)	[bal'kʌŋ], [al'tæ'n]
calha (f)	nedløbsrør (i)	['neðløbsˌʁɶ'ɐ̯]

em cima	oppe	['ʌpə]
subir (vi)	at gå ovenpå	[ʌ gɔ' 'ɒwənˌpɔ']
descer (vi)	at gå ned	[ʌ gɔ' 'neð']
mudar-se (vr)	at flytte	[ʌ 'fløtə]

83. Casa. Entrada. Elevador

entrada (f)	indgang (f)	['enˌgɑŋˀ]
escada (f)	trappe (f)	['tʁɑpə]
degraus (m pl)	trin (i pl)	['tʁin]
corrimão (m)	gelænder (i)	[ge'lɛnˀʌ]
hall (m) de entrada	hall, lobby (f)	['hɒ:l], ['lʌbi]

caixa (f) de correio	postkasse (f)	['pʌstˌkasə]
lata (f) do lixo	skraldebøtte (f)	['skʁɑləˌbøtə]
calha (f) de lixo	nedfaldsskakt (f)	['neðfalsˌskɑkt]

elevador (m)	elevator (f)	[elə'væːtʌ]
elevador (m) de carga	godselevator (f)	['gɔs elə'væːtʌ]
cabine (f)	elevatorstol (f)	[elə'væːtʌ 'stoˀl]
pegar o elevador	at tage elevatoren	[ʌ 'tæˀ elə'væːtɒɐ̯n]

apartamento (m)	lejlighed (f)	['lɑjliˌheðˀ]
residentes (pl)	beboere (f pl)	[be'boˀʌ]
vizinho (m)	nabo (f)	['næːbo]
vizinha (f)	nabo (f)	['næːbo]
vizinhos (pl)	naboer (pl)	['næːboˀʌ]

84. Casa. Portas. Fechaduras

porta (f)	dør (f)	['dœˀɐ̯]
portão (m)	port (f)	['poɐ̯ˀt]
maçaneta (f)	dørhåndtag (i)	['dœɐ̯ˌhʌnˀˌtæˀj]
destrancar (vt)	at låse op	[ʌ 'lɔːsə 'ʌp]
abrir (vt)	at åbne	[ʌ 'ɔːbnə]
fechar (vt)	at lukke	[ʌ 'lɔkə]

chave (f)	nøgle (f)	['nʌjlə]
molho (m)	knippe (i)	['knepə]
ranger (vi)	at knirke	[ʌ 'kniɐ̯kə]
rangido (m)	knirken (f)	['kniɐ̯kən]
dobradiça (f)	hængsel (i)	['hɛŋˀsəl]
capacho (m)	dørmåtte (f)	['dœɐ̯ˌmʌtə]

fechadura (f)	dørlås (f)	['dœɐ̯ˌlɔˀs]
buraco (m) da fechadura	nøglehul (i)	['nʌjləˌhɔl]
barra (f)	slå, skudrigel (f)	['slɔˀ], ['skuðˌʁiˀəl]
fecho (ferrolho pequeno)	slå, skudrigel (f)	['slɔˀ], ['skuðˌʁiˀəl]
cadeado (m)	hængelås (f)	['hɛŋəˌlɔˀs]

tocar (vt)	at ringe	[ʌ 'ʁɛŋə]
toque (m)	ringning (f)	['ʁɛŋnen]
campainha (f)	ringeklokke (f)	['ʁɛŋəˌklʌkə]
botão (m)	knap (f)	['knɑp]
batida (f)	banker (f pl)	['bɑŋkʌ]
bater (vi)	at banke	[ʌ 'bɑŋkə]
código (m)	kode (f)	['koːðə]
fechadura (f) de código	kodelås (f)	['koːðəˌlɔˀs]

interfone (m)	dørtelefon (f)	['dɑɐ̯ˌteləˈfoˀn]
número (m)	nummer (i)	['nɔmˀʌ]
placa (f) de porta	dørskilt (i)	['dɑɐ̯ˀɐ̯ˌskelˀt]
olho (m) mágico	kighul (i)	['kigˌhɔl]

85. Casa de campo

| aldeia (f) | landsby (f) | ['lansˌbyˀ] |
| horta (f) | køkkenhave (f) | ['køkənˌhæː.və] |

cerca (f)	hegn (i)	['hɑjˀn]
cerca (f) de piquete	stakit (i)	[sta'kit]
portão (f) do jardim	låge (f)	['lɔː.wə]

celeiro (m)	kornmagasin (i)	['koɐ̯nˌmɑgaˈsiˀn]
adega (f)	jordkælder (f)	['joɐ̯ˌkɛlʌ]
galpão, barracão (m)	skur (i)	['skuɐ̯ˀ]
poço (m)	brønd (f)	['bʁɶnˀ]

| fogão (m) | ovn (f) | ['ɒwˀn] |
| atiçar o fogo | at fyre | [ʌ 'fyːʌ] |

| lenha (carvão ou ~) | brænde (i) | ['bʁanə] |
| acha, lenha (f) | brændeknude (f) | ['bʁanəˌknuː.ðə] |

varanda (f)	veranda (f)	[ve'ʁanda]
alpendre (m)	terrasse (f)	[ta'ʁasə]
degraus (m pl) de entrada	trappe (f)	['tʁapə]
balanço (m)	gynge (f)	['gøŋʌ]

86. Castelo. Palácio

castelo (m)	slot (i), borg (f)	['slʌt], ['bɒˀw]
palácio (m)	palads (i)	[pa'las]
fortaleza (f)	fæstning (f)	['fɛstnɛŋ]

muralha (f)	mur (f)	['muɐ̯ˀ]
torre (f)	tårn (i)	['tɒˀn]
calabouço (m)	hovedtårn (i)	['hoːəðˌtɒˀn]

grade (f) levadiça	faldgitter (i)	['falˌgitʌ]
passagem (f) subterrânea	underjordisk gang (f)	['ɔnʌˌjoɐ̯ˀdisk 'gaŋˀ]
fosso (m)	voldgrav (f)	['vʌlˌgʁɑˀw]

| corrente, cadeia (f) | kæde (f) | ['kɛːðə] |
| seteira (f) | skydeskår (i) | ['skyːðəˌskɒˀ] |

| magnífico (adj) | pragtfuld | ['pʁɑgtˌfulˀ] |
| majestoso (adj) | majestætisk | [mɑjə'stɛˀtisk] |

| inexpugnável (adj) | uindtagelig | [uen'tæˀjəli] |
| medieval (adj) | middelalderlig | ['miðəlˌalˀʌli] |

87. Apartamento

apartamento (m)	lejlighed (f)	['lɑjliˌheð']
quarto, cômodo (m)	rum, værelse (i)	['ʁɔm'], ['væɐ̯ʌlsə]
quarto (m) de dormir	soveværelse (i)	['sɒwəˌvæɐ̯ʌlsə]
sala (f) de jantar	spisestue (f)	['spi:səˌstu:ə]
sala (f) de estar	dagligstue (f)	['dɑwliˌstu:ə]
escritório (m)	arbejdsværelse (i)	['ɑ:bɑjdsˌvæɐ̯ʌlsə]
sala (f) de entrada	entre (f), forstue (f)	[ɑŋ'tʁɛ], ['fɒˌstu:ə]
banheiro (m)	badeværelse (i)	['bæ:ðəˌvæɐ̯ʌlsə]
lavabo (m)	toilet (i)	[toa'lɛt]
teto (m)	loft (i)	['lʌft]
chão, piso (m)	gulv (i)	['gɔl]
canto (m)	hjørne (i)	['jœɐ̯'nə]

88. Apartamento. Limpeza

arrumar, limpar (vt)	at rydde	[ʌ 'ʁyðə]
guardar (no armário, etc.)	at lægge væk	[ʌ 'lɛgə 'vɛk]
pó (m)	støv (i)	['stø'w]
empoeirado (adj)	støvet	['stø:vəð]
tirar o pó	at tørre støv	[ʌ 'tœɐ̯ʌ 'stø'w]
aspirador (m)	støvsuger (f)	['støwˌsu'ʌ]
aspirar (vt)	at støvsuge	[ʌ 'støwˌsu'ə]
varrer (vt)	at feje	[ʌ 'fɑjə]
sujeira (f)	snavs (i)	['snɑw's]
arrumação, ordem (f)	orden (f)	['ɒ'dən]
desordem (f)	uorden (f)	['uˌɒ'dən]
esfregão (m)	moppe (f)	['mʌpə]
pano (m), trapo (m)	klud (f)	['kluð']
vassoura (f)	fejekost (f)	['fɑjəˌkɔst]
pá (f) de lixo	fejeblad (i)	['fɑjəˌblɑð]

89. Mobiliário. Interior

mobiliário (m)	møbler (pl)	['mø'blʌ]
mesa (f)	bord (i)	['bo'ɐ̯]
cadeira (f)	stol (f)	['sto'l]
cama (f)	seng (f)	['sɛŋ']
sofá, divã (m)	sofa (f)	['so:fa]
poltrona (f)	lænestol (f)	['lɛ:nəˌsto'l]
estante (f)	bogskab (i)	['bɔwˌskæ:b]
prateleira (f)	hylde (f)	['hylə]
guarda-roupas (m)	klædeskab (i)	['klɛ:ðəˌskæ'b]
cabide (m) de parede	knagerække (f)	['knæ:jəˌʁakə]

cabideiro (m) de pé	stumtjener (f)	['stɔmˌtjɛːnʌ]
cômoda (f)	kommode (f)	[koˈmoːðə]
mesinha (f) de centro	sofabord (i)	['soːfaˌboˀɐ̯]
espelho (m)	spejl (i)	['spɑjˀl]
tapete (m)	tæppe (i)	['tɛpə]
tapete (m) pequeno	lille tæppe (i)	['lilə 'tɛpə]
lareira (f)	pejs (f), kamin (f)	['pɑjˀs], [kaˈmiˀn]
vela (f)	lys (i)	['lyˀs]
castiçal (m)	lysestage (f)	['lysəˌstæːjə]
cortinas (f pl)	gardiner (i pl)	[gɑˈdiˀnʌ]
papel (m) de parede	tapet (i)	[taˈpeˀt]
persianas (f pl)	persienne (f)	[pæɐ̯ˈɕɛnə]
luminária (f) de mesa	bordlampe (f)	['boɐ̯ˌlɑmpə]
luminária (f) de parede	væglampe (f)	['vɛgˌlɑmpə]
abajur (m) de pé	standerlampe (f)	['stanʌˌlɑmpə]
lustre (m)	lysekrone (f)	['lysəˌkʁoːnə]
pé (de mesa, etc.)	ben (i)	['beˀn]
braço, descanso (m)	armlæn (i)	['ɑˀmˌlɛˀn]
costas (f pl)	ryg (f), ryglæn (i)	['ʁœg], ['ʁœgˌlɛˀn]
gaveta (f)	skuffe (f)	['skɔfə]

90. Quarto de dormir

roupa (f) de cama	sengetøj (i)	['sɛŋəˌtʌj]
travesseiro (m)	pude (f)	['puːðə]
fronha (f)	pudebetræk (i)	['puːðə beˈtʁak]
cobertor (m)	dyne (f)	['dyːnə]
lençol (m)	lagen (i)	['læjˀən]
colcha (f)	sengetæppe (i)	['sɛŋəˌtɛpə]

91. Cozinha

cozinha (f)	køkken (i)	['køkən]
gás (m)	gas (f)	['gas]
fogão (m) a gás	gaskomfur (i)	['gasˌkɔmˈfuɐ̯ˀ]
fogão (m) elétrico	elkomfur (i)	['ɛlˌkɔmˈfuɐ̯ˀ]
forno (m)	bageovn (f)	['bæːjəˌɒwˀn]
forno (m) de micro-ondas	mikroovn (f)	['mikʁoˌɒwˀn]
geladeira (f)	køleskab (i)	['køːləˌskæˀb]
congelador (m)	fryser (f)	['fʁyːsʌ]
máquina (f) de lavar louça	opvaskemaskine (f)	[ʌpˈvaskə maˈskiːnə]
moedor (m) de carne	kødhakker (f)	['køðˌhakʌ]
espremedor (m)	juicepresser (f)	['dʒuːsˌpʁasʌ]
torradeira (f)	brødrister, toaster (f)	['bʁœðˌʁɛstʌ], ['tɒwstʌ]
batedeira (f)	mikser, mixer (f)	['meksʌ]

máquina (f) de café	kaffemaskine (f)	['kɑfə ma'ski:nə]
cafeteira (f)	kaffekande (f)	['kɑfə‚kanə]
moedor (m) de café	kaffekværn (f)	['kɑfə‚kvæɐ̯ˀn]
chaleira (f)	kedel (f)	['keðəl]
bule (m)	tekande (f)	['te‚kanə]
tampa (f)	låg (i)	['lɔˀw]
coador (m) de chá	tesi (f)	['teˀ‚siˀ]
colher (f)	ske (f)	['skeˀ]
colher (f) de chá	teske (f)	['teˀ‚skeˀ]
colher (f) de sopa	spiseske (f)	['spi:sə‚skeˀ]
garfo (m)	gaffel (f)	['gɑfəl]
faca (f)	kniv (f)	['kniwˀ]
louça (f)	service (i)	[sæɐ̯'vi:sə]
prato (m)	tallerken (f)	[ta'læɐ̯kən]
pires (m)	underkop (f)	['ɔnʌ‚kʌp]
cálice (m)	shotglas (i)	['ɕʌt‚glas]
copo (m)	glas (i)	['glas]
xícara (f)	kop (f)	['kʌp]
açucareiro (m)	sukkerskål (f)	['sɔkʌ‚skɔˀl]
saleiro (m)	saltbøsse (f)	['salt‚bøsə]
pimenteiro (m)	peberbøsse (f)	['pewʌ‚bøsə]
manteigueira (f)	smørskål (f)	['smœɐ̯‚skɔˀl]
panela (f)	gryde (f)	['gʁy:ðə]
frigideira (f)	stegepande (f)	['stɑjə‚panə]
concha (f)	slev (f)	['slewˀ]
coador (m)	dørslag (i)	['dœɐ̯‚slæˀj]
bandeja (f)	bakke (f)	['bɑkə]
garrafa (f)	flaske (f)	['flaskə]
pote (m) de vidro	glasdåse (f)	['glas‚dɔ:sə]
lata (~ de cerveja)	dåse (f)	['dɔ:sə]
abridor (m) de garrafa	oplukker (f)	['ʌp‚lɔkʌ]
abridor (m) de latas	dåseåbner (f)	['dɔ:sə‚ɔ:bnʌ]
saca-rolhas (m)	proptrækker (f)	['pʁʌp‚tʁakʌ]
filtro (m)	filter (i)	['filˀtʌ]
filtrar (vt)	at filtrere	[ʌ fil'tʁɛˀʌ]
lixo (m)	affald, skrald (i)	['ɑw‚falˀ], ['skʁɑlˀ]
lixeira (f)	skraldespand (f)	['skʁɑlə‚spanˀ]

92. Casa de banho

banheiro (m)	badeværelse (i)	['bæ:ðə‚væɐ̯ʌlsə]
água (f)	vand (i)	['vanˀ]
torneira (f)	hane (f)	['hæ:nə]
água (f) quente	varmt vand (i)	['vɑˀmt vanˀ]
água (f) fria	koldt vand (i)	['kʌlt vanˀ]

pasta (f) de dente	tandpasta (f)	['tan,pasta]
escovar os dentes	at børste tænder	[ʌ 'bæɡstə 'tɛnʌ]
escova (f) de dente	tandbørste (f)	['tan,bæɡstə]
barbear-se (vr)	at barbere sig	[ʌ bɑ'be²ʌ sɑj]
espuma (f) de barbear	barberskum (i)	[bɑ'be²ɡ,skɔm²]
gilete (f)	skraber (f)	['skʁɑ:bʌ]
lavar (vt)	at vaske	[ʌ 'vaskə]
tomar banho	at vaske sig	[ʌ 'vaskə sɑj]
chuveiro (m), ducha (f)	brusebad (i)	['bʁu:sə,bað]
tomar uma ducha	at tage brusebad	[ʌ 'tæ² 'bʁu:sə,bað]
banheira (f)	badekar (i)	['bæ:ðə,kɑ]
vaso (m) sanitário	toiletkumme (f)	[toa'lɛt 'kɔmə]
pia (f)	håndvask (f)	['hʌn²,vask]
sabonete (m)	sæbe (f)	['sɛ:bə]
saboneteira (f)	sæbeskål (f)	['sɛ:bə,skɔ²l]
esponja (f)	svamp (f)	['svɑm²p]
xampu (m)	shampoo (f)	['ɕæ:m,pu:]
toalha (f)	håndklæde (i)	['hʌn,klɛ:ðə]
roupão (m) de banho	badekåbe (f)	['bæ:ðə,kɔ:bə]
lavagem (f)	vask (f)	['vask]
lavadora (f) de roupas	vaskemaskine (f)	['vaskə ma'ski:nə]
lavar a roupa	at vaske tøj	[ʌ 'vaskə 'tʌj]
detergente (m)	vaskepulver (i)	['vaskə,pɔl²vʌ]

93. Eletrodomésticos

televisor (m)	tv, fjernsyn (i)	['te²,ve²], ['fjæɡn,sy²n]
gravador (m)	båndoptager (f)	['bɒn,ʌbtæ²ʌ]
videogravador (m)	video (f)	['vi²djo]
rádio (m)	radio (i)	['ʁɑ²djo]
leitor (m)	afspiller (f)	['aw,spel²ʌ]
projetor (m)	projektor (f)	[pʁo'ɕɛktʌ]
cinema (m) em casa	hjemmebio (f)	['jɛmə,bi:o]
DVD Player (m)	dvd-afspiller (f)	[deve'de² aw'spel²ʌ]
amplificador (m)	forstærker (f)	[fʌ'stæɡkʌ]
console (f) de jogos	spillekonsol (f)	['spelə kɔn'sʌl²]
câmera (f) de vídeo	videokamera (i)	['vi²djo ,kæ²məʁɑ]
máquina (f) fotográfica	kamera (i)	['kæ²məʁɑ]
câmera (f) digital	digitalkamera (i)	[digi'tæ²l ,kæ²məʁɑ]
aspirador (m)	støvsuger (f)	['støw,su²ʌ]
ferro (m) de passar	strygejern (i)	['stʁyə,jæɡ²n]
tábua (f) de passar	strygebræt (i)	['stʁyə,bʁat]
telefone (m)	telefon (f)	[telə'fo²n]
celular (m)	mobiltelefon (f)	[mo'bil telə'fo²n]

máquina (f) de escrever	skrivemaskine (f)	['skʁiːvə ma'skiːnə]
máquina (f) de costura	symaskine (f)	['symaˌskiːnə]

microfone (m)	mikrofon (f)	[mikʁoˈfoʔn]
fone (m) de ouvido	hovedtelefoner (f pl)	['hoːəð teləˈfoʔnʌ]
controle remoto (m)	fjernbetjening (f)	['fjæɡn be'tjɛʔnen]

CD (m)	cd (f)	[se'deʔ]
fita (f) cassete	kassette (f)	[ka'sɛtə]
disco (m) de vinil	plade (f)	['plæːðə]

94. Reparações. Renovação

renovação (f)	renovering (f)	[ʁɛno've'ʔɡen]
renovar (vt), fazer obras	at renovere	[ʌ ʁɛno've'ʌ]
reparar (vt)	at reparere	[ʌ ʁɛpə'ʁɛ'ʌ]
consertar (vt)	at bringe orden	[ʌ 'bʁɛŋə 'ɒʔdən]
refazer (vt)	at gøre om	[ʌ 'gœːʌ 'ʌmʔ]

tinta (f)	maling (f)	['mæːleŋ]
pintar (vt)	at male	[ʌ 'mæːlə]
pintor (m)	maler (f)	['mæːlʌ]
pincel (m)	pensel (f)	['pɛnʔsəl]

cal (f)	hvidtekalk (f)	['viðəˌkalk]
caiar (vt)	at hvidte	[ʌ 'viðə]

papel (m) de parede	tapet (i)	[ta'peʔt]
colocar papel de parede	at tapetsere	[ʌ tɑpə'seʔʌ]
verniz (m)	fernis (f)	['fæɡnis]
envernizar (vt)	at lakere	[ʌ la'keʔʌ]

95. Canalizações

água (f)	vand (i)	['vanʔ]
água (f) quente	varmt vand (i)	['vɑʔmt vanʔ]
água (f) fria	koldt vand (i)	['kʌlt vanʔ]
torneira (f)	hane (f)	['hæːnə]

gota (f)	dråbe (f)	['dʁɔːbə]
gotejar (vi)	at dryppe	[ʌ 'dʁœpə]
vazar (vt)	at lække	[ʌ 'lɛkə]
vazamento (m)	læk (f)	['lɛk]
poça (f)	pøl, pyt (f)	['pøʔl], ['pyt]

tubo (m)	rør (i)	['ʁœʔɡ]
válvula (f)	ventil (f)	[vɛn'tiʔl]
entupir-se (vr)	at blive tilstoppet	[ʌ 'bliːə tel'stʌpəð]

ferramentas (f pl)	værktøjer (i pl)	['væɡkˌtʌjʌ]
chave (f) inglesa	skiftenøgle (f)	['skiftəˌnʌjlə]
desenroscar (vt)	at skrue af	[ʌ 'skʁuːə 'æʔ]

enroscar (vt)	at skrue fast	[ʌ 'skʁuːə 'fast]
desentupir (vt)	at rense	[ʌ 'ʁansə]
encanador (m)	blikkenslager (f)	['blekənˌslæ'jʌ]
porão (m)	kælder (f)	['kɛlʌ]
rede (f) de esgotos	afløb (i)	['awˌløˀb]

96. Fogo. Deflagração

incêndio (m)	ild (f)	['ilˀ]
chama (f)	flamme (f)	['flɑmə]
faísca (f)	gnist (f)	['gnist]
fumaça (f)	røg (f)	['ʁʌjˀ]
tocha (f)	fakkel (f)	['fɑkəl]
fogueira (f)	bål (i)	['bɔˀl]

gasolina (f)	benzin (f)	[bɛn'siˀn]
querosene (m)	petroleum (i, f)	[pe'tʁoˀljɔm]
inflamável (adj)	brændbar	['bʁanˌbɑˀ]
explosivo (adj)	eksplosiv	['ɛksploˌsiwˀ]
PROIBIDO FUMAR!	RYGNING FORBUDT	['ʁyːneŋ fʌ'byˀð]

segurança (f)	sikkerhed (f)	['sekʌˌheðˀ]
perigo (m)	fare (f)	['fɑːɑ]
perigoso (adj)	farlig	['fɑːli]

incendiar-se (vr)	at gå ild i ...	[ʌ gɔˀ 'ilˀ i ...]
explosão (f)	eksplosion (f)	[ɛksplo'ɕoˀn]
incendiar (vt)	at sætte ild	[ʌ 'sɛtə ilˀ]
incendiário (m)	brandstifter (f)	['bʁanˌsteftʌ]
incêndio (m) criminoso	brandstiftelse (f)	['bʁanˌsteftəlsə]

flamejar (vi)	at flamme	[ʌ 'flɑmə]
queimar (vi)	at brænde	[ʌ 'bʁanə]
queimar tudo (vi)	at brænde ned	[ʌ 'bʁanə 'neðˀ]

chamar os bombeiros	at tilkalde brandvæsenet	[ʌ 'telˌkalˀə 'bʁanˌvɛˀsnəð]
bombeiro (m)	brandmand (f)	['bʁanˌman]
caminhão (m) de bombeiros	brandbil (f)	['bʁanˌbiˀl]
corpo (m) de bombeiros	brandkorps (i)	['bʁanˌkɒːps]
escada (f) extensível	redningsstige (f)	['ʁɛðneŋsˌstiːə]

mangueira (f)	slange (f)	['slɑŋə]
extintor (m)	brandslukker (f)	['bʁanˌslɔkʌ]
capacete (m)	hjelm (f)	['jɛlˀm]
sirene (f)	sirene (f)	[si'ʁɛːnə]

gritar (vi)	at skrige	[ʌ 'skʁiːə]
chamar por socorro	at råbe på hjælp	[ʌ 'ʁɔːbə pɔ 'jɛlˀp]
socorrista (m)	redder (f)	['ʁɛðʌ]
salvar, resgatar (vt)	at redde	[ʌ 'ʁɛðə]

chegar (vi)	at ankomme	[ʌ 'anˌkʌmˀə]
apagar (vt)	at slukke	[ʌ 'slɔkə]
água (f)	vand (i)	['vanˀ]

areia (f)	sand (i)	['san']
ruínas (f pl)	ruiner (f pl)	[ʁu'i'nʌ]
ruir (vi)	at styrte sammen	[ʌ 'styɐ̯tə 'sɑm'ən]
desmoronar (vi)	at styrte ned	[ʌ 'styɐ̯tə 'neð']
desabar (vi)	at styrte sammen	[ʌ 'styɐ̯tə 'sɑm'ən]

| fragmento (m) | brokke (f) | ['bʁʌkə] |
| cinza (f) | aske (f) | ['askə] |

| sufocar (vi) | at kvæles | [ʌ 'kvɛ:ləs] |
| perecer (vi) | at omkomme | [ʌ 'ʌmˌkʌm'ə] |

ATIVIDADES HUMANAS

Emprego. Negócios. Parte 1

97. Banca

banco (m)	bank (f)	['baŋˀk]
balcão (f)	afdeling (f)	['aw̯de'leŋ]
consultor (m) bancário	konsulent (f)	[kʌnsu'lɛnˀt]
gerente (m)	forretningsfører (f)	[fʌ'ʁatneŋsˌføːʌ]
conta (f)	bankkonto (f)	['baŋˀkˌkʌnto]
número (m) da conta	kontonummer (i)	['kʌntoˌnɔmˀʌ]
conta (f) corrente	checkkonto (f)	['ɕɛkˌkʌnto]
conta (f) poupança	opsparingskonto (f)	['ʌpˌspaˀeŋs ˌkʌnto]
abrir uma conta	at åbne en konto	[ʌ 'ɔːbnə en 'kʌnto]
fechar uma conta	at lukke kontoen	[ʌ 'lɔkə 'kʌnto:ən]
depositar na conta	at sætte ind på kontoen	[ʌ 'sɛtə 'en' pɔ 'kʌnto:ən]
sacar (vt)	at hæve fra kontoen	[ʌ 'hɛːvə fʁa 'kʌnto:ən]
depósito (m)	indskud (i)	['enˌskuð]
fazer um depósito	at indsætte	[ʌ 'enˌsɛtə]
transferência (f) bancária	overførelse (f)	['ɒwʌˌføːʌlsə]
transferir (vt)	at overføre	[ʌ 'ɒwʌˌføˀʌ]
soma (f)	sum (f)	['sɔmˀ]
Quanto?	Hvor meget?	[vɒˀ 'maað]
assinatura (f)	signatur, underskrift (f)	[sina'tuɐ̯ˀ], ['ɔnʌˌskʁɛft]
assinar (vt)	at underskrive	[ʌ 'ɔnʌˌskʁiˀvə]
cartão (m) de crédito	kreditkort (i)	[kʁɛ'dit kɒːt]
senha (f)	kode (f)	['ko:ðə]
número (m) do cartão de crédito	kreditkortnummer (i)	[kʁɛ'dit kɒːt 'nɔmˀʌ]
caixa (m) eletrônico	pengeautomat (f)	['pɛŋə awto'mæˀt]
cheque (m)	check (f)	['ɕɛk]
passar um cheque	at skrive en check	[ʌ 'skʁiːvə en 'ɕɛk]
talão (m) de cheques	checkhæfte (i)	['ɕɛkˌhɛftə]
empréstimo (m)	lån (i)	['lɔˀn]
pedir um empréstimo	at ansøge om lån	[ʌ 'anˌsøːə ɒm 'lɔˀn]
obter empréstimo	at få et lån	[ʌ 'fɔˀ et 'lɔˀn]
dar um empréstimo	at yde et lån	[ʌ 'y:ðə et 'lɔˀn]
garantia (f)	garanti (f)	[gaan'tiˀ]

98. Telefone. Conversação telefônica

telefone (m)	telefon (f)	[telə'fo'n]
celular (m)	mobiltelefon (f)	[mo'bil telə'fo'n]
secretária (f) eletrônica	telefonsvarer (f)	[telə'fo:n‚sva:a]
fazer uma chamada	at ringe	[ʌ 'ʁɛŋə]
chamada (f)	telefonsamtale (f)	[telə'fo:n 'sam‚tæ:lə]
discar um número	at taste et nummer	[ʌ 'tastə et 'nɔm'ʌ]
Alô!	Hallo!	[ha'lo]
perguntar (vt)	at spørge	[ʌ 'spœɐ̯ʌ]
responder (vt)	at svare	[ʌ 'sva:a]
ouvir (vt)	at høre	[ʌ 'hø:ʌ]
bem	godt	['gʌt]
mal	dårligt	['dɒ:lit]
ruído (m)	støj (f)	['stʌj']
fone (m)	telefonrør (i)	[telə'fo:n‚ʁœ'ɐ̯]
pegar o telefone	at tage telefonen	[ʌ 'tæ' telə'fo'nən]
desligar (vi)	at lægge på	[ʌ 'lɛgə pɔ']
ocupado (adj)	optaget	['ʌp‚tæ'j]
tocar (vi)	at ringe	[ʌ 'ʁɛŋə]
lista (f) telefônica	telefonbog (f)	[telə'fo:n‚bɔ'w]
local (adj)	lokal-	[lo'kæl-]
chamada (f) local	lokalopkald (i)	[lo'kæ'l 'ʌp‚kal']
de longa distância	fjern-	['fjæɐ̯n-]
chamada (f) de longa distância	fjernopkald (i)	['fjæɐ̯n 'ʌp‚kal']
internacional (adj)	international	['entʌnaɕo‚næ'l]
chamada (f) internacional	internationalt opkald (i)	['entʌnaɕo‚næ'lt 'ʌp‚kal']

99. Telefone móvel

celular (m)	mobiltelefon (f)	[mo'bil telə'fo'n]
tela (f)	skærm (f)	['skæɐ̯'m]
botão (m)	knap (f)	['knap]
cartão SIM (m)	SIM-kort (i)	['sem‚kɒ:t]
bateria (f)	batteri (i)	[batʌ'ʁi']
descarregar-se (vr)	at blive afladet	[ʌ 'bli:ə 'aw‚læ'ðəð]
carregador (m)	oplader (f)	['ʌpl‚læ'ðʌ]
menu (m)	menu (f)	[me'ny]
configurações (f pl)	indstillinger (f pl)	['en‚stel'eŋʌ]
melodia (f)	melodi (f)	[melo'di']
escolher (vt)	at vælge	[ʌ 'vɛljə]
calculadora (f)	lommeregner (f)	['lʌmə‚ʁajnʌ]
correio (m) de voz	telefonsvarer (f)	[telə'fo:n‚sva:a]

| despertador (m) | vækkeur (i) | ['vɛkəˌuɐ̯ˀ] |
| contatos (m pl) | kontakter (f pl) | [kɔn'taktʌ] |

| mensagem (f) de texto | SMS (f) | [ɛsɛm'ɛs] |
| assinante (m) | abonnent (f) | [abo'nɛnˀt] |

100. Estacionário

| caneta (f) | kuglepen (f) | ['ku:ləˌpɛnˀ] |
| caneta (f) tinteiro | fyldepen (f) | ['fyləˌpɛnˀ] |

lápis (m)	blyant (f)	['bly:ˌanˀt]
marcador (m) de texto	mærkepen (f)	[ma'køɐ̯ˌpɛnˀ]
caneta (f) hidrográfica	tuschpen (f)	['tuɕˌpɛnˀ]

| bloco (m) de notas | notesblok (f) | ['no:təsˌblʌk] |
| agenda (f) | dagbog (f) | ['dɑwˌbɔˀw] |

régua (f)	lineal (f)	[line'æˀl]
calculadora (f)	regnemaskine (f)	['ʁɑjnə ma'ski:nə]
borracha (f)	viskelæder (i)	['veskəˌlɛðˀʌ]
alfinete (m)	tegnestift (f)	['tɑjnəˌsteft]
clipe (m)	clips (i)	['kleps]

cola (f)	lim (f)	['liˀm]
grampeador (m)	hæftemaskine (f)	['hɛfta ma'ski:nə]
furador (m) de papel	hullemaskine (f)	['holə ma'ski:nə]
apontador (m)	blyantspidser (f)	['bly:antˌspesʌ]

Emprego. Negócios. Parte 2

101. Media

jornal (m)	avis (f)	[a'viˀs]
revista (f)	magasin, tidsskrift (i)	[mɑga'siˀn], ['tiðsˌskʁɛft]
imprensa (f)	presse (f)	['pʁasə]
rádio (m)	radio (f)	['ʁɑˀdjo]
estação (f) de rádio	radiostation (f)	['ʁɑdjo staˈɕoˀn]
televisão (f)	fjernsyn (i), tv (i)	['fjæɐ̯nˌsyˀn], ['teˀˌveˀ]
apresentador (m)	studievært (f)	['stu:djəˌvæɐ̯t]
locutor (m)	nyhedsoplæser (f)	['nyheðs 'ʌpˌlɛˀsʌ]
comentarista (m)	kommentator (f)	[kɔmən'tæ:tʌ]
jornalista (m)	journalist (f)	[ɕoɐ̯na'list]
correspondente (m)	korrespondent (f)	[kɒɒspʌn'dɛnˀt]
repórter (m) fotográfico	pressefotograf (f)	['pʁasə foto'gʁɑˀf]
repórter (m)	reporter (f)	[ʁɛ'pɒ:tʌ]
redator (m)	redaktør (f)	[ʁɛdak'tøˀɐ̯]
redator-chefe (m)	chefredaktør (f)	['ɕɛf ʁɛdak'tøˀɐ̯]
assinar a ...	at abonnere	[ʌ abo'neˀʌ]
assinatura (f)	abonnement (i)	[abɔnə'mɑŋ]
assinante (m)	abonnent (f)	[abo'nɛnˀt]
ler (vt)	at læse	[ʌ 'lɛ:sə]
leitor (m)	læser (f)	['lɛ:sʌ]
tiragem (f)	oplag (i)	['ʌpˌlæˀj]
mensal (adj)	månedlig	['mɔ:nəðli]
semanal (adj)	ugentlig	['u:əntli]
número (jornal, revista)	nummer (i)	['nɔmˀʌ]
recente, novo (adj)	ny, frisk	['nyˀ], ['fʁɛsk]
manchete (f)	overskrift (f)	['ɒwʌˌskʁɛft]
pequeno artigo (m)	notits (f)	[no'tits]
coluna (~ semanal)	rubrik (f)	[ʁu'bʁɛk]
artigo (m)	artikel (f)	[ɑ'tikəl]
página (f)	side (f)	['si:ðə]
reportagem (f)	reportage (f)	[ʁɛpɒ'tæ:ɕə]
evento (festa, etc.)	hændelse (f)	['hɛnəlsə]
sensação (f)	sensation (f)	[sɛnsa'ɕoˀn]
escândalo (m)	skandale (f)	[skan'dæ:lə]
escandaloso (adj)	skandaløs	[skanda'løˀs]
grande (adj)	stor	['stoˀɐ̯]
programa (m)	program (i)	[pʁo'gʁamˀ]
entrevista (f)	interview (i)	[entʌ'vju]

| transmissão (f) ao vivo | direkte udsendelse (f) | [di'ʁaktə 'uð‚sɛn'əlsə] |
| canal (m) | kanal (f) | [ka'næ'l] |

102. Agricultura

agricultura (f)	landbrug (i)	['lan‚bʁu']
camponês (m)	bonde (f)	['bɔnə]
camponesa (f)	bondekone (f)	['bɔnə‚ko:nə]
agricultor, fazendeiro (m)	landmand, bonde (f)	['lan‚man'], ['bɔnə]

| trator (m) | traktor (f) | ['tʁaktʌ] |
| colheitadeira (f) | mejetærsker (f) | ['majə‚tæɐ̯skʌ] |

arado (m)	plov (f)	['plɔw']
arar (vt)	at pløje	[ʌ 'plʌjə]
campo (m) lavrado	pløjemark (f)	['plʌjə‚mɑ:k]
sulco (m)	fure (f)	['fu:ʌ]

semear (vt)	at så	[ʌ 'sɔ']
plantadeira (f)	såmaskine (f)	['sɔ'ma‚ski:nə]
semeadura (f)	såning (f)	['sɔ'neŋ]

| foice (m) | le (f) | ['le'] |
| cortar com foice | at meje, at slå | [ʌ 'majə], [ʌ 'slɔ'] |

| pá (f) | spade (f) | ['spæ:ðə] |
| cavar (vt) | at grave | [ʌ 'gʁɑ:və] |

enxada (f)	hakke (f)	['hɑkə]
capinar (vt)	at hakke	[ʌ 'hɑkə]
erva (f) daninha	ukrudt (i)	[uk'ʁut]

regador (m)	vandkande (f)	['van‚kanə]
regar (plantas)	at vande	[ʌ 'vanə]
rega (f)	vanding (f)	['vaneŋ]

| forquilha (f) | greb (f) | ['gʁɛ'b] |
| ancinho (m) | rive (f) | ['ʁi:wə] |

fertilizante (m)	gødning (f)	['gøðneŋ]
fertilizar (vt)	at gøde, at gødske	[ʌ 'gø:ðə], [ʌ 'gøskə]
estrume, esterco (m)	møg (i), gødning (f)	['mʌj], ['gøðneŋ]

campo (m)	mark (f), ager (f)	['mɑ:k], ['æ'jʌ]
prado (m)	eng (f)	['ɛŋ']
horta (f)	køkkenhave (f)	['køkən‚hæ:və]
pomar (m)	frugthave (f)	['fʁɔgt‚hæ:və]

pastar (vt)	at vogte	[ʌ 'vʌgtə]
pastor (m)	hyrde (f)	['hyɐ̯də]
pastagem (f)	græsgang (f)	['gʁas‚gaŋ']

| pecuária (f) | kvægavl (f) | ['kvɛj‚aw'l] |
| criação (f) de ovelhas | fåreavl (f) | ['fɔ:ɒ‚aw'l] |

plantação (f)	plantage (f)	[plan'tæ:çə]
canteiro (m)	række (f)	['ʁakə]
estufa (f)	drivhus (i)	['dʁiwˌhuˀs]
seca (f)	tørke (f)	['tɶɐ̯kə]
seco (verão ~)	tør	['tɶˀɐ̯]
grão (m)	korn (i)	['koɐ̯ˀn]
cereais (m pl)	kornsorter (f pl)	['koɐ̯nˌsɒ:tʌ]
colher (vt)	at høste	[ʌ 'høstə]
moleiro (m)	møller (f)	['møl̩ʌ]
moinho (m)	mølle (f)	['mølə]
moer (vt)	at male	[ʌ 'mæ:lə]
farinha (f)	mel (i)	['meˀl]
palha (f)	halm (f), strå (i)	['halˀm], ['stʁɔˀ]

103. Construção. Processo de construção

canteiro (m) de obras	byggeplads (f)	['bygəˌplas]
construir (vt)	at bygge	[ʌ 'bygə]
construtor (m)	bygningsarbejder (f)	['bygneŋs 'ɑːˌbɑjˀdʌ]
projeto (m)	projekt (i)	[pʁo'çɛkt]
arquiteto (m)	arkitekt (f)	[ɑki'tɛkt]
operário (m)	arbejder (f)	['ɑːˌbɑjˀdʌ]
fundação (f)	fundament (i)	[fɔnda'mɛnˀt]
telhado (m)	tag (i)	['tæˀj]
estaca (f)	pæl (f)	['pɛˀl]
parede (f)	mur (f), væg (f)	['muɐ̯ˀ], ['vɛˀg]
colunas (f pl) de sustentação	armeringsjern (i)	[ɑ'meˀɐ̯eŋs'jæɐ̯ˀn]
andaime (m)	stillads (i)	[ste'læˀs]
concreto (m)	beton (f)	[be'tʌŋ]
granito (m)	granit (f)	[gʁa'nit]
pedra (f)	sten (f)	['steˀn]
tijolo (m)	tegl (i, f), mursten (f)	['tɑjˀl], ['muɐ̯ˌsteˀn]
areia (f)	sand (i)	['sanˀ]
cimento (m)	cement (f)	[se'mɛnˀt]
emboço, reboco (m)	puds (i, f)	['pus]
emboçar, rebocar (vt)	at pudse	[ʌ 'puse]
tinta (f)	maling (f)	['mæ:leŋ]
pintar (vt)	at male	[ʌ 'mæ:lə]
barril (m)	tønde (f)	['tønə]
grua (f), guindaste (m)	byggekran (f)	['bygəˌkʁaˀn]
erguer (vt)	at løfte	[ʌ 'løftə]
baixar (vt)	at hejse ned	[ʌ 'hɑjsə 'neðˀ]
buldózer (m)	bulldozer (f)	['bulˌdoːsʌ]
escavadora (f)	gravemaskine (f)	['gʁaːvə ma'skiːnə]

caçamba (f)	skovl (f)	['skɒwˀl]
escavar (vt)	at grave	[ʌ 'gʁɑːvə]
capacete (m) de proteção	hjelm (f)	['jɛlˀm]

Profissões e ocupações

104. Procura de emprego. Demissão

trabalho (m)	arbejde (i), job (i)	['ɑːˌbɑjˀdə], ['djʌb]
equipe (f)	ansatte (pl), stab (f)	['anˌsatə], ['stæˀb]
pessoal (m)	personale (i. f)	[pæɐ̯so'næːlə]
carreira (f)	karriere (f)	[kɑi'ɛːʌ]
perspectivas (f pl)	udsigter (f pl)	['uðˌsegtʌ]
habilidades (f pl)	mesterskab (i)	['mɛstʌˌskæˀb]
seleção (f)	udvalg (i), udvælgelse (f)	['uðˌvalˀj], ['uðˌvɛlˀjəlsə]
agência (f) de emprego	arbejdsformidling (f)	['ɑːbɑjds fʌ'miðleŋ]
currículo (m)	CV (i), curriculum vitæ (i)	[se've'], [ku'ʁikulom 'viːˌtɛˀ]
entrevista (f) de emprego	jobsamtale (f)	['djʌb 'sɑmˌtæːlə]
vaga (f)	ledig stilling (f)	['leːði 'steleŋ]
salário (m)	løn (f)	['lœnˀ]
salário (m) fixo	fast løn (f)	['fast lœnˀ]
pagamento (m)	betaling (f)	[be'tæˀleŋ]
cargo (m)	stilling (f)	['steleŋ]
dever (do empregado)	pligt (f)	['plegt]
gama (f) de deveres	arbejdspligter (f pl)	['ɑːbɑjds 'plegtʌ]
ocupado (adj)	optaget	['ʌpˌtæˀj]
despedir, demitir (vt)	at afskedige	[ʌ 'awˌskeˀðiə]
demissão (f)	afskedigelse (f)	['awˌskeˀðˌiˀəlsə]
desemprego (m)	arbejdsløshed (f)	['ɑːbɑjdsˌløːsheðˀ]
desempregado (m)	arbejdsløs (f)	['ɑːbɑjdsˌløˀs]
aposentadoria (f)	pension (f)	[pɑŋ'ɕoˀn]
aposentar-se (vr)	at gå på pension	[ʌ gɔˀ pɔ pɑŋ'ɕoˀn]

105. Gente de negócios

diretor (m)	direktør (f)	[diɐ̯ək'tøˀɐ̯]
gerente (m)	forretningsfører (f)	[fʌ'ʁatneŋsˌføːʌ]
patrão, chefe (m)	boss (f)	['bʌs]
superior (m)	overordnet (f)	['ɒwʌˌɒˀdnəð]
superiores (m pl)	overordnede (pl)	['ɒwʌˌɒˀdnəðə]
presidente (m)	præsident (f)	[pʁɛsi'dɛnˀt]
chairman (m)	formand (f)	['fɒːˌmanˀ]
substituto (m)	stedfortræder (f)	['stɛð fʌˌtʁɛˀðʌ]
assistente (m)	assistent (f)	[asi'stɛnˀt]

97

secretário (m)	sekretær (f)	[sekʁəˈtɛʔɐ̯]
secretário (m) pessoal	privatsekretær (f)	[pʁiˈvæt sekʁəˈtɛʔɐ̯]
homem (m) de negócios	forretningsmand (f)	[fʌˈʁatneŋsˌmanʔ]
empreendedor (m)	entreprenør (f)	[ɑŋtʁɛpʁɛˈnøʔɐ̯]
fundador (m)	grundlægger (f)	[ˈgʁɔnʔˌlɛgʌ]
fundar (vt)	at grundlægge	[ʌ ˈgʁɔnʔˌlɛgə]
principiador (m)	stifter (f)	[ˈsteftʌ]
parceiro, sócio (m)	partner (f)	[ˈpɑːtnʌ]
acionista (m)	aktionær (f)	[akɕoˈnɛʔɐ̯]
milionário (m)	millionær (f)	[miljoˈnɛʔɐ̯]
bilionário (m)	milliardær (f)	[miljaˈdɛʔɐ̯]
proprietário (m)	ejer (f)	[ˈajʌ]
proprietário (m) de terras	jordbesidder (f)	[ˈjoɐ̯beˌsiðʔʌ]
cliente (m)	kunde (f)	[ˈkɔnə]
cliente (m) habitual	stamkunde, fast kunde (f)	[ˈstamˌkɔnə], [ˈfast ˌkɔnə]
comprador (m)	køber (f)	[ˈkøːbʌ]
visitante (m)	besøgende (f)	[beˈsøʔjənə]
profissional (m)	professionel (f)	[pʁoˈfɛɕoˌnɛlʔ]
perito (m)	ekspert (f)	[ɛksˈpæɐ̯t]
especialista (m)	specialist (f)	[speɕaˈlist]
banqueiro (m)	bankier (f)	[baŋˈkje]
corretor (m)	mægler (f)	[ˈmɛjlʌ]
caixa (m, f)	kasserer (f)	[kaˈseʔʌ]
contador (m)	bogholder (f)	[ˈbɔwˌhʌlʌ]
guarda (m)	sikkerhedsvagt (f)	[ˈsekʌˌheðs ˈvagt]
investidor (m)	investor (f)	[enˈvɛstʌ]
devedor (m)	skyldner (f)	[ˈskylnʌ]
credor (m)	kreditor (f)	[ˈkʁɛditʌ]
mutuário (m)	låntager (f)	[ˈlɔːnˌtæʔjʌ]
importador (m)	importør (f)	[empɔˈtøʔɐ̯]
exportador (m)	eksportør (f)	[ɛkspɔˈtøʔɐ̯]
produtor (m)	producent (f)	[pʁoduˈsɛnʔt]
distribuidor (m)	distributør (f)	[distʁibuˈtøʔɐ̯]
intermediário (m)	mellemmand (f)	[ˈmɛləmˌmanʔ]
consultor (m)	konsulent (f)	[kʌnsuˈlɛnʔt]
representante comercial	repræsentant (f)	[ʁɛpʁɛsənˈtanʔt]
agente (m)	agent (f)	[aˈgɛnʔt]
agente (m) de seguros	forsikringsagent (f)	[fʌˈsekʁɛŋs aˈgɛnʔt]

106. Profissões de serviços

cozinheiro (m)	kok (f)	[ˈkʌk]
chefe (m) de cozinha	køkkenchef (f)	[ˈkøkənˌɕɛʔf]

padeiro (m)	bager (f)	['bæːjʌ]
barman (m)	bartender (f)	['bɑːˌtɛndʌ]
garçom (m)	tjener (f)	['tjɛːnʌ]
garçonete (f)	servitrice (f)	[sæɐ̯viˈtʁiːsə]

advogado (m)	advokat (f)	[aðvoˈkæˀt]
jurista (m)	jurist (f)	[juˈʁist]
notário (m)	notar (f)	[noˈtɑˀ]

eletricista (m)	elektriker (f)	[eˈlɛktʁikʌ]
encanador (m)	blikkenslager (f)	['blekənˌslæˀjʌ]
carpinteiro (m)	tømrer (f)	['tœmʁʌ]

massagista (m)	massør (f)	[maˈsøˀɐ̯]
massagista (f)	massøse (f)	[maˈsøːsə]
médico (m)	læge (f)	['lɛːjə]

taxista (m)	taxichauffør (f)	['tɑksi ɕoˈføˀɐ̯]
condutor (automobilista)	chauffør (f)	[ɕoˈføˀɐ̯]
entregador (m)	bud (i)	['buð]

camareira (f)	stuepige (f)	['stuəˌpiːə]
guarda (m)	sikkerhedsvagt (f)	['sekʌˌheðs 'vagt]
aeromoça (f)	stewardesse (f)	[stjuɑˈdɛsə]

professor (m)	lærer (f)	['lɛːʌ]
bibliotecário (m)	bibliotekar (f)	[bibliotəˈkɑˀ]
tradutor (m)	oversætter (f)	['ɒwʌˌsɛtʌ]
intérprete (m)	tolk (f)	['tʌlˀk]
guia (m)	guide (f)	['gɑjd]

cabeleireiro (m)	frisør (f)	[fʁiˈsøˀɐ̯]
carteiro (m)	postbud (i)	['pʌstˌbuð]
vendedor (m)	sælger (f)	['sɛljʌ]

jardineiro (m)	gartner (f)	['gɑːtnʌ]
criado (m)	tjener (f)	['tjɛːnʌ]
criada (f)	tjenestepige (f)	['tjɛːnəstəˌpiːə]
empregada (f) de limpeza	rengøringskone (f)	['ʁɛːnˌgœˀɐ̯eŋs 'koːnə]

107. Profissões militares e postos

soldado (m) raso	menig (f)	['meːni]
sargento (m)	sergent (f)	[sæɐ̯ˈɕanˀt]
tenente (m)	løjtnant (f)	['lʌjtˌnanˀt]
capitão (m)	kaptajn (f)	[kɑpˈtɑjˀn]

major (m)	major (f)	[maˈjoˀɐ̯]
coronel (m)	oberst (f)	['oˀbʌst]
general (m)	general (f)	[genəˈʁɑˀl]
marechal (m)	marskal (f)	['mɑːˌɕalˀ]
almirante (m)	admiral (f)	[aðmiˈʁɑˀl]
militar (m)	militær (i)	[miliˈtɛˀɐ̯]
soldado (m)	soldat (f)	[solˈdæˀt]

oficial (m)	officer (f)	[ʌfi'seˀɐ̞]
comandante (m)	befalingsmand (f)	[be'fæˀleŋsˌmanˀ]

guarda (m) de fronteira	grænsevagt (f)	['gʁansəˌvagt]
operador (m) de rádio	radiooperatør (f)	['ʁadjo opəʁɑ'tøˀɐ̞]
explorador (m)	opklaringssoldat (f)	['ʌpˌklɑˀeŋs sol'dæˀt]
sapador-mineiro (m)	pioner (f)	[pio'neˀɐ̞]
atirador (m)	skytte (f)	['skøtə]
navegador (m)	styrmand (f)	['styɐ̞ˌmanˀ]

108. Oficiais. Padres

rei (m)	konge (f)	['kʌŋə]
rainha (f)	dronning (f)	['dʁʌneŋ]

príncipe (m)	prins (f)	['pʁɛnˀs]
princesa (f)	prinsesse (f)	[pʁɛn'sɛsə]

czar (m)	tsar (f)	['sɑˀ]
czarina (f)	tsarina (f)	[sa'ʁi:na]

presidente (m)	præsident (f)	[pʁɛsi'dɛnˀt]
ministro (m)	minister (f)	[mi'nistʌ]
primeiro-ministro (m)	statsminister (f)	['stæts mi'nistʌ]
senador (m)	senator (f)	[se'næ:tʌ]

diplomata (m)	diplomat (f)	[diplo'mæˀt]
cônsul (m)	konsul (f)	['kʌnˌsuˀl]
embaixador (m)	ambassadør (f)	[ambasa'døˀɐ̞]
conselheiro (m)	rådgiver (f)	['ʁɔˀð̞ˌgiˀvʌ]

funcionário (m)	embedsmand (f)	['ɛmbeðsˌmanˀ]
prefeito (m)	præfekt (f)	[pʁɛ'fɛkt]
Presidente (m) da Câmara	borgmester (f)	[bɒw'mɛstʌ]

juiz (m)	dommer (f)	['dʌmʌ]
procurador (m)	anklager (f)	['anˌklæˀjʌ]

missionário (m)	missionær (f)	[miɕo'nɛˀɐ̞]
monge (m)	munk (f)	['mɔŋˀk]
abade (m)	abbed (f)	['abeð]
rabino (m)	rabbiner (f)	[ʁa'biˀnʌ]

vizir (m)	vesir (f)	[ve'siɐ̞ˀ]
xá (m)	shah (f)	['ɕæˀ]
xeique (m)	sheik (f)	['ɕɑjˀk]

109. Profissões agrícolas

abelheiro (m)	biavler (f)	['biˌawlʌ]
pastor (m)	hyrde (f)	['hyɐ̞də]
agrônomo (m)	agronom (f)	[agʁo'noˀm]

| criador (m) de gado | kvægavler (f) | ['kvɛj‚ɑwlʌ] |
| veterinário (m) | dyrlæge (f) | ['dyɐ̯‚lɛ:jə] |

agricultor, fazendeiro (m)	landmand, bonde (f)	['lan‚manʔ], ['bɔnə]
vinicultor (m)	vinavler (f)	['vi:n‚ɑwlʌ]
zoólogo (m)	zoolog (f)	[soo'loʔ]
vaqueiro (m)	cowboy (f)	['kɒw‚bʌj]

110. Profissões artísticas

| ator (m) | skuespiller (f) | ['sku:ə‚spelʌ] |
| atriz (f) | skuespillerinde (f) | ['sku:ə‚spelʌ'enə] |

| cantor (m) | sanger (f) | ['sɑŋʌ] |
| cantora (f) | sangerinde (f) | [sɑŋʌ'enə] |

| bailarino (m) | danser (f) | ['dansʌ] |
| bailarina (f) | danserinde (f) | [dansʌ'enə] |

| artista (m) | skuespiller (f) | ['sku:ə‚spelʌ] |
| artista (f) | skuespillerinde (f) | ['sku:ə‚spelʌ'enə] |

músico (m)	musiker (f)	['muʔsikʌ]
pianista (m)	pianist (f)	[pia'nist]
guitarrista (m)	guitarist (f)	[gitɑ'ʁist]

maestro (m)	dirigent (f)	[diɐ̯i'gɛnʔt]
compositor (m)	komponist (f)	[kɔmpo'nist]
empresário (m)	impresario (f)	[empʁə'sɑʔio]

diretor (m) de cinema	filminstruktør (f)	['film enstʁuk'tøʔɐ̯]
produtor (m)	producer (f)	[pʁo'dju:sʌ]
roteirista (m)	manuskriptforfatter (f)	[manu'skʁɛpt fʌ'fatʌ]
crítico (m)	kritiker (f)	['kʁitikʌ]

escritor (m)	forfatter (f)	[fʌ'fatʌ]
poeta (m)	poet (f), digter (f)	[po'eʔt], ['degtʌ]
escultor (m)	skulptør (f)	[skulp'tøʔɐ̯]
pintor (m)	kunstner (f)	['kɔnstnʌ]

malabarista (m)	jonglør (f)	[ɕʌŋ'løʔɐ̯]
palhaço (m)	klovn (f)	['klɒwʔn]
acrobata (m)	akrobat (f)	[ɑkʁo'bæʔt]
ilusionista (m)	tryllekunstner (f)	['tʁylə‚kɔnʔstnʌ]

111. Várias profissões

médico (m)	læge (f)	['lɛ:jə]
enfermeira (f)	sygeplejerske (f)	['sy:ə‚plɑjʔʌskə]
psiquiatra (m)	psykiater (f)	[syki'æʔtʌ]
dentista (m)	tandlæge (f)	['tan‚lɛ:jə]
cirurgião (m)	kirurg (f)	[ki'ʁuɐ̯ʔw]

astronauta (m)	astronaut (f)	[astʁo'nɑw't]
astrônomo (m)	astronom (f)	[astʁo'no'm]
piloto (m)	pilot (f)	[pi'lo't]
motorista (m)	fører (f)	['føːʌ]
maquinista (m)	togfører (f)	['tow‚føːʌ]
mecânico (m)	mekaniker (f)	[me'kæ'nikʌ]
mineiro (m)	minearbejder (f)	['miːnə'ɑː‚bɑj'dʌ]
operário (m)	arbejder (f)	['ɑː‚bɑj'dʌ]
serralheiro (m)	låsesmed (f)	['lɔːsə‚smeð]
marceneiro (m)	snedker (f)	['sne'kʌ]
torneiro (m)	drejer (f)	['dʁɑjʌ]
construtor (m)	bygningsarbejder (f)	['bygneŋs 'ɑː‚bɑj'dʌ]
soldador (m)	svejser (f)	['svɑjsʌ]
professor (m)	professor (f)	[pʁo'fɛsʌ]
arquiteto (m)	arkitekt (f)	[ɑki'tɛkt]
historiador (m)	historiker (f)	[hi'sto'ʁikʌ]
cientista (m)	videnskabsmand (f)	['viðən‚skæ'bs man']
físico (m)	fysiker (f)	['fy'sikʌ]
químico (m)	kemiker (f)	['ke'mikʌ]
arqueólogo (m)	arkæolog (f)	[‚ɑːkɛo'lo']
geólogo (m)	geolog (f)	[geo'lo']
pesquisador (cientista)	forsker (f)	['fɔːskʌ]
babysitter, babá (f)	barnepige (f)	['bɑːnə‚piːə]
professor (m)	pædagog (f)	[pɛda'go']
redator (m)	redaktør (f)	[ʁɛdak'tø'ɐ̯]
redator-chefe (m)	chefredaktør (f)	['ɕɛf ʁɛdak'tø'ɐ̯]
correspondente (m)	korrespondent (f)	[kɒɒspʌn'dɛn't]
datilógrafa (f)	maskinskriverske (f)	[ma'skiːn 'skʁi'vʌskə]
designer (m)	designer (f)	[de'sɑjnʌ]
especialista (m) em informática	computer-ekspert (f)	[kʌm'pjuːtʌ ɛks'pæɐ̯t]
programador (m)	programmør (f)	[pʁogʁa'mø'ɐ̯]
engenheiro (m)	ingeniør (f)	[enɕən'jø'ɐ̯]
marujo (m)	sømand (f)	['sø‚man']
marinheiro (m)	matros (f)	[ma'tʁo's]
socorrista (m)	redder (f)	['ʁɛðʌ]
bombeiro (m)	brandmand (f)	['bʁan‚man]
polícia (m)	politibetjent (f)	[poli'ti be'tjɛn't]
guarda-noturno (m)	nattevagt, vægter (f)	['natə‚vagt], ['vɛgtʌ]
detetive (m)	detektiv, opdager (f)	[detek'tiw'], ['ʌp‚dæ'jʌ]
funcionário (m) da alfândega	toldbetjent (f)	['tʌl be'tjɛn't]
guarda-costas (m)	livvagt (f)	['liw‚vagt]
guarda (m) prisional	fangevogter (f)	['faŋə‚vʌgtʌ]
inspetor (m)	inspektør (f)	[enspək'tø'ɐ̯]
esportista (m)	idrætsmand (f)	['idʁats‚man']
treinador (m)	træner (f)	['tʁɛːnʌ]

açougueiro (m)	slagter (f)	['slagtʌ]
sapateiro (m)	skomager (f)	['skoˌmæˀjʌ]
comerciante (m)	handelsmand (f)	['hanəlsˌmanˀ]
carregador (m)	lastearbejder (f)	['lastəˈɑːˌbɑjˀdʌ]
estilista (m)	modedesigner (f)	['moːðə deˈsɑjnʌ]
modelo (f)	model (f)	[moˈdɛlˀ]

112. Ocupações. Estatuto social

estudante (~ de escola)	skoleelev (f)	['skoːlə eˈleˀw]
estudante (~ universitária)	studerende (f)	[stuˈdeˀʌnə]
filósofo (m)	filosof (f)	[filoˈsʌf]
economista (m)	økonom (f)	[økoˈnoˀm]
inventor (m)	opfinder (f)	['ʌpˌfenˀʌ]
desempregado (m)	arbejdsløs (f)	['ɑːbɑjdsˌløˀs]
aposentado (m)	pensionist (f)	[paŋɕoˈnist]
espião (m)	spion (f)	[spiˈoˀn]
preso, prisioneiro (m)	fange (f)	['faŋə]
grevista (m)	strejkende (f)	['stʁɑjkɛnə]
burocrata (m)	bureaukrat (f)	[byoˈkʁaˀt]
viajante (m)	rejsende (f)	['ʁɑjsənə]
homossexual (m)	homoseksuel (f)	['hoːmosɛksuˈɛlˀ]
hacker (m)	hacker (f)	['hakʌ]
hippie (m, f)	hippie (f)	['hipi]
bandido (m)	bandit (f)	[banˈdit]
assassino (m)	lejemorder (f)	['lɑjəˌmoɐ̯dʌ]
drogado (m)	narkoman (f)	[nɑkoˈmæˀn]
traficante (m)	narkohandler (f)	['nɑːkoˌhanlʌ]
prostituta (f)	prostitueret (f)	[pʁostituˈeˀʌð]
cafetão (m)	alfons (f)	[alˈfʌŋs]
bruxo (m)	troldmand (f)	['tʁʌlˌmanˀ]
bruxa (f)	troldkvinde (f)	['tʁʌlˌkvenə]
pirata (m)	pirat, sørøver (f)	[piˈʁaˀt], ['søˌʁœːvʌ]
escravo (m)	slave (f)	['slæːvə]
samurai (m)	samurai (f)	[samuˈʁɑjˀ]
selvagem (m)	vildmand (f)	['vilˌmanˀ]

Desportos

113. Tipos de desportos. Desportistas

esportista (m)	idrætsmand (f)	['idʁatsˌmanˀ]
tipo (m) de esporte	idrætsgren (f)	['idʁatsˌgʁɛˀn]
basquete (m)	basketball (f)	['bɑːskətˌbɒːl]
jogador (m) de basquete	basketballspiller (f)	['bɑːskətˌbɒːl ˌspelʌ]
beisebol (m)	baseball (f)	['bɛjsˌbɒːl]
jogador (m) de beisebol	baseballspiller (f)	['bɛjsˌbɒːl ˌspelʌ]
futebol (m)	fodbold (f)	['foðˌbʌlˀd]
jogador (m) de futebol	fodboldspiller (f)	['foðbʌldˌspelʌ]
goleiro (m)	målmand (f)	['mɔːlˌmanˀ]
hóquei (m)	ishockey (f)	['isˌhʌki]
jogador (m) de hóquei	ishockeyspiller (f)	['isˌhʌki ˌspelʌ]
vôlei (m)	volleyball (f)	['vʌliˌbɒːl]
jogador (m) de vôlei	volleyballspiller (f)	['vʌliˌbɒːl 'spelʌ]
boxe (m)	boksning (f)	['bʌksneŋ]
boxeador (m)	bokser (f)	['bʌksʌ]
luta (f)	brydning (f)	['bʁyðnen]
lutador (m)	bryder (f)	['bʁyːðʌ]
caratê (m)	karate (f)	[kɑˈʁɑːtə]
carateca (m)	karateudøver (f)	[kɑˈʁɑːtəˌudøˀvʌ]
judô (m)	judo (f)	['juːdo]
judoca (m)	judokæmper (f)	['juːdo 'kɛmpʌ]
tênis (m)	tennis (f)	['tɛnis]
tenista (m)	tennisspiller (f)	['tɛnisˌspelʌ]
natação (f)	svømning (f)	['svœmneŋ]
nadador (m)	svømmer (f)	['svœmʌ]
esgrima (f)	fægtning (f)	['fɛgtnen]
esgrimista (m)	fægter (f)	['fɛgtʌ]
xadrez (m)	skak (f)	['skɑk]
jogador (m) de xadrez	skakspiller (f)	['skɑkˌspelʌ]
alpinismo (m)	alpinisme (f)	[alpi'nismə]
alpinista (m)	alpinist (f)	[alpi'nist]
corrida (f)	løb (i)	['løˀb]

corredor (m)	løber (f)	['lø:bʌ]
atletismo (m)	atletik, fri idræt (f)	[atlə'tik], ['fʁi' 'i̯dʁat]
atleta (m)	atlet (f)	[at'lɛˀt]
hipismo (m)	ridesport (f)	['ʁi:ðə̩spɒ:t]
cavaleiro (m)	rytter (f)	['ʁytʌ]
patinação (f) artística	kunstskøjteløb (i)	['kɔnst̩skʌjtələˀb]
patinador (m)	kunstskøjteløber (f)	['kɔnst̩skʌjtələ:bʌ]
patinadora (f)	kunstskøjteløber (f)	['kɔnst̩skʌjtələ:bʌ]
halterofilismo (m)	vægtløftning (f)	['vɛgt̩løftneŋ]
halterofilista (m)	vægtløfter (f)	['vɛgt̩løftʌ]
corrida (f) de carros	motorløb (i)	['mo:tʌ̩løˀb]
piloto (m)	racerkører (f)	['ʁɛ:sʌ̩kø:ʌ]
ciclismo (m)	cykelsport (f)	['sykəl̩spɒ:t]
ciclista (m)	cyklist (f)	[syk'list]
salto (m) em distância	længdespring (i)	['lɛŋdə̩spʁɛŋˀ]
salto (m) com vara	stangspring (i)	['staŋ̩spʁɛŋˀ]
atleta (m) de saltos	springer (f)	['spʁɛŋʌ]

114. Tipos de desportos. Diversos

futebol (m) americano	amerikansk fodbold (f)	[amʁi'kaˀnsk 'foð̩bʌlˀd]
badminton (m)	badminton (f)	['badmentʌn]
biatlo (m)	skiskydning (f)	['ski̩skyðneŋ]
bilhar (m)	billard (i, f)	['bili̩ɑˀd]
bobsled (m)	bobslæde (f)	['bʌb̩slɛ:ðə]
musculação (f)	bodybuilding (f)	['bʌdi̩bildeŋ]
polo (m) aquático	vandpolo (f)	['van̩po:lo]
handebol (m)	håndbold (f)	['hʌn̩bʌlˀd]
golfe (m)	golf (f)	['gʌlˀf]
remo (m)	roning (f)	['ʁoˀneŋ]
mergulho (m)	dykning (f)	['døkneŋ]
corrida (f) de esqui	langrend (i)	['laŋ̩ʁanˀ]
tênis (m) de mesa	bordtennis (f)	['boɐ̯̩tɛnis]
vela (f)	sejlsport (f)	['sajl̩spɒ:t]
rali (m)	rally (i)	['ʁali]
rúgbi (m)	rugby (f)	['ʁʌgbi]
snowboard (m)	snowboard (i)	['snɔw̩bɒ:d]
arco-e-flecha (m)	bueskydning (f)	['bu:ə̩skyðneŋ]

115. Ginásio

barra (f)	vægtstang (f)	['vɛgt̩staŋˀ]
halteres (m pl)	håndvægte (f pl)	['hʌn̩vɛgtə]

aparelho (m) de musculação	træningsmaskine (f)	['tʁɛːneŋs maˈskiːnə]
bicicleta (f) ergométrica	motionscykel (f)	[moˈɡonsˌsykəl]
esteira (f) de corrida	løbebånd (i)	[ˈløːbəˌbʌnˀ]

barra (f) fixa	reck (f)	[ˈʁak]
barras (f pl) paralelas	barre (f)	[ˈbɑːɑ]
cavalo (m)	hest (f)	[ˈhɛst]
tapete (m) de ginástica	måtte (f)	[ˈmʌtə]

corda (f) de saltar	sjippetov (i)	[ˈɕipəˌtɒw]
aeróbica (f)	aerobic (f)	[ɛˈʁʌbik]
ioga, yoga (f)	yoga (f)	[ˈjoːga]

116. Desportos. Diversos

Jogos (m pl) Olímpicos	de olympiske lege	[di oˈlømˀpiskə ˈlajˀə]
vencedor (m)	sejrherre (f)	[ˈsajʌˌhæˀʌ]
vencer (vi)	at vinde, at sejre	[ʌ ˈvenə], [ʌ ˈsajʁʌ]
vencer (vi, vt)	at vinde	[ʌ ˈvenə]

líder (m)	leder (f)	[ˈleːðʌ]
liderar (vt)	at lede	[ʌ ˈleːðə]

primeiro lugar (m)	førsteplads (f)	[ˈfœɐ̯stəˌplas]
segundo lugar (m)	andenplads (f)	[ˈanənˌplas]
terceiro lugar (m)	tredjeplads (f)	[ˈtʁɛðjəˌplas]

medalha (f)	medalje (f)	[meˈdaljə]
troféu (m)	trofæ (i)	[tʁoˈfɛˀ]
taça (f)	pokal (f)	[poˈkæˀl]
prêmio (m)	pris (f)	[ˈpʁiˀs]
prêmio (m) principal	hovedpris (f)	[ˈhoːəðˌpʁiˀs]

recorde (m)	rekord (f)	[ʁɛˈkɒːd]
estabelecer um recorde	at sætte rekord	[ʌ ˈsɛtə ʁɛˈkɒːd]

final (m)	finale (f)	[fiˈnæːlə]
final (adj)	finale-	[fiˈnæːlə-]

campeão (m)	mester (f)	[ˈmɛstʌ]
campeonato (m)	mesterskab (i)	[ˈmɛstʌˌskæˀb]

estádio (m)	stadion (i)	[ˈstæˀdjʌn]
arquibancadas (f pl)	tribune (f)	[tʁiˈbyːnə]
fã, torcedor (m)	fan (f)	[ˈfæːn]
adversário (m)	modstander (f)	[ˈmoðˌstanˀʌ]

partida (f)	start (f)	[ˈstɑˀt]
linha (f) de chegada	mål (i), målstreg (f)	[ˈmɔˀl], [ˈmɔˀlˌstʁɑjˀ]

derrota (f)	nederlag (i)	[ˈneðʌˌlæˀj]
perder (vt)	at tabe	[ʌ ˈtæːbə]
árbitro, juiz (m)	dommer (f)	[ˈdʌmʌ]
júri (m)	jury (f)	[ˈdjuːɐ̯i]

resultado (m)	resultat (i)	[ʁɛsul'tæˀt]
empate (m)	uafgjorte resultat (i)	['uɑw‚gjoɐ̯ˀtə ʁɛsul'tæˀt]
empatar (vi)	at spille uafgjort	[ʌ 'spelə 'uɑw‚gjoɐ̯ˀt]
ponto (m)	point (i)	[po'ɛŋ]
resultado (m) final	resultat (i)	[ʁɛsul'tæˀt]

tempo (m)	periode (f)	[pæɐ̯i'o:ðə]
intervalo (m)	halvtid (f)	['hal‚tiðˀ]
doping (m)	doping (f)	['do:peŋ]
penalizar (vt)	at straffe	[ʌ 'stʁɑfə]
desqualificar (vt)	at diskvalificere	[ʌ 'diskvalifi‚se'ʌ]

aparelho, aparato (m)	redskab (i)	['ʁɛð‚skæˀb]
dardo (m)	spyd (i)	['spyð]
peso (m)	kugle (f)	['ku:lə]
bola (f)	kugle (f)	['ku:lə]

alvo, objetivo (m)	mål (i)	['mɔˀl]
alvo (~ de papel)	skydeskive (f)	['sky:ðə‚ski:və]
disparar, atirar (vi)	at skyde	[ʌ 'sky:ðə]
preciso (tiro ~)	fuldtræffer	['ful‚tʁafʌ]

treinador (m)	træner (f)	['tʁɛ:nʌ]
treinar (vt)	at træne	[ʌ 'tʁɛ:nə]
treinar-se (vr)	at træne	[ʌ 'tʁɛ:nə]
treino (m)	træning (f)	['tʁɛ:neŋ]

academia (f) de ginástica	sportshal (f)	['spɒ:ts‚halˀ]
exercício (m)	øvelse (f)	['ø:vəlsə]
aquecimento (m)	opvarmning (f)	['ʌp‚vɑˀmnen]

Educação

117. Escola

escola (f)	skole (f)	['sko:lə]
diretor (m) de escola	skoleinspektør (f)	['sko:lə enspək'tø'ɐ̯]
aluno (m)	elev (f)	[e'le'w]
aluna (f)	elev (f)	[e'le'w]
estudante (m)	skoleelev (f)	['sko:lə e'le'w]
estudante (f)	skoleelev (f)	['sko:lə e'le'w]
ensinar (vt)	at undervise	[ʌ 'ɔnʌˌvi'sə]
aprender (vt)	at lære	[ʌ 'lɛ:ʌ]
decorar (vt)	at lære udenad	[ʌ 'lɛ:ʌ 'uðən'að]
estudar (vi)	at lære	[ʌ 'lɛ:ʌ]
estar na escola	at gå i skole	[ʌ gɔ' i 'sko:lə]
ir à escola	at gå i skole	[ʌ gɔ' i 'sko:lə]
alfabeto (m)	alfabet (i)	[alfa'be't]
disciplina (f)	fag (i)	['fæ'j]
sala (f) de aula	klasseværelse (i)	['klasəˌvæɐ̯ʌlsə]
lição, aula (f)	time (f)	['ti:mə]
recreio (m)	frikvarter (i)	['fʁikvɑˌte'ɐ̯]
toque (m)	skoleklokke (f)	['sko:ləˌklʌkə]
classe (f)	skolebord (i)	['sko:ləˌbo'ɐ̯]
quadro (m) negro	tavle (f)	['tɑwlə]
nota (f)	karakter (f)	[kɑɑk'te'ɐ̯]
boa nota (f)	høj karakter (f)	['hʌj kɑɑk'te'ɐ̯]
nota (f) baixa	dårlig karakter (f)	['dɒ:li kɑɑk'te'ɐ̯]
dar uma nota	at give karakter	[ʌ 'gi' kɑɑk'te'ɐ̯]
erro (m)	fejl (f)	['faj'l]
errar (vi)	at lave fejl	[ʌ 'læ:və 'faj'l]
corrigir (~ um erro)	at rette	[ʌ 'ʁatə]
cola (f)	snydeseddel (f)	['sny:ðəˌsɛð'əl]
dever (m) de casa	hjemmeopgave (f)	['jɛmə 'ʌpˌgæ:və]
exercício (m)	øvelse (f)	['ø:vəlsə]
estar presente	at være til stede	[ʌ 'vɛ:ʌ tel 'stɛ:ðə]
estar ausente	at være fraværende	[ʌ 'vɛ:ʌ 'fʁɑˌvɛ'ʌnə]
faltar às aulas	at forsømme skolen	[ʌ fʌ'sœm'ə 'sko:lən]
punir (vt)	at straffe	[ʌ 'stʁɑfə]
punição (f)	straf (f), afstraffelse (f)	['stʁɑf], ['awˌstʁɑfəlsə]
comportamento (m)	opførsel (f)	['ʌpˌføɐ̯'səl]

boletim (m) escolar	karakterbog (f)	[kɑɑk'teɡˌbɔˀw]
lápis (m)	blyant (f)	['bly:ˌanˀt]
borracha (f)	viskelæder (i)	['veskəˌlɛðˀʌ]
giz (m)	kridt (i)	['kʁit]
porta-lápis (m)	penalhus (i)	[pe'næˀlˌhuˀs]

mala, pasta, mochila (f)	skoletaske (f)	['sko:lə ˌtaskə]
caneta (f)	pen (f)	['pɛnˀ]
caderno (m)	hæfte (i)	['hɛftə]
livro (m) didático	lærebog (f)	['lɛ:ʌˌbɔˀw]
compasso (m)	passer (f)	['pasʌ]

traçar (vt)	at tegne	[ʌ 'tajnə]
desenho (m) técnico	teknisk tegning (f)	['tɛknisk 'tajneŋ]

poesia (f)	digt (i)	['degt]
de cor	udenad	['uðən'að]
decorar (vt)	at lære udenad	[ʌ 'lɛ:ʌ 'uðən'að]

férias (f pl)	skoleferie (f)	['sko:ləˌfeɡˀiə]
estar de férias	at holde ferie	[ʌ 'hʌlə 'feɡˀiə]
passar as férias	at tilbringe ferien	[ʌ 'telˌbʁɛŋˀə 'feɡˀiən]

teste (m), prova (f)	prøve (f)	['pʁœ:wə]
redação (f)	skolestil (f)	['sko:lə ˌstiˀl]
ditado (m)	diktat (i, f)	[dik'tæˀt]
exame (m), prova (f)	eksamen (f)	[ɛk'sæˀmən]
fazer prova	at tage en eksamen	[ʌ 'aw'lɛɡə en ɛk'sæˀmən]
experiência (~ química)	forsøg (i)	[fʌ'søˀj]

118. Colégio. Universidade

academia (f)	akademi (i)	[akadə'miˀ]
universidade (f)	universitet (i)	[univæɡsi'teˀt]
faculdade (f)	fakultet (i)	[fakul'teˀt]

estudante (m)	studerende (f)	[stu'deˀʌnə]
estudante (f)	kvindelig studerende (f)	['kvenəli stu'deˀʌnə]
professor (m)	lærer, forelæser (f)	['lɛ:ʌ], ['fɔːɒˌlɛˀsʌ]

auditório (m)	forelæsningssal (f)	['fɔːɒˌlɛˀsneŋˌsæˀl]
graduado (m)	alumne (f)	[a'lɔmnə]

diploma (m)	diplom (i)	[di'ploˀm]
tese (f)	afhandling (f)	['awˌhanˀleŋ]

estudo (obra)	studie (i, f)	['stuˀdjə]
laboratório (m)	laboratorium (i)	[laboʁa'toɡˀjom]

palestra (f)	forelæsning (f)	['fɔːɒˌlɛˀsneŋ]
colega (m) de curso	studiekammerat (f)	['stuˀdjə kamə'ʁaˀt]

bolsa (f) de estudos	stipendium (i)	[sti'pɛnˀdjom]
grau (m) acadêmico	akademisk grad (f)	[aka'deˀmisk 'gʁaˀð]

119. Ciências. Disciplinas

matemática (f)	matematik (f)	[matəma'tik]
álgebra (f)	algebra (f)	['algə‚bʁɑ']
geometria (f)	geometri (f)	[geomə'tʁi']

astronomia (f)	astronomi (f)	[astʁo'no'm]
biologia (f)	biologi (f)	[biolo'gi']
geografia (f)	geografi (f)	[geogʁɑ'fi']
geologia (f)	geologi (f)	[geolo'gi']
história (f)	historie (f)	[hi'stoɐ̯'iə]

medicina (f)	medicin (f)	[medi'si'n]
pedagogia (f)	pædagogik (f)	[pɛdago'gik]
direito (m)	ret (f)	['ʁat]

física (f)	fysik (f)	[fy'sik]
química (f)	kemi (f)	[ke'mi']
filosofia (f)	filosofi (f)	[filoso'fi']
psicologia (f)	psykologi (f)	[sykolo'gi']

120. Sistema de escrita. Ortografia

gramática (f)	grammatik (f)	[gʁama'tik]
vocabulário (m)	ordforråd (i)	['oɐ̯fɒ‚ʁɔ'ð]
fonética (f)	fonetik (f)	[fonə'tik]

substantivo (m)	substantiv (i)	['substan‚tiw']
adjetivo (m)	adjektiv (i)	['aðjɛk‚tiw']
verbo (m)	verbum (i)	['væɐ̯bɔm]
advérbio (m)	adverbium (i)	[að'væɐ̯'bjɔm]

pronome (m)	pronomen (i)	[pʁo'noːmən]
interjeição (f)	interjektion (f)	[entʌjɛk'ɕo'n]
preposição (f)	præposition (f)	[pʁɛposi'ɕo'n]

raiz (f)	rod (f)	['ʁo'ð]
terminação (f)	endelse (f)	['ɛnəlsə]
prefixo (m)	præfiks (i)	[pʁɛ'fiks]
sílaba (f)	stavelse (f)	['stæːvəlsə]
sufixo (m)	suffiks (i)	[su'fiks]

| acento (m) | betoning (f), tryk (i) | [be'to'nen], ['tʁœk] |
| apóstrofo (f) | apostrof (f) | [ɑpo'stʁʌf] |

ponto (m)	punktum (i)	['pɔŋtɔm]
vírgula (f)	komma (i)	['kʌma]
ponto e vírgula (m)	semikolon (i)	[semi'koːlʌn]
dois pontos (m pl)	kolon (i)	['koːlʌn]
reticências (f pl)	tre prikker (f pl)	['tʁɛː 'pʁɛkʌ]

| ponto (m) de interrogação | spørgsmålstegn (i) | ['spœɐ̯s‚mɔls tɑj'n] |
| ponto (m) de exclamação | udråbstegn (i) | ['uðʁɔbs‚tɑj'n] |

aspas (f pl)	anførselstegn (i pl)	['anˌføɡsəlsˌtajˀn]
entre aspas	i anførselstegn	[i 'anˌføɡsəlsˌtajˀn]
parênteses (m pl)	parentes (f)	[paɑn'teˀs]
entre parênteses	i parentes	[i paɑn'teˀs]

hífen (m)	bindestreg (f)	['benəstʁaj]
travessão (m)	tankestreg (f)	['taŋkəˌstʁajˀ]
espaço (m)	mellemrum (i)	['mɛləmˌʁɔmˀ]

| letra (f) | bogstav (i) | ['bɔwˌstæw] |
| letra (f) maiúscula | stort bogstav (i) | ['stoˀɡt 'bɔgstæw] |

| vogal (f) | vokal (f) | [vo'kæˀl] |
| consoante (f) | konsonant (f) | [kʌnso'nanˀt] |

frase (f)	sætning (f)	['sɛtneŋ]
sujeito (m)	subjekt (i)	[sub'jɛkt]
predicado (m)	prædikat (i)	[pʁɛdi'kæˀt]

linha (f)	linje (f)	['linjə]
em uma nova linha	på ny linje	[pɔ ny 'linjə]
parágrafo (m)	afsnit (i)	['awˌsnit]

palavra (f)	ord (i)	['oˀɡ]
grupo (m) de palavras	ordgruppe (f)	['oɡˌgʁupə]
expressão (f)	udtryk (i)	['uðˌtʁɶk]
sinônimo (m)	synonym (i)	[syno'nyˀm]
antônimo (m)	antonym (i)	[anto'nyˀm]

regra (f)	regel (f)	['ʁɛjˀəl]
exceção (f)	undtagelse (f)	['ɔnˌtæˀjəlsə]
correto (adj)	rigtig	['ʁɛgti]

conjugação (f)	bøjning (f)	['bʌjneŋ]
declinação (f)	bøjning (f)	['bʌjneŋ]
caso (m)	kasus (f)	['kæːsus]
pergunta (f)	spørgsmål (i)	['spɶɡsˌmɔˀl]
sublinhar (vt)	at understrege	[ʌ 'ɔnʌˌsdʁajə]
linha (f) pontilhada	punkteret linje (f)	[pɔŋ'teˀʌð 'linjə]

121. Línguas estrangeiras

língua (f)	sprog (i)	['spʁɔˀw]
estrangeiro (adj)	fremmed-	['fʁaməð-]
língua (f) estrangeira	fremmedsprog (i)	['fʁaməð'spʁɔˀw]
estudar (vt)	at studere	[ʌ stu'deˀʌ]
aprender (vt)	at lære	[ʌ 'lɛːʌ]

ler (vt)	at læse	[ʌ 'lɛːsə]
falar (vi)	at tale	[ʌ 'tæːlə]
entender (vt)	at forstå	[ʌ fʌ'stɔˀ]
escrever (vt)	at skrive	[ʌ 'skʁiːvə]
rapidamente	hurtigt	['hoɡtit]
devagar, lentamente	langsomt	['laŋˌsʌmt]

fluentemente	flydende	['fly:ðənə]
regras (f pl)	regler (f pl)	['ʁɛjlʌ]
gramática (f)	grammatik (f)	[gʁɑma'tik]
vocabulário (m)	ordforråd (i)	['oɐ̯fɒˌʁɔˀð]
fonética (f)	fonetik (f)	[fonə'tik]

livro (m) didático	lærebog (f)	['lɛːʌˌbɔˀw]
dicionário (m)	ordbog (f)	['oɐ̯ˌbɔˀw]
manual (m) autodidático	lærebog (f) til selvstudium	['lɛːʌˌbɔˀw tel 'sɛlˌstuˀdjɔm]
guia (m) de conversação	parlør (f)	[pɑ'lœːɐ̯]

fita (f) cassete	kassette (f)	[ka'sɛtə]
videoteipe (m)	videokassette (f)	['viˀdjo ka'sɛtə]
CD (m)	cd (f)	[se'deˀ]
DVD (m)	dvd (f)	[deve'deˀ]

alfabeto (m)	alfabet (i)	[alfa'beˀt]
soletrar (vt)	at stave	[ʌ 'stæːvə]
pronúncia (f)	udtale (f)	['uðˌtæːlə]

sotaque (m)	accent (f)	[ak'sɑŋ]
com sotaque	med accent	[mɛ ak'sɑŋ]
sem sotaque	uden accent	['uðən ak'sɑŋ]

palavra (f)	ord (i)	['oˀɐ̯]
sentido (m)	betydning (f)	[be'tyðˀneŋ]

curso (m)	kursus (i)	['kuɐ̯sʌ]
inscrever-se (vr)	at indmelde sig	[ʌ 'enlˌmɛlˀə saj]
professor (m)	lærer (f)	['lɛːʌ]

tradução (processo)	oversættelse (f)	['ɒwʌˌsɛtəlsə]
tradução (texto)	oversættelse (f)	['ɒwʌˌsɛtəlsə]
tradutor (m)	oversætter (f)	['ɒwʌˌsɛtʌ]
intérprete (m)	tolk (f)	['tʌlˀk]

poliglota (m)	polyglot (f)	[poly'glʌt]
memória (f)	hukommelse (f)	[hu'kʌmˀəlsə]

122. Personagens de contos de fadas

Papai Noel (m)	Julemanden	['juːləˌmanˀ]
Cinderela (f)	Askepot	['askəˌpʌt]
sereia (f)	havfrue (f)	['hɑwˌfʁuːə]
Netuno (m)	Neptun	[nɛp'tuˀn]

bruxo, feiticeiro (m)	troldmand (f)	['tʁʌlˌmanˀ]
fada (f)	fe (f)	['feˀ]
mágico (adj)	trylle-	['tʁylə-]
varinha (f) mágica	tryllestav (f)	['tʁyləˌstæˀw]

conto (m) de fadas	eventyr (i)	['ɛːvənˌtyɐ̯ˀ]
milagre (m)	mirakel (i)	[mi'ʁakəl]
anão (m)	dværg (f)	['dvæɐ̯ˀw]

transformar-se em ...	at forvandle sig til ...	[ʌ fʌ'van'lə saj tel ...]
fantasma (m)	fantom (i)	[fan'to'm]
fantasma (m)	spøgelse (i)	['spø:jəlsə]
monstro (m)	monster (i)	['mʌn'stʌ]
dragão (m)	drage (f)	['dʁɑ:wə]
gigante (m)	gigant, kæmpe (f)	[gi'gan't], ['kɛmpə]

123. Signos do Zodíaco

Áries (f)	Vædderen	['vɛð'ʌən]
Touro (m)	Tyren	['tyɐ̯'ən]
Gêmeos (m pl)	Tvillingerne	['tvileŋʌnə]
Câncer (m)	Krebsen	['kʁabsən]
Leão (m)	Løven	['lø:vən]
Virgem (f)	Jomfruen	['jʌmfʁu:ən]

Libra (f)	Vægten	['vɛgtən]
Escorpião (m)	Skorpionen	[skɒpi'o'nən]
Sagitário (m)	Skytten	['skøtən]
Capricórnio (m)	Stenbukken	['ste:n,bɔkn]
Aquário (m)	Vandmanden	['van,manən]
Peixes (pl)	Fiskene	['feskənə]

caráter (m)	karakter (f)	[kɑak'te'ɐ̯]
traços (m pl) do caráter	karaktertræk (i pl)	[kɑak'teɐ̯,tʁak]
comportamento (m)	opførsel (f)	['ʌp,føɐ̯'səl]
prever a sorte	at spå	[ʌ 'spɔ']
adivinha (f)	spåkone (f)	['spʌ,ko:nə]
horóscopo (m)	horoskop (i)	[hoo'sko'p]

Artes

124. Teatro

teatro (m)	teater (i)	[te'æ'tʌ]
ópera (f)	opera (f)	['o'pɐʁɑ]
opereta (f)	operette (f)	[opə'ʁatə]
balé (m)	ballet (f)	[ba'lɛt]
cartaz (m)	teaterplakat (f)	[te'ætʌ pla'kæ't]
companhia (f) de teatro	teatertrup (f)	[te'ætʌˌtʁup]
turnê (f)	turne, turné (f)	[toɐ̯'ne]
estar em turnê	at være på turné	[ʌ 'vɛ:ʌ pɔ' toɐ̯'ne]
ensaiar (vt)	at repetere	[ʌ ʁɛpə'te'ʌ]
ensaio (m)	repetition (f)	[ʁɛpəti'ɕo'n]
repertório (m)	repertoire (i)	[ʁɛpæɐ̯to'a:]
apresentação (f)	forestilling (f)	['fɒ:ɒˌstel'eŋ]
espetáculo (m)	teaterstykke (i)	[te'ætʌˌstøkə]
peça (f)	skuespil (i)	['sku:əˌspel]
entrada (m)	billet (f)	[bi'lɛt]
bilheteira (f)	billetsalg (i)	[bi'lɛtˌsal']
hall (m)	lobby, foyer (f)	['lʌbi], [fwa'je]
vestiário (m)	garderobe (f)	[gɑdə'ʁo:bə]
senha (f) numerada	mærke (i)	['mæɐ̯kə]
binóculo (m)	kikkert (f)	['kikʌt]
lanterninha (m)	kontrollør (f)	[kʌntʁo'lø'ɐ̯]
plateia (f)	parket (i)	[pɑ'kɛt]
balcão (m)	balkon (f)	[bal'kʌŋ]
primeiro balcão (m)	første række (f)	['fœɐ̯stəˌʁake]
camarote (m)	loge (f)	['lo:ɕə]
fila (f)	række (f)	['ʁakə]
assento (m)	plads (f)	['plas]
público (m)	publikum (i)	['publikɔm]
espectador (m)	tilskuer (f)	['telˌsku'ʌ]
aplaudir (vt)	at klappe	[ʌ 'klɑpə]
aplauso (m)	applaus (f)	[a'plɑw's]
ovação (f)	bifald (i)	['biˌfal']
palco (m)	scene (f)	['se:nə]
cortina (f)	tæppe (i)	['tɛpə]
cenário (m)	dekoration (f)	[dekoʁa'ɕo'n]
bastidores (m pl)	kulisser (f pl)	[ku'lisʌ]
cena (f)	scene (f)	['se:nə]
ato (m)	akt (f)	['ɑkt]
intervalo (m)	pause, mellemakt (f)	['pɑwsə], ['mɛləmˌɑkt]

125. Cinema

ator (m)	skuespiller (f)	['sku:ə‚spelʌ]
atriz (f)	skuespillerinde (f)	['sku:ə‚spelʌ'enə]
cinema (m)	filmindustri (f)	['film endu'stʁi']
filme (m)	film (f)	['fil'm]
episódio (m)	del (f)	['de'l]
filme (m) policial	kriminalfilm (f)	[kʁimi'næ'l‚fil'm]
filme (m) de ação	actionfilm (f)	['akçən‚fil'm]
filme (m) de aventuras	eventyrfilm (f)	['ɛ:vən‚tyɐ 'fil'm]
filme (m) de ficção científica	science fiction film (f)	[sajəns'fekçən 'fil'm]
filme (m) de horror	skrækfilm (f)	['sgʁak‚fil'm]
comédia (f)	komedie (f), lystspil (i)	[ko'með'jə], ['løst‚spel]
melodrama (m)	melodrama (i)	[melo'dʁɑ:ma]
drama (m)	drama (i)	['dʁɑ:ma]
filme (m) de ficção	spillefilm (f)	['spelə‚fil'm]
documentário (m)	dokumentarfilm (f)	[dokumɛn'ta' 'fil'm]
desenho (m) animado	tegnefilm (f)	['tajnə‚fil'm]
cinema (m) mudo	stumfilm (f)	['stɔm‚fil'm]
papel (m)	rolle (f)	['ʁʌlə]
papel (m) principal	hovedrolle (f)	['ho:əð‚ʁʌlə]
representar (vt)	at spille	[ʌ 'spelə]
estrela (f) de cinema	filmstjerne (f)	['film‚stjæɐ̯nə]
conhecido (adj)	kendt, berømt	['kɛn't], [be'ʁœm't]
famoso (adj)	berømt	[be'ʁœm't]
popular (adj)	populær	[popu'lɛ'ɐ̯]
roteiro (m)	manuskript (i)	[manu'skʁɛpt]
roteirista (m)	manuskriptforfatter (f)	[manu'skʁɛpt fʌ'fatʌ]
diretor (m) de cinema	filminstruktør (f)	['film enstʁuk'tø'ɐ̯]
produtor (m)	producer (f)	[pʁo'dju:sʌ]
assistente (m)	assistent (f)	[asi'stɛn't]
diretor (m) de fotografia	kameramand (f)	['kæ'məʁa‚man']
dublê (m)	stuntmand (f)	['stʌnt‚man']
dublê (m) de corpo	dubleant (f)	[duble'an't]
filmar (vt)	at indspille en film	[ʌ 'en‚spel'ə ən fil'm]
audição (f)	prøve (f)	['pʁœ:wə]
filmagem (f)	filmoptagelse (f)	['film ʌp‚tæ'jəlsə]
equipe (f) de filmagem	filmhold (i)	['film‚hʌl']
set (m) de filmagem	optagelsessted (i)	['ʌp‚tæ'jəlsə‚stɛð]
câmera (f)	filmkamera (i)	['film‚kæ'məʁa]
cinema (m)	biograf (f)	[bio'gʁɑ'f]
tela (f)	filmlærred (i)	['film‚læɐ̯ʌð]
exibir um filme	at vise en film	[ʌ 'vi:sə en fil'm]
trilha (f) sonora	lydspor (i)	['lyð‚spo'ɐ̯]
efeitos (m pl) especiais	specialeffekter (f pl)	['spɛçəl e'fɛktʌ]

legendas (f pl)	undertekster (f pl)	[ˈɔnʌˌtɛkstʌ]
crédito (m)	rulletekst (f)	[ˈʁuləˌtɛkst]
tradução (f)	oversættelse (f)	[ˈɒwʌˌsɛtəlsə]

126. Pintura

arte (f)	kunst (f)	[ˈkɔnˀst]
belas-artes (f pl)	de skønne kunster	[di ˈskœnə ˈkɔnˀstʌ]
galeria (f) de arte	kunstgalleri (i)	[ˈkɔnˀst galʌˈʁiˀ]
exibição (f) de arte	kunstudstilling (f)	[ˈkɔnst uðˌstelˀeŋ]

pintura (f)	maleri (i)	[ˌmæːlʌˈʁiˀ]
arte (f) gráfica	grafik (f)	[gʁɑˈfik]
arte (f) abstrata	abstrakt kunst (f)	[abˈstʁɑkt ˈkɔnˀst]
impressionismo (m)	impressionisme (f)	[empʁɛɕoˈnismə]

pintura (f), quadro (m)	maleri (i)	[ˌmæːlʌˈʁiˀ]
desenho (m)	tegning (f)	[ˈtɑjneŋ]
cartaz, pôster (m)	poster (f)	[ˈpɒwstʌ]

ilustração (f)	illustration (f)	[ilustʁɑˈɕoˀn]
miniatura (f)	miniature (f)	[minjaˈtyːʌ]
cópia (f)	kopi (f)	[koˈpiˀ]
reprodução (f)	reproduktion (f)	[ʁɛpʁodukˈɕoˀn]

mosaico (m)	mosaik (f)	[mosaˈik]
vitral (m)	glasmaleri (i)	[ˈglas ˌmæːlʌˈʁiˀ]
afresco (m)	fresko (f)	[ˈfʁasko]
gravura (f)	gravure (f)	[gʁɑˈvyːʌ]

busto (m)	buste (f)	[ˈbystə]
escultura (f)	skulptur (f)	[skulpˈtuᵊˀ]
estátua (f)	statue (f)	[ˈstæˀtuə]
gesso (m)	gips (f)	[ˈgips]
em gesso (adj)	gips-	[ˈgips-]

retrato (m)	portræt (i)	[pɒˈtʁat]
autorretrato (m)	selvportræt (i)	[ˈsɛlˌpɒtʁat]
paisagem (f)	landskabsmaleri (i)	[ˈlanˌskæbsˌmæːlʌˈʁiˀ]
natureza (f) morta	stilleben (i)	[ˈstelˌleːbən]
caricatura (f)	karikatur (f)	[kɑikaˈtuᵊˀ]
esboço (m)	skitse (f)	[ˈskitsə]

tinta (f)	maling (f)	[ˈmæːleŋ]
aquarela (f)	akvarel (f)	[ɑkvɑˈʁalˀ]
tinta (f) a óleo	olie (f)	[ˈoljə]
lápis (m)	blyant (f)	[ˈblyːˌanˀt]
tinta (f) nanquim	tusch (f)	[ˈtuɕ]
carvão (m)	kul (i)	[ˈkɔl]

desenhar (vt)	at tegne	[ʌ ˈtɑjnə]
pintar (vt)	at male	[ʌ ˈmæːlə]
posar (vi)	at posere	[ʌ poˈseˀʌ]
modelo (m)	model (f)	[moˈdɛlˀ]

modelo (f)	model (f)	[mo'dɛl⁷]
pintor (m)	kunstner (f)	['kɔnstnʌ]
obra (f)	kunstværk (i)	['kɔnstˌvæɐ̯k]
obra-prima (f)	mesterværk (i)	['mɛstʌˌvæɐ̯k]
estúdio (m)	atelier (i)	[atəl'je]

tela (f)	kanvas (i. f), lærred (i)	['kanvas], ['læɐ̯ʌð]
cavalete (m)	staffeli (i)	[stɑfə'li⁷]
paleta (f)	palet (f)	[pa'lɛt]

moldura (f)	ramme (f)	['ʁɑmə]
restauração (f)	restaurering (f)	[ʁɛstɑw'ʁɛ⁷ɐ̯eŋ]
restaurar (vt)	at restaurere	[ʌ ʁɛstɑw'ʁɛ⁷ʌ]

127. Literatura & Poesia

literatura (f)	litteratur (f)	[litəʁɑ'tuɐ̯⁷]
autor (m)	forfatter (f)	[fʌ'fatʌ]
pseudônimo (m)	pseudonym (i)	[sœwdo'ny⁷m]

livro (m)	bog (f)	['bɔ⁷w]
volume (m)	bind (i)	['ben⁷]
índice (m)	indholdsfortegnelse (f)	['enhʌls fʌ'taj⁷nəlsə]
página (f)	side (f)	['si:ðə]
protagonista (m)	hovedperson (f)	['ho:əð pæɐ̯'so⁷n]
autógrafo (m)	autograf (f)	[ɑwto'gʁɑ⁷f]

conto (m)	novelle (f)	[no'vɛlə]
novela (f)	kortroman (f)	['kɒ:d ʁo'mæ⁷n]
romance (m)	roman (f)	[ʁo'mæ⁷n]
obra (f)	værk (i)	['væɐ̯k]
fábula (m)	fabel (f)	['fæ⁷bəl]
romance (m) policial	kriminalroman (f)	[kʁimi'næl ʁo'mæ⁷n]

verso (m)	digt (i)	['degt]
poesia (f)	poesi (f)	[poə'si⁷]
poema (m)	epos (i)	[po'e⁷m]
poeta (m)	poet (f), digter (f)	[po'e⁷t], ['degtʌ]

ficção (f)	skønlitteratur (f)	['skœn litəʁɑ'tuɐ̯⁷]
ficção (f) científica	science fiktion (f)	[sɑjəns'fekçən]
aventuras (f pl)	eventyr (i pl)	['ɛ:vənˌtyɐ̯⁷]
literatura (f) didática	undervisningslitteratur (f)	['ɔnʌˌvi⁷snəŋs litəʁɑ'tuɐ̯⁷]
literatura (f) infantil	børnelitteratur (f)	['bœɐ̯nə litəʁɑ'tuɐ̯⁷]

128. Circo

circo (m)	cirkus (i)	['siɐ̯kus]
circo (m) ambulante	omrejsende cirkus (i)	['ʌmˌʁɑj⁷sənə 'siɐ̯kus]
programa (m)	program (i)	[pʁo'gʁɑm⁷]
apresentação (f)	forestilling (f)	['fɒ:ɒˌstel⁷eŋ]
número (m)	nummer (i)	['nɔm⁷ʌ]

picadeiro (f)	arena (f)	[ɑ'ʁɛ:na]
pantomima (f)	pantomime (f)	[panto'mi:mə]
palhaço (m)	klovn (f)	['klɒwˀn]

acrobata (m)	akrobat (f)	[akʁo'bæˀt]
acrobacia (f)	akrobatik (f)	[akʁoba'tik]
ginasta (m)	gymnast (f)	[gym'nast]
ginástica (f)	gymnastik (f)	[gymna'stik]
salto (m) mortal	salto (f)	['salto]

homem (m) forte	atlet (f)	[at'leˀt]
domador (m)	dyretæmmer (f)	['dyɐ̯ˌtɛmʌ]
cavaleiro (m) equilibrista	rytter (f)	['ʁytʌ]
assistente (m)	assistent (f)	[asi'stɛnˀt]

truque (m)	trick (i)	['tʁɛk]
truque (m) de mágica	trylletrick (i)	['tʁylə̩tʁɛk]
ilusionista (m)	tryllekunstner (f)	['tʁylə̩kɒnˀstnʌ]

malabarista (m)	jonglør (f)	[ɕʌŋ'løˀɐ̯]
fazer malabarismos	at jonglere	[ʌ ɕʌŋ'leˀʌ]
adestrador (m)	dressør (f)	[dʁɛ'søˀɐ̯]
adestramento (m)	dressur (f)	[dʁɛ'suɐ̯ˀ]
adestrar (vt)	at dressere	[ʌ dʁɛ'seˀʌ]

129. Música. Música popular

música (f)	musik (f)	[mu'sik]
músico (m)	musiker (f)	['muˀsikʌ]
instrumento (m) musical	musikinstrument (i)	[mu'sik enstʁu'mɛnˀt]
tocar ...	at spille ...	[ʌ 'spelə ...]

guitarra (f)	guitar (f)	['gi̩tɑˀ]
violino (m)	violin (f)	[vio'liˀn]
violoncelo (m)	cello (f)	['sɛlo]
contrabaixo (m)	kontrabas (f)	['kʌntʁɑ̩bas]
harpa (f)	harpe (f)	['hɑːpə]

piano (m)	piano (i)	[pi'æ:no]
piano (m) de cauda	flygel (i)	['flyˀəl]
órgão (m)	orgel (i)	['ɒˀwəl]

instrumentos (m pl) de sopro	blæseinstrumenter (i pl)	['blɛˀs̩enstʁu'mɛnˀtʌ]
oboé (m)	obo (f)	[o'boˀ]
saxofone (m)	saxofon (f)	[sakso'foˀn]
clarinete (m)	klarinet (f)	[klɑi'nɛt]
flauta (f)	fløjte (f)	['flʌjtə]
trompete (m)	trompet (f)	[tʁɔm'peˀt]

| acordeão (m) | akkordeon (i) | [a'kɒˀdjʌn] |
| tambor (m) | tromme (f) | ['tʁɔmə] |

| dueto (m) | duet (f) | [du'ɛt] |
| trio (m) | trio (f) | ['tʁi:o] |

quarteto (m)	kvartet (f)	[kvɑ'tɛt]
coro (m)	kor (i)	['ko'ɐ̯]
orquestra (f)	orkester (i)	[ɒ'kɛstʌ]

música (f) pop	popmusik (f)	['pʌp mu'sik]
música (f) rock	rockmusik (f)	['ʁʌk mu'sik]
grupo (m) de rock	rockgruppe (f)	['ʁʌk ˌgʁupə]
jazz (m)	jazz (f)	['djas]

| ídolo (m) | idol (i) | [i'do'l] |
| fã, admirador (m) | beundrer (f) | [be'ɔn'dʁʌ] |

concerto (m)	koncert (f)	[kɔn'sæɐ̯t]
sinfonia (f)	symfoni (f)	[symfo'ni']
composição (f)	komposition (f)	[kɔmposi'ɕo'n]
compor (vt)	at komponere	[ʌ kɔmpo'ne'ʌ]

canto (m)	sang (f)	['sɑŋ']
canção (f)	sang (f)	['sɑŋ']
melodia (f)	melodi (f)	[melo'di']
ritmo (m)	rytme (f)	['ʁytmə]
blues (m)	blues (f)	['blu:s]

notas (f pl)	noder (pl)	['no:ðʌ]
batuta (f)	taktstok (f)	['tɑkt̩stʌk]
arco (m)	bue (f)	['bu:ə]
corda (f)	streng (f)	['stʁaŋ']
estojo (m)	kasse (f)	['kasə]

Descanso. Entretenimento. Viagens

130. Viagens

turismo (m)	turisme (f)	[tu'ʁismə]
turista (m)	turist (f)	[tu'ʁist]
viagem (f)	rejse (f)	['ʁɑjsə]
aventura (f)	eventyr (i)	['ɛ:vən‚tyɐ̯ˀ]
percurso (curta viagem)	rejse (f)	['ʁɑjsə]
férias (f pl)	ferie (f)	['feɐ̯ˀiə]
estar de férias	at holde ferie	[ʌ 'hʌlə 'feɐ̯ˀiə]
descanso (m)	ophold (i), hvile (f)	['ʌp‚hʌlˀ], ['vi:lə]
trem (m)	tog (i)	['tɔˀw]
de trem (chegar ~)	med tog	[mɛ 'tɔˀw]
avião (m)	fly (i)	['flyˀ]
de avião	med fly	[mɛ 'flyˀ]
de carro	med bil	[mɛ 'biˀl]
de navio	med skib	[mɛ 'skiˀb]
bagagem (f)	bagage (f)	[ba'gæ:ɕə]
mala (f)	kuffert (f)	['kɔfʌt]
carrinho (m)	bagagevogn (f)	[ba'gæ:ɕə‚vɒwˀn]
passaporte (m)	pas (i)	['pas]
visto (m)	visum (i)	['vi:sɔm]
passagem (f)	billet (f)	[bi'lɛt]
passagem (f) aérea	flybillet (f)	['fly bi'lɛt]
guia (m) de viagem	rejsehåndbog (f)	['ʁɑjsə‚hʌnbɔˀw]
mapa (m)	kort (i)	['kɒ:t]
área (f)	område (i)	['ʌm‚ʁɔ:ðə]
lugar (m)	sted (i)	['stɛð]
exótico (adj)	eksotisk	[ɛk'soˀtisk]
surpreendente (adj)	forunderlig	[fʌ'ɔnˀʌli]
grupo (m)	gruppe (f)	['gʁupə]
excursão (f)	udflugt (f)	['uð‚flɔgt]
guia (m)	guide (f)	['gɑjd]

131. Hotel

hotel (m)	hotel (i)	[ho'tɛlˀ]
motel (m)	motel (i)	[mo'tɛlˀ]
três estrelas	trestjernet	['tʁɛ‚stjæɐ̯ˀnəð]
cinco estrelas	femstjernet	['fɛm‚stjæɐ̯ˀnəð]

ficar (vi, vt)	at bo	[ʌ 'boʔ]
quarto (m)	værelse (i)	['væɐ̯ʌlsə]
quarto (m) individual	enkeltværelse (i)	['ɛŋʔkəlt͵væɐ̯ʌlsə]
quarto (m) duplo	dobbeltværelse (i)	['dʌbəlt͵væɐ̯ʌlsə]
reservar um quarto	at booke et værelse	[ʌ 'bukə et 'væɐ̯ʌlsə]

| meia pensão (f) | halvpension (f) | ['halʔ paŋ'ɕoʔn] |
| pensão (f) completa | helpension (f) | ['heʔl paŋ'ɕoʔn] |

com banheira	med badekar	[mɛ 'bæːðə͵ka]
com chuveiro	med brusebad	[mɛ 'bʁuːsə͵båð]
televisão (m) por satélite	satellit-tv (i)	[satə'lit 'teʔ͵veʔ]
ar (m) condicionado	klimaanlæg (i)	['kliːma'an͵lɛʔg]
toalha (f)	håndklæde (i)	['hʌn͵klɛːðə]
chave (f)	nøgle (f)	['nʌjlə]

administrador (m)	administrator (f)	[aðmini'stʁɑːtʌ]
camareira (f)	stuepige (f)	['stuə͵piːə]
bagageiro (m)	drager (f)	['dʁɑːwʌ]
porteiro (m)	portier (f)	[pɒ'tje]

restaurante (m)	restaurant (f)	[ʁɛsto'ʁɑŋ]
bar (m)	bar (f)	['bɑʔ]
café (m) da manhã	morgenmad (f)	['mɔːɒn͵måð]
jantar (m)	aftensmad (f)	['ɑftəns͵måð]
bufê (m)	buffet (f)	[by'fe]

| saguão (m) | hall, lobby (f) | ['hɒːl], ['lʌbi] |
| elevador (m) | elevator (f) | [elə'væːtʌ] |

| NÃO PERTURBE | VIL IKKE FORSTYRRES | ['vel 'ekə fʌ'styɐ̯ʔʌs] |
| PROIBIDO FUMAR! | RYGNING FORBUDT | ['ʁyːnen fʌ'byʔð] |

132. Livros. Leitura

livro (m)	bog (f)	['bɔʔw]
autor (m)	forfatter (f)	[fʌ'fatʌ]
escritor (m)	forfatter (f)	[fʌ'fatʌ]
escrever (~ um livro)	at skrive	[ʌ 'skʁiːvə]

leitor (m)	læser (f)	['lɛːsʌ]
ler (vt)	at læse	[ʌ 'lɛːsə]
leitura (f)	læsning (f)	['lɛːsneŋ]

| para si | for sig selv | [fʌ saj 'sɛlʔv] |
| em voz alta | højt | ['hɒjʔt] |

publicar (vt)	at publicere	[ʌ publi'seʔʌ]
publicação (f)	publicering (f)	[publi'seʁen]
editor (m)	forlægger (f)	['fɔː͵lɛgʌ]
editora (f)	forlag (i)	['fɔː͵læʔj]

| sair (vi) | at udkomme | [ʌ 'uð͵kʌmə] |
| lançamento (m) | udgivelse (f) | ['uð͵giʔwəlsə] |

tiragem (f)	oplag (i)	['ʌpˌlæˀj]
livraria (f)	boghandel (f)	['bɔwˌhanˀəl]
biblioteca (f)	bibliotek (i)	[biblio'teˀk]

novela (f)	kortroman (f)	['kɒːd ʁo'mæˀn]
conto (m)	novelle (f)	[no'vɛlə]
romance (m)	roman (f)	[ʁo'mæˀn]
romance (m) policial	kriminalroman (f)	[kʁimi'næl ʁo'mæˀn]

memórias (f pl)	memoirer (pl)	[memo'ɑːɑ]
lenda (f)	legende (f), sagn (i)	[le'gɛndə], ['sɑwˀn]
mito (m)	myte (f)	['myːtə]

poesia (f)	digte (i pl)	['degtə]
autobiografia (f)	selvbiografi (f)	[ˌsɛlbiogʁa'fiˀ]
obras (f pl) escolhidas	udvalgte værker (i pl)	['uðˌval'tə 'væɐ̯kʌ]
ficção (f) científica	science fiction (f)	[sɑjəns'fekçən]
título (m)	titel (f)	['titəl]
introdução (f)	indledning (f)	['enˌleðˀneŋ]
folha (f) de rosto	titelblad (i)	['titəlˌblað]

capítulo (m)	kapitel (i)	[ka'pitəl]
excerto (m)	uddrag (i)	['uðˌdʁɑˀw]
episódio (m)	episode (f)	[epi'soːðə]

enredo (m)	handling (f)	['hanleŋ]
conteúdo (m)	indhold (i)	['enˌhʌlˀ]
índice (m)	indholdsfortegnelse (f)	['enhʌls fʌ'tɑjˀnəlsə]
protagonista (m)	hovedperson (f)	['hoːəð pæɐ̯'soˀn]

volume (m)	bind (i)	['benˀ]
capa (f)	omslag (i)	['ʌmˌslæˀj]
encadernação (f)	bogbind (i)	['bowˌbenˀ]
marcador (m) de página	bogmærke (i)	['bowˌmæɐ̯kə]

página (f)	side (f)	['siːðə]
folhear (vt)	at bladre	[ʌ 'blaðʁʌ]
margem (f)	marginer (f pl)	['mɑˀginʌ]
anotação (f)	annotation (f)	[anota'çoˀn]
nota (f) de rodapé	anmærkning (f)	['anˌmæɐ̯knen]

texto (m)	tekst (f)	['tɛkst]
fonte (f)	skrifttype (f)	['skʁɛftˌtyːpə]
falha (f) de impressão	trykfejl (f)	['tʁœkˌfɑjˀl]

tradução (f)	oversættelse (f)	['ɒwʌˌsɛtəlsə]
traduzir (vt)	at oversætte	[ʌ 'ɒwʌˌsɛtə]
original (m)	original (f)	[ɒigi'næˀl]

famoso (adj)	berømt	[be'ʁœmˀt]
desconhecido (adj)	ukendt	['uˌkenˀt]
interessante (adj)	interessant	[entʁə'sanˀt]
best-seller (m)	bestseller (f)	['bɛstˌsɛlʌ]
dicionário (m)	ordbog (f)	['oɡ̊ˌboˀw]
livro (m) didático	lærebog (f)	['lɛːʌˌboˀw]
enciclopédia (f)	encyklopædi (f)	[ɛnsyklopə'diˀ]

133. Caça. Pesca

caça (f)	jagt (f)	['jɑgt]
caçar (vi)	at jage	[ʌ 'jæːjə]
caçador (m)	jæger (f)	['jɛːjʌ]

disparar, atirar (vi)	at skyde	[ʌ 'skyːðə]
rifle (m)	gevær (i)	[ge'vɛˀɐ̯]
cartucho (m)	patron (f)	[pa'tʁoˀn]
chumbo (m) de caça	hagl (i)	['hɑwˀl]

armadilha (f)	saks (f), fælde (f)	['sɑks], ['fɛlə]
armadilha (com corda)	fælde (f)	['fɛlə]
cair na armadilha	at gå i fælden	[ʌ gɔˀ i 'fɛlən]
pôr a armadilha	at sætte en fælde	[ʌ 'sɛtə en 'fɛlə]

caçador (m) furtivo	krybskytte (f)	['kʁybˌskøtə]
caça (animais)	vildt (i)	['vilˀt]
cão (m) de caça	jagthund (f)	['jɑgtˌhunˀ]
safári (m)	safari (f)	[sa'fɑːi]
animal (m) empalhado	udstoppet dyr (i)	['uðˌstʌpəð ˌdyɐ̯ˀ]

pescador (m)	fisker (f)	['feskʌ]
pesca (f)	fiskeri (i)	[feskʌ'ʁiˀ]
pescar (vt)	at fiske	[ʌ 'feskə]

vara (f) de pesca	fiskestang (f)	['feskəˌstɑŋˀ]
linha (f) de pesca	fiskesnøre (f)	['feskəˌsnœːʌ]
anzol (m)	krog (f)	['kʁɔˀw]
boia (f), flutuador (m)	flyder (f)	['flyːðʌ]
isca (f)	agn (f)	['awˀn]

lançar a linha	at kaste ud	[ʌ 'kastə uðˀ]
morder (peixe)	at bide (på)	[ʌ 'biːðə pɔˀ]
pesca (f)	fangst (f)	['fɑŋˀst]
buraco (m) no gelo	hul (i) i isen	['hɔl i ˌisən]

rede (f)	net (i)	['nɛt]
barco (m)	båd (f)	['bɔˀð]
pescar com rede	at fiske med net	[ʌ 'feskə 'mɛ nɛt]
lançar a rede	at kaste nettet	[ʌ 'kastə 'nɛtəð]
puxar a rede	at hale nettet ind	[ʌ 'hæːlə 'nɛtəð enˀ]
cair na rede	at blive fanget i nettet	[ʌ 'bliːə 'fɑŋəð i 'nɛtəð]

baleeiro (m)	hvalfanger (f)	['væːlˌfɑŋʌ]
baleeira (f)	hvalfangerbåd (f)	['væːlfɑŋʌˌbɔˀð]
arpão (m)	harpun (f)	[hɑ'puˀn]

134. Jogos. Bilhar

bilhar (m)	billard (i, f)	['biliˌɑˀd]
sala (f) de bilhar	billard salon (f)	['biliˌɑˀd sa'lʌn]
bola (f) de bilhar	billardkugle (f)	['biliˌɑˀd 'kuːlə]

embolsar uma bola	at skyde en bal	[ʌ 'skyːðə en bal]
taco (m)	kø (f), billardkø (f)	['kø'], ['biliˌɑ'd 'kø']
caçapa (f)	hul (i)	['hɔl]

135. Jogos. Jogar cartas

ouros (m pl)	ruder (f)	['ʁuːðʌ]
espadas (f pl)	spar (f)	['spɑ']
copas (f pl)	hjerter (f)	['jæɐ̯tʌ]
paus (m pl)	klør (f)	['kløˀɐ̯]

ás (m)	es (i)	['ɛs]
rei (m)	konge (f)	['kʌŋə]
dama (f), rainha (f)	dame (f)	['dæːmə]
valete (m)	knægt (f)	['knɛgt]

carta (f) de jogar	kort, spillekort (i)	['kɒːt], ['speləˌkɒːt]
cartas (f pl)	kort (i pl)	['kɒːt]
trunfo (m)	trumf (f)	['tʁɔmˀf]
baralho (m)	sæt (i) spillekort	['sɛt 'speləˌkɒːt]

ponto (m)	point (i)	[poˈɛŋ]
dar, distribuir (vt)	at give, at dele ud	[ʌ 'giˀ], [ʌ 'deːlə uðˀ]
embaralhar (vt)	at blande	[ʌ 'blanə]
vez, jogada (f)	træk (i)	['tʁak]
trapaceiro (m)	falskspiller (f)	['falˀskˌspelʌ]

136. Descanso. Jogos. Diversos

passear (vi)	at spadsere	[ʌ spaˈseˀʌ]
passeio (m)	spadseretur (f)	[spaˈseʌˌtuɐ̯ˀ]
viagem (f) de carro	køretur (f)	['køːʌˌtuɐ̯ˀ]
aventura (f)	eventyr (i)	['ɛːvənˌtyɐ̯ˀ]
piquenique (m)	picnic (f)	['piknik]

jogo (m)	spil (i)	['spel]
jogador (m)	spiller (f)	['spelʌ]
partida (f)	parti (i)	[pɑˈtiˀ]

colecionador (m)	samler (f)	['samlʌ]
colecionar (vt)	at samle på	[ʌ 'samlə 'pɔˀ]
coleção (f)	samling (f)	['samleŋ]

palavras (f pl) cruzadas	krydsord (i, f)	['kʁysˌoˀɐ̯]
hipódromo (m)	galopbane (f)	[gaˈlʌpˌbæːnə]
discoteca (f)	diskotek (i)	[diskoˈteˀk]

sauna (f)	sauna (f)	['sɑwna]
loteria (f)	lotteri (i)	[lʌtʌˈʁiˀ]

campismo (m)	campingtur (f)	['kæːmpeŋˌtuɐ̯ˀ]
acampamento (m)	lejr (f)	['lɑjˀʌ]

barraca (f)	telt (i)	['tɛlˀt]
bússola (f)	kompas (i)	[kɔm'pas]
campista (m)	campist (f)	[kɑm'pist]

ver (vt), assistir à …	at se	[ʌ 'seˀ]
telespectador (m)	tv-seer (f)	['teˌve 'seˀʌ]
programa (m) de TV	tv-show (i)	['teˌve 'ɕɔ:w]

137. Fotografia

máquina (f) fotográfica	kamera (i)	['kæˀmeʁa]
foto, fotografia (f)	foto (i), fotografi (i, f)	['foto], [fotogʁa'fiˀ]

fotógrafo (m)	fotograf (f)	[foto'gʁaˀf]
estúdio (m) fotográfico	fotoatelier (i)	['foto atəl'je]
álbum (m) de fotografias	fotoalbum (i)	['fotoˌalbɔm]

lente (f) fotográfica	objektiv (i)	[ʌbjək'tiwˀ]
lente (f) teleobjetiva	teleobjektiv (i)	['te:lə ʌbjək'tiwˀ]
filtro (m)	filter (i)	['filˀtʌ]
lente (f)	linse (f)	['lensə]

ótica (f)	optik (f)	[ʌp'tik]
abertura (f)	blænder (f)	['blɛnʌ]
exposição (f)	eksponeringstid (f)	[ɛkspo'neɡˀeŋsˌtiðˀ]
visor (m)	søger (f)	['sø:jʌ]

câmera (f) digital	digitalkamera (i)	[digi'tæˀl ˌkæˀmeʁa]
tripé (m)	stativ (i)	[sta'tiwˀ]
flash (m)	blitz (f)	['blits]
fotografar (vt)	at fotografere	[ʌ fotogʁa'feˀʌ]
tirar fotos	at tage billeder	[ʌ 'tæˀ 'beləðə]
fotografar-se (vr)	at blive fotograferet	[ʌ 'bli:ə fotogʁa:'feˀʌð]

foco (m)	fokus (i, f)	['fo:kus]
focar (vt)	at stille skarpt	[ʌ 'stelə 'skɑ:pt]
nítido (adj)	skarp	['skɑ:p]
nitidez (f)	skarphed (f)	['skɑ:pˌheðˀ]

contraste (m)	kontrast (f)	[kʌn'tʁɑst]
contrastante (adj)	kontrast-	[kʌn'tʁɑst-]

retrato (m)	billede (i)	['beləðə]
negativo (m)	negativ (i)	['negaˌtiwˀ]
filme (m)	film (f)	['filˀm]
fotograma (m)	billede (i)	['beləðə]
imprimir (vt)	at skrive ud	[ʌ 'skʁi:və uðˀ]

138. Praia. Natação

praia (f)	badestrand (f)	['bæ:ðəˌsdʁanˀ]
areia (f)	sand (i)	['sanˀ]

deserto (adj)	øde	['ø:ðə]
bronzeado (m)	solbrændthed (f)	['so:lˌbʁantheð']
bronzear-se (vr)	at sole sig	[ʌ 'so:lə saj]
bronzeado (adj)	solbrændt	['so:lˌbʁan'dt]
protetor (m) solar	solcreme (f)	['so:lˌkʁɛ'm]
biquíni (m)	bikini (f)	[bi'kini]
maiô (m)	badedragt (f)	['bæ:ðəˌdʁɑgt]
calção (m) de banho	badebukser (pl)	['bæ:ðəˌbɔksʌ]
piscina (f)	svømmebassin (i)	['svœməbaˌsɛŋ]
nadar (vi)	at svømme	[ʌ 'svœmə]
chuveiro (m), ducha (f)	brusebad (i)	['bʁu:səˌbað]
mudar, trocar (vt)	at klæde sig om	[ʌ 'klɛ:ðə saj ˌʌm']
toalha (f)	håndklæde (i)	['hʌnˌklɛ:ðə]
barco (m)	båd (f)	['bɔ'ð]
lancha (f)	motorbåd (f)	['mo:tʌˌbɔ'ð]
esqui (m) aquático	vandski (f pl)	['vanˌski']
barco (m) de pedais	vandcykel (f)	['vanˌsykəl]
surf, surfe (m)	surfing (f)	['sœ:feŋ]
surfista (m)	surfer (f)	['sœ:fʌ]
equipamento (m) de mergulho	SCUBA-sæt (i)	['sku:bə'sɛt]
pé (m pl) de pato	svømmefødder (f pl)	['svœməˌføð'ʌ]
máscara (f)	maske (f)	['maskə]
mergulhador (m)	dykker (f)	['døkʌ]
mergulhar (vi)	at dykke	[ʌ 'døkə]
debaixo d'água	under vandet	['ɔnʌ 'vanəð]
guarda-sol (m)	parasol (f)	[paɑ'sʌl']
espreguiçadeira (f)	liggestol (f)	['legəˌsto'l]
óculos (m pl) de sol	solbriller (pl)	['so:lˌbʁɛlʌ]
colchão (m) de ar	luftmadras (f)	['lɔftma'dʁɑs]
brincar (vi)	at lege	[ʌ 'lɑjə]
ir nadar	at bade	[ʌ 'bæ'ðə]
bola (f) de praia	bold (f)	['bʌl'd]
encher (vt)	at puste op	[ʌ 'pu:stə ʌp]
inflável (adj)	oppustelig	[ʌp'pu'stəli]
onda (f)	bølge (f)	['bøljə]
boia (f)	bøje (f)	['bʌjə]
afogar-se (vr)	at drukne	[ʌ 'dʁɔknə]
salvar (vt)	at redde	[ʌ 'ʁɛðə]
colete (m) salva-vidas	redningsvest (f)	['ʁɛðneŋsˌvɛst]
observar (vt)	at observere	[ʌ ʌbsæɡ've'ʌ]
salva-vidas (pessoa)	livredder (f)	['liwˌʁɛðʌ]

EQUIPAMENTO TÉCNICO. TRANSPORTES

Equipamento técnico. Transportes

139. Computador

computador (m)	computer (f)	[kʌm'pjuːtʌ]
computador (m) portátil	bærbar, laptop (f)	['bɛɐ̯ˌbɑˀ], ['lapˌtʌp]
ligar (vt)	at tænde	[ʌ 'tɛnə]
desligar (vt)	at slukke	[ʌ 'slɔkə]
teclado (m)	tastatur (i)	[tasta'tuɐ̯ˀ]
tecla (f)	tast (f)	['tast]
mouse (m)	mus (f)	['muˀs]
tapete (m) para mouse	musemåtte (f)	['muːsəˌmʌtə]
botão (m)	knap (f)	['knap]
cursor (m)	markør (f)	[mɑ'køˀɐ̯]
monitor (m)	monitor, skærm (f)	['mʌnitʌ], ['skæɐ̯ˀm]
tela (f)	skærm (f)	['skæɐ̯ˀm]
disco (m) rígido	harddisk (f)	['hɑːdˌdesk]
capacidade (f) do disco rígido	harddisk kapacitet (f)	['hɑːdˌdesk kapasi'teˀt]
memória (f)	hukommelse (f)	[hu'kʌmˀəlsə]
memória RAM (f)	RAM, arbejdslager (i)	['ʁamˀ], ['ɑːbɑjdsˌlæˀjʌ]
arquivo (m)	fil (f)	['fiˀl]
pasta (f)	mappe (f)	['mɑpə]
abrir (vt)	at åbne	[ʌ 'ɔːbnə]
fechar (vt)	at lukke	[ʌ 'lɔkə]
salvar (vt)	at bevare	[ʌ be'vɑˀɑ]
deletar (vt)	at slette, at fjerne	[ʌ 'slɛtə], [ʌ 'fjæɐ̯nə]
copiar (vt)	at kopiere	[ʌ ko'pjeˀʌ]
ordenar (vt)	at sortere	[ʌ sɒ'teˀʌ]
copiar (vt)	at overføre	[ʌ 'ɒwʌˌføˀʌ]
programa (m)	program (i)	[pʁo'gʁamˀ]
software (m)	programmel (i)	[pʁogʁa'mɛlˀ]
programador (m)	programmør (f)	[pʁogʁa'møˀɐ̯]
programar (vt)	at programmere	[ʌ pʁogʁa'meˀʌ]
hacker (m)	hacker (f)	['hakʌ]
senha (f)	adgangskode (f)	['aðgɑŋsˌkoːðə]
vírus (m)	virus (i, f)	['viːʁus]
detectar (vt)	at opdage	[ʌ 'ʌpˌdæˀjə]
byte (m)	byte (f)	['bɑjt]

megabyte (m)	megabyte (f)	['me:ga̩bɑjt]
dados (m pl)	data (i pl)	['dæ:ta]
base (f) de dados	database (f)	['dæ:ta̩bæ:sə]

cabo (m)	kabel (i)	['kæˀbəl]
desconectar (vt)	at koble fra	[ʌ 'kʌblə fʁɑˀ]
conectar (vt)	at koble	[ʌ 'kʌblə 'te]

140. Internet. E-mail

internet (f)	internet (i)	['entʌ̩nɛt]
browser (m)	browser (f)	['bʁɑwsʌ]
motor (m) de busca	søgemaskine (f)	['sø:ma̩ski:nə]
provedor (m)	leverandør (f)	[levəʁɑn'dø̩ˀ]

webmaster (m)	webmaster (f)	['wɛb̩mɑ:stʌ]
website (m)	website (i, f)	['wɛb̩sɑjt]
web page (f)	webside (f)	['wɛb̩si:ðə]

| endereço (m) | adresse (f) | [a'dʁasə] |
| livro (m) de endereços | adressebog (f) | [a'dʁasə̩bɔˀw] |

caixa (f) de correio	postkasse (f)	['pʌst̩kasə]
correio (m)	post (f)	['pʌst]
cheia (caixa de correio)	fuld	['fulˀ]

mensagem (f)	meddelelse (f)	['mɛð̩deˀləlsə]
mensagens (f pl) recebidas	indgående meddelelser (f pl)	['en̩gɔˀənə 'mɛð̩deˀləlsʌ]
mensagens (f pl) enviadas	udgående meddelelser (f pl)	['uð̩gɔ:ənə 'mɛð̩deˀləlsʌ]

remetente (m)	afsender (f)	['aw̩sɛnˀʌ]
enviar (vt)	at sende	[ʌ 'sɛnə]
envio (m)	afsendelse (f)	['aw̩sɛnˀəlsə]

| destinatário (m) | modtager (f) | ['moð̩tæˀjʌ] |
| receber (vt) | at modtage | [ʌ 'moð̩tæˀ] |

| correspondência (f) | korrespondance (f) | [kɒɒspʌn'dɑŋsə] |
| corresponder-se (vr) | at brevveksle | [ʌ 'bʁɛw̩vɛkslə] |

arquivo (m)	fil (f)	['fiˀl]
fazer download, baixar (vt)	at downloade	[ʌ 'dɑwn̩lɔwdə]
criar (vt)	at oprette, at skabe	[ʌ 'ʌb̩ʁatə], [ʌ 'skæ:bə]
deletar (vt)	at slette, at fjerne	[ʌ 'slɛtə], [ʌ 'fjæɐ̯nə]
deletado (adj)	slettet	['slɛtəð]

conexão (f)	forbindelse (f)	[fʌ'benˀəlsə]
velocidade (f)	hastighed (f)	['hasti̩heðˀ]
modem (m)	modem (i)	['mo:dɛm]
acesso (m)	adgang (f)	['að̩gɑŋˀ]
porta (f)	port (f)	['poɐ̯ˀt]

| conexão (f) | tilkobling (f) | ['tel̩kʌbleŋ] |
| conectar (vi) | at koblet op til ... | [ʌ 'kʌblə 'ʌp tel ...] |

| escolher (vt) | at vælge | [ʌ 'vɛljə] |
| buscar (vt) | at søge efter … | [ʌ 'søːə 'ɛftʌ …] |

Transportes

141. Avião

avião (m)	fly (i)	['fly']
passagem (f) aérea	flybillet (f)	['fly bi'lɛt]
companhia (f) aérea	flyselskab (i)	['fly'sɛl,skæ'b]
aeroporto (m)	lufthavn (f)	['lɔft,haw'n]
supersônico (adj)	overlyds-	['ɒwʌ,lyðs-]
comandante (m) do avião	kaptajn (f)	[kɑp'taj'n]
tripulação (f)	besætning (f)	[be'sɛtneŋ]
piloto (m)	pilot (f)	[pi'lo't]
aeromoça (f)	stewardesse (f)	[stjuɑ'dɛsə]
copiloto (m)	styrmand (f)	['styɐ̯,man']
asas (f pl)	vinger (f pl)	['veŋʌ]
cauda (f)	hale (f)	['hæ:lə]
cabine (f)	cockpit (i)	['kʌk,pit]
motor (m)	motor (f)	['mo:tʌ]
trem (m) de pouso	landingshjul (i)	['laneŋs,ju'l]
turbina (f)	turbine (f)	[tuɐ̯'bi:nə]
hélice (f)	propel (f)	[pʁo'pɛl']
caixa-preta (f)	sort boks (f)	['soɐ̯t 'bʌks]
coluna (f) de controle	rat (i)	['ʁat]
combustível (m)	brændstof (i)	['bʁan,stʌf]
instruções (f pl) de segurança	sikkerhedsinstruks (f)	['sekʌ,heð' en'stʁuks]
máscara (f) de oxigênio	iltmaske (f)	['ilt,maskə]
uniforme (m)	uniform (f)	[uni'fɒ'm]
colete (m) salva-vidas	redningsvest (f)	['ʁɛðneŋs,vɛst]
paraquedas (m)	faldskærm (f)	['fal,skæɐ̯'m]
decolagem (f)	start (f)	['stɑ't]
descolar (vi)	at lette	[ʌ 'lɛtə]
pista (f) de decolagem	startbane (f)	['stɑ:t,bæ:nə]
visibilidade (f)	sigtbarhed (f)	['segtbɑ,heð']
voo (m)	flyvning (f)	['flywneŋ]
altura (f)	højde (f)	['hʌj'də]
poço (m) de ar	lufthul (i)	['lɔft,hɔl]
assento (m)	plads (f)	['plas]
fone (m) de ouvido	hovedtelefoner (f pl)	['ho:əð telə'fo'nʌ]
mesa (f) retrátil	klapbord (i)	['klɑp,bo'ɐ̯]
janela (f)	vindue (i)	['vendu]
corredor (m)	midtergang (f)	['metʌ,gaŋ']

142. Comboio

trem (m)	tog (i)	['tɔˀw]
trem (m) elétrico	lokaltog (i)	[lo'kæˀlˌtɔˀw]
trem (m)	lyntog, eksprestog (i)	['lyːnˌtɔˀw], [ɛks'pʁasˌtɔˀw]
locomotiva (f) diesel	diesellokomotiv (i)	['diˀsəl lokomo'tiwˀ]
locomotiva (f) a vapor	damplokomotiv (i)	['damp lokomo'tiwˀ]
vagão (f) de passageiros	vogn (f)	['vɒwˀn]
vagão-restaurante (m)	spisevogn (f)	['spiːsəˌvɒwˀn]
carris (m pl)	skinner (f pl)	['skenʌ]
estrada (f) de ferro	jernbane (f)	['jæɐ̯ˀnˌbæːnə]
travessa (f)	svelle (f)	['svɛlə]
plataforma (f)	perron (f)	[pa'ʁʌŋ]
linha (f)	spor (i)	['spoˀɐ̯]
semáforo (m)	semafor (f)	[sema'foˀɐ̯]
estação (f)	station (f)	[sta'ɕoˀn]
maquinista (m)	togfører (f)	['tɔwˌføːʌ]
bagageiro (m)	drager (f)	['dʁaːwʌ]
hospedeiro, -a (m, f)	togbetjent (f)	['tɔw be'tjɛnˀt]
passageiro (m)	passager (f)	[pasa'ɕeˀɐ̯]
revisor (m)	kontrollør (f)	[kʌntʁo'løˀɐ̯]
corredor (m)	korridor (f)	[kɒi'doˀɐ̯]
freio (m) de emergência	nødbremse (f)	['nøðˌbʁamsə]
compartimento (m)	kupe, kupé (f)	[ku'peˀ]
cama (f)	køje (f)	['kʌjə]
cama (f) de cima	overkøje (f)	['ɒwʌˌkʌjə]
cama (f) de baixo	underkøje (f)	['ɔnʌˌkʌjə]
roupa (f) de cama	sengetøj (i)	['sɛŋəˌtʌj]
passagem (f)	billet (f)	[bi'lɛt]
horário (m)	køreplan (f)	['køːʌˌplæˀn]
painel (m) de informação	informationstavle (f)	[enfɒma'ɕons ˌtɑwlə]
partir (vt)	at afgå	[ʌ 'ɑwˌgɔˀ]
partida (f)	afgang (f)	['ɑwˌgɑŋˀ]
chegar (vi)	at ankomme	[ʌ 'anˌkʌmˀə]
chegada (f)	ankomst (f)	['anˌkʌmˀst]
chegar de trem	at ankomme med toget	[ʌ 'anˌkʌmˀə mɛ 'tɔˀwəð]
pegar o trem	at stå på toget	[ʌ 'stiːə pɔ 'tɔˀwəð]
descer de trem	at stå af toget	[ʌ 'stiːə a 'tɔˀwəð]
acidente (m) ferroviário	togulykke (f)	['tɔw uˌløkə]
descarrilar (vi)	at afspore	[ʌ 'ɑwˌspoˀʌ]
locomotiva (f) a vapor	damplokomotiv (i)	['damp lokomo'tiwˀ]
foguista (m)	fyrbøder (f)	['fyɐ̯ˌbøðʌ]
fornalha (f)	fyrrum (i)	['fyɐ̯ˌʁɔmˀ]
carvão (m)	kul (i)	['kɔl]

143. Barco

| navio (m) | skib (i) | ['ski'b] |
| embarcação (f) | fartøj (i) | ['fɑ:,tʌj] |

barco (m) a vapor	dampskib (i)	['dɑmp,ski'b]
barco (m) fluvial	flodbåd (f)	['floð,bɔ'ð]
transatlântico (m)	cruiseskib (i)	['kʁu:s,ski'b]
cruzeiro (m)	krydser (f)	['kʁysʌ]

iate (m)	yacht (f)	['jɑgt]
rebocador (m)	bugserbåd (f)	[bug'seɡ,bɔ'ð]
barcaça (f)	pram (f)	['pʁam']
ferry (m)	færge (f)	['fæɡwə]

| veleiro (m) | sejlbåd (f) | ['sɑjl,bɔ'ð] |
| bergantim (m) | brigantine (f) | [bʁigan'ti:nə] |

| quebra-gelo (m) | isbryder (f) | ['is,bʁyðʌ] |
| submarino (m) | u-båd (f) | ['u',bɔð] |

bote, barco (m)	båd (f)	['bɔ'ð]
baleeira (bote salva-vidas)	jolle (f)	['jʌlə]
bote (m) salva-vidas	redningsbåd (f)	['ʁɐðneŋs,bɔ'ð]
lancha (f)	motorbåd (f)	['mo:tʌ,bɔ'ð]

capitão (m)	kaptajn (f)	[kɑp'tɑj'n]
marinheiro (m)	matros (f)	[ma'tʁo's]
marujo (m)	sømand (f)	['sø,man']
tripulação (f)	besætning (f)	[be'sɛtneŋ]

contramestre (m)	bådsmand (f)	['bɔðs,man']
grumete (m)	skibsdreng, jungmand (f)	['skibs,dʁaŋ'], ['jɔŋ,man']
cozinheiro (m) de bordo	kok (f)	['kʌk]
médico (m) de bordo	skibslæge (f)	['skibs,lɛ:jə]

convés (m)	dæk (i)	['dɛk]
mastro (m)	mast (f)	['mast]
vela (f)	sejl (i)	['sɑj'l]

porão (m)	lastrum (i)	['last,ʁɔm']
proa (f)	bov (f)	['bɔw']
popa (f)	agterende (f)	['ɑgtʌ,ʁanə]
remo (m)	åre (f)	['ɒ:ɒ]
hélice (f)	propel (f)	[pʁo'pɛl']

cabine (m)	kahyt (f)	[ka'hyt]
sala (f) dos oficiais	officersmesse (f)	[ʌfi'seɡs ,mɛsə]
sala (f) das máquinas	maskinrum (i)	[ma'ski:n,ʁɔm']
ponte (m) de comando	kommandobro (f)	[kʋ'mando,bʁo']
sala (f) de comunicações	radiorum (i)	['ʁadjo,ʁɔm']
onda (f)	bølge (f)	['bøljə]
diário (m) de bordo	logbog (f)	['lʌg,bɔ'w]
luneta (f)	kikkert (f)	['kikʌt]
sino (m)	klokke (f)	['klʌkə]

bandeira (f)	flag (i)	['flæ'j]
cabo (m)	trosse (f)	['tʁʌsə]
nó (m)	knob (i)	['kno'b]

| corrimão (m) | håndlister (pl) | ['hʌn,lestʌ] |
| prancha (f) de embarque | landgang (f) | ['lan,gaŋ'] |

âncora (f)	anker (i)	['aŋkʌ]
recolher a âncora	at lette anker	[ʌ 'lɛtə 'aŋkʌ]
jogar a âncora	at kaste anker	[ʌ 'kastə 'aŋkʌ]
amarra (corrente de âncora)	ankerkæde (f)	['aŋkʌ,kɛ:ðə]

porto (m)	havn (f)	['haw'n]
cais, amarradouro (m)	kaj (f)	['kɑj']
atracar (vi)	at fortøje	[ʌ fʌ'tʌj'ə]
desatracar (vi)	at kaste los	[ʌ 'kastə 'lʌs]

viagem (f)	rejse (f)	['ʁɑjsə]
cruzeiro (m)	krydstogt (i)	['kʁys,tʌgt]
rumo (m)	kurs (f)	['kuɐ̯'s]
itinerário (m)	rute (f)	['ʁu:tə]

canal (m) de navegação	sejlrende (f)	['sɑjl,ʁanə]
banco (m) de areia	grund (f)	['gʁɔn']
encalhar (vt)	at gå på grund	[ʌ 'gɔ' pɔ 'gʁɔn']

tempestade (f)	storm (f)	['stɒ'm]
sinal (m)	signal (i)	[si'næ'l]
afundar-se (vr)	at synke	[ʌ 'søŋkə]
Homem ao mar!	Mand over bord!	['man' 'ɒwʌ ,bo'ɐ̯]
SOS	SOS	[ɛso'ɛs]
boia (f) salva-vidas	redningskrans (f)	['ʁɛðneŋs,kʁan's]

144. Aeroporto

aeroporto (m)	lufthavn (f)	['lɔft,haw'n]
avião (m)	fly (i)	['fly']
companhia (f) aérea	flyselskab (i)	['fly'sɛl,skæ'b]
controlador (m) de tráfego aéreo	flyveleder (f)	['fly:və,le:ðʌ]

partida (f)	afgang (f)	['aw,gaŋ']
chegada (f)	ankomst (f)	['an,kʌm'st]
chegar (vi)	at ankomme	[ʌ 'an,kʌm'ə]

| hora (f) de partida | afgangstid (f) | ['awgaŋs,tið'] |
| hora (f) de chegada | ankomsttid (f) | ['ankʌm'st,tið] |

| estar atrasado | at blive forsinke | [ʌ 'bli:ə fʌ'seŋ'kə] |
| atraso (m) de voo | afgangsforsinkelse (f) | ['aw,gaŋs fʌ'seŋkəlsə] |

painel (m) de informação	informationstavle (f)	[enfɒma'çons ,tawlə]
informação (f)	information (f)	[enfɒma'çɔ'n]
anunciar (vt)	at meddele	[ʌ 'mɛð,de'lə]

133

voo (m)	flight (f)	['flɑjt]
alfândega (f)	told (f)	['tʌlˀ]
funcionário (m) da alfândega	toldbetjent (f)	['tʌl be'tjɛnˀt]
declaração (f) alfandegária	tolddeklaration (f)	['tʌl deklɑɑˌɕoˀn]
preencher (vt)	at udfylde	[ʌ 'uðˌfylˀə]
preencher a declaração	at udfylde en tolddeklaration	[ʌ 'uðˌfylˀə en 'tʌlˀdeklɑɑ'ɕoˀn]
controle (m) de passaporte	paskontrol (f)	['paskɔnˌtʀʌlˀ]
bagagem (f)	bagage (f)	[ba'gæːɕə]
bagagem (f) de mão	håndbagage (f)	['hʌn ba'gæːɕə]
carrinho (m)	bagagevogn (f)	[ba'gæːɕəˌvɒwˀn]
pouso (m)	landing (f)	['lanɛŋ]
pista (f) de pouso	landingsbane (f)	['lanɛŋsˌbæːnə]
aterrissar (vi)	at lande	[ʌ 'lanə]
escada (f) de avião	trappe (f)	['tʀɑpə]
check-in (m)	check-in (f)	[tjɛk'en]
balcão (m) do check-in	check-in-skranke (f)	[tjɛk'enˌskʀɑŋkə]
fazer o check-in	at tjekke ind	[ʌ 'tjɛkə 'enˀ]
cartão (m) de embarque	boardingkort (i)	['bɔːdeŋˌkɒːt]
portão (m) de embarque	gate (f)	['gɛjt]
trânsito (m)	transit (f)	[tʀɑn'sit]
esperar (vi, vt)	at vente	[ʌ 'vɛntə]
sala (f) de espera	ventesal (f)	['vɛntəˌsæˀl]
despedir-se (acompanhar)	at vinke farvel	[ʌ 'veŋkə fɑ'vɛl]
despedir-se (dizer adeus)	at sige farvel	[ʌ 'si: fɑ'vɛl]

145. Bicicleta. Motocicleta

bicicleta (f)	cykel (f)	['sykəl]
lambreta (f)	scooter (f)	['sku:tʌ]
moto (f)	motorcykel (f)	['moːtʌˌsykəl]
ir de bicicleta	at cykle	[ʌ 'syklə]
guidão (m)	styr (i)	['styɐˀ]
pedal (m)	pedal (f)	[pe'dæˀl]
freios (m pl)	bremser (f pl)	['bʀamsʌ]
banco, selim (m)	sadel (f)	['saðəl]
bomba (f)	pumpe (f)	['pɔmpə]
bagageiro (m) de teto	bagagebærer (f)	[ba'gæːɕəˌbɛːʌ]
lanterna (f)	lygte (f)	['løgtə]
capacete (m)	hjelm (f)	['jɛlˀm]
roda (f)	hjul (i)	['juˀl]
para-choque (m)	skærm (f)	['skæɐˀm]
aro (m)	fælg (f)	['fɛlˀj]
raio (m)	eger (f)	['ejˀʌ]

Carros

146. Tipos de carros

carro, automóvel (m)	**bil** (f)	['bi'l]
carro (m) esportivo	**sportsbil** (f)	['spɒːts͵bi'l]
limusine (f)	**limousine** (f)	[limu'siːnə]
todo o terreno (m)	**terrænbil** (f)	[ta'ʁaŋ͵bi'l]
conversível (m)	**cabriolet** (f)	[kabʁio'lɛ]
minibus (m)	**minibus** (f)	['mini͵bus]
ambulância (f)	**ambulance** (f)	[ɑmbu'lɑŋsə]
limpa-neve (m)	**sneplov** (f)	['sne͵plɒw']
caminhão (m)	**lastbil** (f)	['last͵bi'l]
caminhão-tanque (m)	**tankbil** (f)	['taŋk͵bi'l]
perua, van (f)	**varevogn** (f)	['vɑːɑ͵vɒw'n]
caminhão-trator (m)	**trækker** (f)	['tʁakʌ]
reboque (m)	**påhængsvogn** (f)	['pʌhɛŋs͵vɒw'n]
confortável (adj)	**komfortabel**	[kʌmfɒ'tæ'bəl]
usado (adj)	**brugt**	['bʁɔgt]

147. Carros. Carroçaria

capô (m)	**motorhjelm** (f)	['moːtʌ͵jɛl'm]
para-choque (m)	**skærm** (f)	['skæɡ'm]
teto (m)	**tag** (i)	['tæ'j]
para-brisa (m)	**forrude** (f)	['fɒːʁuːðə]
retrovisor (m)	**bakspejl** (i)	['bak͵spɑj'l]
esguicho (m)	**sprinkler** (f)	['spʁɛŋklʌ]
limpadores (m) de para-brisas	**viskere** (f pl)	['veskʌə]
vidro (m) lateral	**siderude** (f)	['siːðə͵ʁuːðə]
elevador (m) do vidro	**rudeoptræk** (i)	['ʁuːðə 'ʌp͵tʁak]
antena (f)	**antenne** (f)	[an'tɛnə]
teto (m) solar	**soltag** (i)	['soːl͵tæ'j]
para-choque (m)	**kofanger** (f)	[ko'faŋʌ]
porta-malas (f)	**bagagerum** (i)	[ba'gæːɕə͵ʁɒm]
bagageira (f)	**tagbagagebærer** (f)	['taw ba'gæːɕə 'bɛːʌ]
porta (f)	**dør** (f)	['dœ'ɡ]
maçaneta (f)	**dørhåndtag** (i)	['dɶɡ͵hʌn'͵tæ'j]
fechadura (f)	**dørlås** (f)	['dɶɡ͵lɔ's]
placa (f)	**nummerplade** (f)	['nɔmʌ͵plæːðə]
silenciador (m)	**lyddæmper** (f)	['lyð͵dɛmpʌ]

tanque (m) de gasolina	benzintank (f)	[bɛnˈsinˌtɑŋˀk]
tubo (m) de exaustão	udstødningsrør (i)	[ˈuðˌstøðˀneŋs ˌʁœˀɐ̯]
acelerador (m)	gas (f)	[ˈgas]
pedal (m)	pedal (f)	[peˈdæˀl]
pedal (m) do acelerador	gaspedal (f)	[ˈgas peˈdæˀl]
freio (m)	bremse (f)	[ˈbʁamsə]
pedal (m) do freio	bremsepedal (f)	[ˈbʁamsə peˈdæˀl]
frear (vt)	at bremse	[ʌ ˈbʁamsə]
freio (m) de mão	håndbremse (f)	[ˈhʌnˌbʁamsə]
embreagem (f)	kobling (f)	[ˈkʌbleŋ]
pedal (m) da embreagem	koblingspedal (f)	[ˈkʌbleŋsˌpeˈdæˀl]
disco (m) de embreagem	koblingsplade (f)	[ˈkʌbleŋsˌplæːðə]
amortecedor (m)	støddæmper (f)	[ˈstøðˌdɛmpʌ]
roda (f)	hjul (i)	[ˈjuˀl]
pneu (m) estepe	reservehjul (i)	[ʁɛˈsæɐ̯vəjuˀl]
pneu (m)	dæk (i)	[ˈdɛk]
calota (f)	hjulkapsel (f)	[ˈjuːlˌkɑpsəl]
rodas (f pl) motrizes	drivhjul (i pl)	[ˈdʁiwjuˀl]
de tração dianteira	forhjulstrukket	[ˈfɔːjulsˌtʁɔkəð]
de tração traseira	baghjulstrukket	[ˈbɑwjulsˌtʁɔkəð]
de tração às 4 rodas	firehjulstrukket	[ˈfiɐ̯julsˌtʁɔkəð]
caixa (f) de mudanças	gearkasse (f)	[ˈgiɐ̯ˌkasə]
automático (adj)	automatisk	[ɑwtoˈmæˀtisk]
mecânico (adj)	mekanisk	[meˈkæˀnisk]
alavanca (f) de câmbio	gearstang (f)	[ˈgiɐ̯ˌstɑŋˀ]
farol (m)	forlygte (f)	[ˈfɔːˌløgtə]
faróis (m pl)	forlygter (f pl)	[ˈfɔːˌløgtʌ]
farol (m) baixo	nærlys (i)	[ˈnɛɐ̯ˌlyˀs]
farol (m) alto	fjernlys (i)	[ˈfjæɐ̯ˀnˌlyˀs]
luzes (f pl) de parada	stoplys (i)	[ˈstʌpˌlyˀs]
luzes (f pl) de posição	positionslys (i)	[posiˈɕonsˌlyˀs]
luzes (f pl) de emergência	havariblink (i pl)	[hɑvɑˈʁiˌbleŋˀk]
faróis (m pl) de neblina	tågelygter (f pl)	[ˈtɔːwəˌløgtʌ]
pisca-pisca (m)	blinklys (i)	[ˈbleŋkˌlyˀs]
luz (f) de marcha ré	baklys (i)	[ˈbɑkˌlyˀs]

148. Carros. Habitáculo

interior (do carro)	interiør (i), indretning (f)	[entæɐ̯iˈœːɐ̯], [ˈenˌʁatnen]
de couro	læder-	[ˈlɛðʌ-]
de veludo	velour-	[vəˈluːɐ̯-]
estofamento (m)	betræk (i)	[beˈtʁak]
indicador (m)	instrument (i)	[enstʁuˈmɛnˀt]
painel (m)	instrumentpanel (i)	[enstʁuˈmɛnˀt paˈneːl]

| velocímetro (m) | speedometer (i) | [spido'meˀtʌ] |
| ponteiro (m) | viser (f) | ['viːsʌ] |

hodômetro, odômetro (m)	kilometertæller (f)	[kilo'meˀtʌˌtɛlʌ]
indicador (m)	indikator (f)	[endi'kæːtʌ]
nível (m)	niveau (i)	[ni'vo]
luz (f) de aviso	advarselslampe (f)	['aðˌvɑːsəlsˌlɑmpə]

volante (m)	rat (i)	['ʁɑt]
buzina (f)	horn (i)	['hoɐ̯ˀn]
botão (m)	knap (f)	['knɑp]
interruptor (m)	omskifter (f)	['ʌmˌskiftʌ]

assento (m)	sæde (i)	['sɛːðə]
costas (f pl) do assento	ryglæn (i)	['ʁœɡˌlɛˀn]
cabeceira (f)	nakkestøtte (f)	['nɑkəˌstøtə]
cinto (m) de segurança	sikkerhedssele (f)	['sekʌˌheðs 'seːlə]
apertar o cinto	at spænde sikkerhedsselen	[ʌ 'spɛnə 'sekʌheðˀˌselən]
ajuste (m)	justering (f)	[ju'steˀɐ̯eŋ]

| airbag (m) | airbag (f) | ['ɛɐ̯ˌbæːg] |
| ar (m) condicionado | klimaanlæg (i) | ['kliːma'anˌlɛˀg] |

rádio (m)	radio (f)	['ʁɑˀdjo]
leitor (m) de CD	cd-afspiller (f)	[se'de 'ɑwˌspelˀʌ]
ligar (vt)	at tænde	[ʌ 'tɛnə]
antena (f)	antenne (f)	[an'tɛnə]
porta-luvas (m)	handskerum (i)	['hanskəˌʁɔmˀ]
cinzeiro (m)	askebæger (i)	['askəˌbɛːjʌ]

149. Carros. Motor

motor (m)	motor (f)	['moːtʌ]
a diesel	diesel-	['disəl-]
a gasolina	benzin-	[bɛn'sin-]

cilindrada (f)	motorvolumen (i, f)	['moːtʌ vo'luːmən]
potência (f)	styrke (f)	['styɐ̯kə]
cavalo (m) de potência	hestekraft (f)	['hɛstəˌkʁɑft]
pistão (m)	stempel (i)	['stɛmˀpəl]
cilindro (m)	cylinder (f)	[sy'lenˀdʌ]
válvula (f)	ventil (f)	[vɛn'tiˀl]

injetor (m)	injektor (f)	[en'jɛktʌ]
gerador (m)	generator (f)	[genə'ʁɑːtʌ]
carburador (m)	karburator (f)	[kɑbu'ʁɑːtʌ]
óleo (m) de motor	motorolie (f)	['moːtʌˌoljə]

radiador (m)	radiator (f)	[ʁɑdi'æːtʌ]
líquido (m) de arrefecimento	kølervæske (f)	['køːlʌˌvɛskə]
ventilador (m)	ventilator (f)	[vɛnti'læːtʌ]

| bateria (f) | batteri (i) | [batʌ'ʁiˀ] |
| dispositivo (m) de arranque | starter (f) | ['stɑːtʌ] |

ignição (f)	tænding (f)	['tɛnɛŋ]
vela (f) de ignição	tændrør (i)	['tɛnˌʁɶˀɐ̯]

terminal (m)	klemme (f)	['klɛmə]
terminal (m) positivo	plusklemme (f)	['plusˌklɛmə]
terminal (m) negativo	minusklemme (f)	['miːnusˌklɛmə]
fusível (m)	sikring (f)	['sekʁɛŋ]

filtro (m) de ar	luftfilter (i)	['lɔftˌfilˀtʌ]
filtro (m) de óleo	oliefilter (i)	['oljəˌfilˀtʌ]
filtro (m) de combustível	brændselsfilter (i)	['bʁanˀsəlˌfilˀtʌ]

150. Carros. Batidas. Reparação

acidente (m) de carro	bilulykke (f)	['bil 'uˌløkə]
acidente (m) rodoviário	færdselsuheld (i)	['fæɐ̯səlsˌuhɛlˀ]
bater (~ num muro)	at køre ind i ...	[ʌ 'køːʌ en i ...]
sofrer um acidente	at havarere	[ʌ havɑ'ʁɛˀʌ]
dano (m)	skade (f)	['skæːðə]
intato	uskadt	['uˌskat]

pane (f)	havari (i)	[havɑ'ʁiˀ]
avariar (vi)	at bryde sammen	[ʌ 'bʁyːðə 'samˀən]
cabo (m) de reboque	slæbetov (i)	['slɛːbəˌtɔw]

furo (m)	punktering (f)	[pɔŋ'teˀʁeŋ]
estar furado	at være punkteret	[ʌ 'vɛːʌ pɔŋ'teˀʌð]
encher (vt)	at pumpe op	[ʌ 'pɔmpə ʌp]
pressão (f)	tryk (i)	['tʁɶk]
verificar (vt)	at tjekke	[ʌ 'tjɛkə]

reparo (m)	reparation (f)	[ʁepʁɑ'ɕoˀn]
oficina (f) automotiva	bilværksted (i)	['bil 'væɐ̯kˌstɛð]
peça (f) de reposição	reservedel (f)	[ʁɛ'sæɐ̯vəˌdeˀl]
peça (f)	del (f)	['deˀl]

parafuso (com porca)	bolt (f)	['bʌlˀt]
parafuso (m)	skrue (f)	['skʁuːə]
porca (f)	møtrik (f)	['møtʁɛk]
arruela (f)	spændskive (f)	['sbɛnˌskiːvə]
rolamento (m)	leje (i)	['lɑjə]

tubo (m)	rør (i)	['ʁɶˀɐ̯]
junta, gaxeta (f)	pakning (f)	['paknɛŋ]
fio, cabo (m)	ledning (f)	['leðnɛŋ]

macaco (m)	donkraft (f)	['dɔnˌkʁɑft]
chave (f) de boca	skruenøgle (f)	['skʁuːəˌnʌjlə]
martelo (m)	hammer (f)	['hamʌ]
bomba (f)	pumpe (f)	['pɔmpə]
chave (f) de fenda	skruetrækker (f)	['skʁuːəˌtʁakʌ]

extintor (m)	brandslukker (f)	['bʁanˌslɔkʌ]
triângulo (m) de emergência	advarselstrekant (f)	['aðˌvaːsəls 'tʁɛˌkanˀt]

morrer (motor)	at gå i stå	[ʌ gɔˀ i 'stɔˀ]
paragem, "morte" (f)	stå (f), stop (i)	['stɔˀ], ['stʌp]
estar quebrado	at være ødelagt	[ʌ 'vɛːʌ 'øːðəˌlɑgt]

superaquecer-se (vr)	at blive overophedet	[ʌ 'bliːə 'ɒwʌ 'ʌbˌheˀðət]
entupir-se (vr)	at blive tilstoppet	[ʌ 'bliːə tel'stʌpəð]
congelar-se (vr)	at fryse	[ʌ 'fʁyːsə]
rebentar (vi)	at sprække, at briste	[ʌ 'spʁakə], [ʌ 'bʁɛstə]

pressão (f)	tryk (i)	['tʁœk]
nível (m)	niveau (i)	[ni'vo]
frouxo (adj)	slap	['slɑp]

batida (f)	bule (f)	['buːlə]
ruído (m)	bankelyd (f)	['bɑŋkəˌlyðˀ]
fissura (f)	sprække (f)	['spʁakə]
arranhão (m)	ridse (f)	['ʁisə]

151. Carros. Estrada

estrada (f)	vej (f)	['vɑjˀ]
autoestrada (f)	hovedvej (f)	['hoːəðˌvɑjˀ]
rodovia (f)	motorvej (f)	['moːtʌˌvɑjˀ]
direção (f)	retning (f)	['ʁatneŋ]
distância (f)	afstand (f)	['awˌstanˀ]

ponte (f)	bro (f)	['bʁoˀ]
parque (m) de estacionamento	parkeringsplads (f)	[pɑ'keˀɡeŋsˌplas]
praça (f)	torv (i)	['tɒˀw]
nó (m) rodoviário	motorvejskryds (i)	['moːtʌvɑjˌkʁys]
túnel (m)	tunnel (f)	['tɔnˀəl]

posto (m) de gasolina	tankstation (f)	['tɑŋk sta'ɕˀon]
parque (m) de estacionamento	parkeringsplads (f)	[pɑ'keˀɡeŋsˌplas]
bomba (f) de gasolina	benzinpumpe (f)	[bɛn'sinˌpɒmpə]
oficina (f) automotiva	bilværksted (i)	['bil 'væɡkˌstɛð]
abastecer (vt)	at tanke op	[ʌ 'tɑŋkə ʌp]
combustível (m)	brændstof (i)	['bʁanˌstʌf]
galão (m) de gasolina	dunk (f)	['dɔŋˀk]

asfalto (m)	asfalt (f)	['asˌfalˀt]
marcação (f) de estradas	vejafmærkning (f)	['vɑj 'awˌmæɡkneŋ]
meio-fio (m)	fortovskant (f)	['fɒːtɒwsˌkanˀt]
guard-rail (m)	autoværn (i)	['awtoˌvæɡˀn]
valeta (f)	vejgrøft (f)	['vɑjˌgʁœft]
acostamento (m)	vejkant (f)	['vɑjˌkanˀt]
poste (m) de luz	lygtepæl (f)	['løgtəˌpɛˀl]

dirigir (vt)	at køre	[ʌ 'køːʌ]
virar (~ para a direita)	at svinge	[ʌ 'sveŋə]
dar retorno	at lave en U-vending	[ʌ 'læːvə en 'uˀˌvɛneŋ]
ré (f)	bakgear (i)	['bɑkˌgiˀ]
buzinar (vi)	at dytte	[ʌ 'dytə]
buzina (f)	dyt (i)	['dyt]

atolar-se (vr)	at køre fast	[ʌ 'køːʌ 'fast]
patinar (na lama)	at spinne, at spinde	[ʌ 'spenə]
desligar (vt)	at standse	[ʌ 'stansə]

velocidade (f)	hastighed (f)	['hastiˌheðˀ]
exceder a velocidade	at overskride fartgrænsen	[ʌ 'ɒwʌˌskʁiðˀə 'fɑtˌgʁansən]
multar (vt)	at give en bøde	[ʌ 'giˀ en 'bøːðə]
semáforo (m)	trafiklys (i)	[tʁɑ'fikˌlyˀs]
carteira (f) de motorista	kørekort (i)	['køːʌˌkɒːt]

passagem (f) de nível	overskæring (f)	['ɒwʌˌskɛˀɰeŋ]
cruzamento (m)	kryds (i, f)	['kʁys]
faixa (f)	fodgængerovergang (f)	['foðgɛŋʌ 'ɒwʌˌgɑŋˀ]
curva (f)	kurve (f)	['kuɰwə]
zona (f) de pedestres	gågade (f)	['gɔːˌgæːðə]

PESSOAS. EVENTOS

Eventos

152. Férias. Evento

festa (f)	fest (f)	['fɛst]
feriado (m) nacional	nationaldag (f)	[naɕo'næ'l̩ˌdæ']
feriado (m)	festdag (f)	['fɛstˌdæ']
festejar (vt)	at fejre	[ʌ 'fɑjʁʌ]
evento (festa, etc.)	begivenhed (f)	[be'gi'vənˌheð']
evento (banquete, etc.)	arrangement (i)	[aɑŋɕə'maŋ]
banquete (m)	banket (f)	[baŋ'kɛt]
recepção (f)	reception (f)	[ʁɛsəp'ɕo'n]
festim (m)	fest (f)	['fɛst]
aniversário (m)	årsdag (f)	['ɒ'sˌdæ']
jubileu (m)	jubilæum (i)	[jubi'lɛ:ɔm]
celebrar (vt)	at fejre	[ʌ 'fɑjʁʌ]
Ano (m) Novo	nytår (i)	['nytˌɒ']
Feliz Ano Novo!	Godt nytår!	['gʌt 'nytˌɒ']
Papai Noel (m)	Julemanden	['ju:ləˌman']
Natal (m)	jul (f)	['ju'l]
Feliz Natal!	Glædelig Jul!, God Jul!	['glɛ:ðəli 'ju'l], [goð 'ju'l]
árvore (f) de Natal	juletræ (i)	['ju:ləˌtʁɛ']
fogos (m pl) de artifício	fyrværkeri (i)	[fyɐ̯vægkʌ'ʁi']
casamento (m)	bryllup (i)	['bʁœlʌp]
noivo (m)	brudgom (f)	['bʁuðˌgʌm']
noiva (f)	brud (f)	['bʁuð]
convidar (vt)	at indbyde, at invitere	[ʌ 'enˌby'ðə], [ʌ envi'te'ʌ]
convite (m)	indbydelse (f)	[en'by'ðəlsə]
convidado (m)	gæst (f)	['gɛst]
visitar (vt)	at besøge	[ʌ be'sø'jə]
receber os convidados	at hilse på gæsterne	[ʌ 'hilsə pɔ 'gɛstɐ̯nə]
presente (m)	gave (f)	['gæ:və]
oferecer, dar (vt)	at give	[ʌ 'gi']
receber presentes	at få gaver	[ʌ 'fɔ' 'gæ:və]
buquê (m) de flores	buket (f)	[bu'kɛt]
felicitações (f pl)	lykønskning (f)	['løkˌøn'sknɛŋ]
felicitar (vt)	at gratulere	[ʌ gʁatu'le'ʌ]
cartão (m) de parabéns	lykønskningskort (i)	['løkˌøn'sknɛŋs 'kɒ:t]

enviar um cartão postal	at sende et postkort	[ʌ 'sɛnə et 'pʌst‚kɒ:t]
receber um cartão postal	at få et postkort	[ʌ 'fɔ' et 'pʌst‚kɒ:t]

brinde (m)	skål (f)	['skɔ'l]
oferecer (vt)	at byde på	[ʌ 'by:ðə pɔ']
champanhe (m)	champagne (f)	[ɕɑm'panjə]

divertir-se (vr)	at more sig	[ʌ 'mo:ʌ sɑj]
diversão (f)	munterhed (f)	['mɔntʌ‚heð']
alegria (f)	glæde (f)	['glɛ:ðə]

dança (f)	dans (f)	['dan's]
dançar (vi)	at danse	[ʌ 'dansə]

valsa (f)	vals (f)	['val's]
tango (m)	tango (f)	['taŋgo]

153. Funerais. Enterro

cemitério (m)	kirkegård (f)	['kiɐ̯kə‚gɒ']
sepultura (f), túmulo (m)	grav (f)	['gʁɑ'w]
cruz (f)	kors (i)	['kɒ:s]
lápide (f)	gravsten (f)	['gʁɑw‚ste'n]
cerca (f)	hegn (i)	['hɑj'n]
capela (f)	kapel (i)	[ka'pɛl']

morte (f)	død (f)	['døð']
morrer (vi)	at dø	[ʌ 'dø']
defunto (m)	den afdøde	[dən ɑw'dø:ðə]
luto (m)	sorg (f)	['sɒ'w]

enterrar, sepultar (vt)	at begrave	[ʌ be'gʁɑ'və]
funerária (f)	begravelseskontor (i)	[be'gʁɑ'wəlsəs kɔn'to'ɐ̯]
funeral (m)	begravelse (f)	[be'gʁɑ'wəlsə]

coroa (f) de flores	krans (f)	['kʁɑn's]
caixão (m)	ligkiste (f)	['li:‚ki:stə]
carro (m) funerário	rustvogn (f)	['ʁɔst‚vɒw'n]
mortalha (f)	ligklæde (i)	['li:‚klɛ:ðə]

procissão (f) funerária	sørgetog (i)	['sœɐ̯wə‚tɔ'w]
urna (f) funerária	urne (f)	['uɐ̯nə]
crematório (m)	krematorium (i)	[kʁɛma'to'ɐ̯iɔm]

obituário (m), necrologia (f)	nekrolog (f)	[nekʁo'lo']
chorar (vi)	at græde	[ʌ 'gʁɑ:ðə]
soluçar (vi)	at hulke	[ʌ 'hulkə]

154. Guerra. Soldados

pelotão (m)	deling (f)	['de:leŋ]
companhia (f)	kompagni (i)	[kɔmpa'ni']

regimento (m)	regiment (i)	[ʁɛgi'mɛn'ʔt]
exército (m)	hær (f)	['hɛ'ɐ̯]
divisão (f)	division (f)	[divi'ɕoʔn]
esquadrão (m)	trop (f), afdeling (f)	['tʁʌp], ['ɑwˌdeʔleŋ]
hoste (f)	hær (f)	['hɛ'ɐ̯]
soldado (m)	soldat (f)	[sol'dæʔt]
oficial (m)	officer (f)	[ʌfi'se'ɐ̯]
soldado (m) raso	menig (f)	['meːni]
sargento (m)	sergent (f)	[sæɐ̯'ɕanʔt]
tenente (m)	løjtnant (f)	['lʌjtˌnanʔt]
capitão (m)	kaptajn (f)	[kɑp'tɑjʔn]
major (m)	major (f)	[ma'joʔɐ̯]
coronel (m)	oberst (f)	['oʔbʌst]
general (m)	general (f)	[genə'ʁɑʔl]
marujo (m)	sømand (f)	['søˌmanʔ]
capitão (m)	kaptajn (f)	[kɑp'tɑjʔn]
contramestre (m)	bådsmand (f)	['bɔðsˌmanʔ]
artilheiro (m)	artillerist (f)	[ˌɑːtelʌ'ʁist]
soldado (m) paraquedista	faldskærmsjæger (f)	['falˌskæɐ̯'msˌjɛːjʌ]
piloto (m)	flyver (f)	['flyːvʌ]
navegador (m)	styrmand (f)	['styɐ̯ˌmanʔ]
mecânico (m)	mekaniker (f)	[me'kæʔnikʌ]
sapador-mineiro (m)	pioner (f)	[pio'neʔɐ̯]
paraquedista (m)	faldskærmsudspringer (f)	['falˌskæɐ̯'ms 'uðˌspʁɛŋʌ]
explorador (m)	opklaringssoldat (f)	['ʌpˌklɑʔeŋs sol'dæʔt]
atirador (m) de tocaia	snigskytte (f)	['sniːˌskøtə]
patrulha (f)	patrulje (f)	[pa'tʁuljə]
patrulhar (vt)	at patruljere	[ʌ patʁul'jeʔʌ]
sentinela (f)	vagt (f)	['vɑgt]
guerreiro (m)	kriger (f)	['kʁiʔʌ]
patriota (m)	patriot (f)	[patʁi'oʔt]
herói (m)	helt (f)	['hɛlʔt]
heroína (f)	heltinde (f)	[hɛlt'enə]
traidor (m)	forræder (f)	[fʌ'ʁaðʔʌ]
trair (vt)	at forråde	[ʌ fʌ'ʁɔʔðə]
desertor (m)	desertør (f)	[desæɐ̯'tøʔɐ̯]
desertar (vt)	at desertere	[ʌ desæɐ̯'teʔʌ]
mercenário (m)	lejesoldat (f)	['lajə sol'dæʔt]
recruta (m)	rekrut (f)	[ʁɛ'kʁut]
voluntário (m)	frivillig (f)	['fʁiˌvilʔi]
morto (m)	dræbt (f)	['dʁabt]
ferido (m)	såret (f)	['sɒːʌð]
prisioneiro (m) de guerra	fange (f)	['faŋə]

155. Guerra. Ações militares. Parte 1

guerra (f)	krig (f)	['kʁiʔ]
guerrear (vt)	at være i krig	[ʌ 'vɛːʌ i kʁiʔ]
guerra (f) civil	borgerkrig (f)	['bɒːwʌˌkʁiʔ]

perfidamente	troløst, forræderisk	['tʁoˌløʔs], [fʌ'ʁaðˀʌʁisk]
declaração (f) de guerra	krigserklæring (f)	[ˌkʁis æɐ̯'klɛʔɐ̯eŋ]
declarar guerra	at erklære	[ʌ æɐ̯'klɛʔʌ]
agressão (f)	aggression (f)	[ɑgʁɐ'ɕoʔn]
atacar (vt)	at angribe	[ʌ 'anˌgʁiʔbə]

invadir (vt)	at invadere	[ʌ enva'deʔʌ]
invasor (m)	angriber (f)	['anˌgʁiʔbʌ]
conquistador (m)	erobrer (f)	[e'ʁoʔbʁʌ]

defesa (f)	forsvar (i)	['fɒːˌsvɑʔ]
defender (vt)	at forsvare	[ʌ fʌ'svɑʔɑ]
defender-se (vr)	at forsvare sig	[ʌ fʌ'svɑʔɑ sɑj]

inimigo (m)	fjende (f)	['fjɛnə]
adversário (m)	modstander (f)	['moðˌstanʔʌ]
inimigo (adj)	fjendtlig	['fjɛntli]

| estratégia (f) | strategi (f) | [stʁɑtə'giʔ] |
| tática (f) | taktik (f) | [tɑk'tik] |

ordem (f)	ordre (f)	['ɒʔdʁʌ]
comando (m)	ordre (f), kommando (i, f)	['ɒʔdʁʌ], [ko'mando]
ordenar (vt)	at beordre	[ʌ be'ɒʔdʁʌ]
missão (f)	mission (f)	[mi'ɕoʔn]
secreto (adj)	hemmelig	['hɛməli]

batalha (f)	batalje (f)	[ba'taljə]
batalha (f)	slag (i)	['slæʔj]
combate (m)	kamp (f)	['kɑmʔp]

ataque (m)	angreb (i)	['anˌgʁɛʔb]
assalto (m)	storm (f)	['stɒʔm]
assaltar (vt)	at storme	[ʌ 'stɒːmə]
assédio, sítio (m)	belejring (f)	[be'lɑjʔʁeŋ]

| ofensiva (f) | offensiv (f), angreb (i) | ['ʌfənˌsiwʔ], ['anˌgʁɛʔb] |
| tomar à ofensiva | at angribe | [ʌ 'anˌgʁiʔbə] |

| retirada (f) | retræte (f) | [ʁɛ'tʁɛːtə] |
| retirar-se (vr) | at retirere | [ʌ ʁɛti'ʁɛʔʌ] |

| cerco (m) | omringning (f) | ['ʌmˌʁɛŋneŋ] |
| cercar (vt) | at omringe | [ʌ 'ʌmˌʁɛŋʔə] |

bombardeio (m)	bombning (f)	['bɒmbneŋ]
lançar uma bomba	at droppe en bombe	[ʌ 'dʁʌpə en 'bɒmbə]
bombardear (vt)	at bombardere	[ʌ bɒmbɑ'deʔʌ]
explosão (f)	eksplosion (f)	[ɛksplo'ɕoʔn]

tiro (m)	skud (i)	['skuð]
dar um tiro	at skyde	[ʌ 'sky:ðə]
tiroteio (m)	skydning (f)	['skyðnen]

apontar para ...	at sigte på ...	[ʌ 'segtə pɔˀ ...]
apontar (vt)	at rette ind	[ʌ 'ʁatə enˀ]
acertar (vt)	at træffe	[ʌ 'tʁafə]

afundar (~ um navio, etc.)	at sænke	[ʌ 'sɛŋkə]
brecha (f)	hul (i)	['hɔl]
afundar-se (vr)	at synke	[ʌ 'søŋkə]

frente (m)	front (f)	['fʁʌnˀt]
evacuação (f)	evakuering (f)	[evaku'eˀʁen]
evacuar (vt)	at evakuere	[ʌ evaku'eˀʌ]

trincheira (f)	skyttegrav (f)	['skøtə,gʁɑˀw]
arame (m) enfarpado	pigtråd (f)	['pig,tʁɔˀð]
barreira (f) anti-tanque	afspærring (f)	['aw,spæɐ̯ˀen]
torre (f) de vigia	vagttårn (i)	['vagt,tɔˀn]

hospital (m) militar	militærsygehus (i)	[mili'tɛɐ̯ 'sy:ə,huˀs]
ferir (vt)	at såre	[ʌ 'sɒ:ɒ]
ferida (f)	sår (i)	['sɒˀ]
ferido (m)	såret (f)	['sɒ:ʌð]
ficar ferido	at blive såret	[ʌ 'bli:ə 'sɒ:ʌð]
grave (ferida ~)	alvorlig	[al'vɒˀli]

156. Armas

arma (f)	våben (i)	['vɔˀbən]
arma (f) de fogo	skydevåben (i)	['sky:ðə,vɔˀbən]
arma (f) branca	blankvåben (i)	['blɑŋkə,vɔˀbən]

arma (f) química	kemisk våben (i)	['keˀmisk ,vɔˀbən]
nuclear (adj)	kerne-, atom-	['kæɐ̯nə-], [a'tom-]
arma (f) nuclear	kernevåben (i)	['kæɐ̯nə,vɔˀbən]

bomba (f)	bombe (f)	['bɔmbə]
bomba (f) atômica	atombombe (f)	[a'toˀm,bɔmbə]

pistola (f)	pistol (f)	[pi'stoˀl]
rifle (m)	gevær (i)	[ge'vɛˀɐ̯]
semi-automática (f)	maskinpistol (f)	[ma'ski:n pi'stoˀl]
metralhadora (f)	maskingevær (i)	[ma'ski:n ge'vɛˀɐ̯]

boca (f)	munding (f)	['monen]
cano (m)	løb (i)	['løˀb]
calibre (m)	kaliber (i, f)	[ka'liˀbʌ]

gatilho (m)	aftrækker (f)	['aw,tʁakʌ]
mira (f)	sigte (i)	['segtə]
carregador (m)	magasin (i)	[mɑga'siˀn]
coronha (f)	kolbe (f)	['kʌlbə]

145

granada (f) de mão	håndgranat (f)	['hʌn gʁɑ'næˀt]
explosivo (m)	sprængstof (i)	['spʁaŋˌstʌf]
bala (f)	kugle (f)	['ku:lə]
cartucho (m)	patron (f)	[pa'tʁoˀn]
carga (f)	ladning (f)	['laðneŋ]
munições (f pl)	ammunition (f)	[ɑmuni'ɕoˀn]
bombardeiro (m)	bombefly (i)	['bɔmbəˌflyˀ]
avião (m) de caça	jagerfly (i)	['jɛ:jəˌflyˀ]
helicóptero (m)	helikopter (f)	[hɛli'kʌptʌ]
canhão (m) antiaéreo	luftværnskanon (f)	['lɔftvægns ka'noˀn]
tanque (m)	kampvogn (f)	['kɑmpˌvɒˀwn]
canhão (de um tanque)	kanon (f)	[ka'noˀn]
artilharia (f)	artilleri (i)	[ˌɑ:telʌ'ʁiˀ]
canhão (m)	kanon (f)	[ka'noˀn]
fazer a pontaria	at rette ind	[ʌ 'ʁatə enˀ]
projétil (m)	projektil (i)	[pʁoɕɛk'tiˀl]
granada (f) de morteiro	mortergranat (f)	[mɒ'teɡ̊ gʁɑ'næˀt]
morteiro (m)	morter (f)	[mɒ'teˀɡ̊]
estilhaço (m)	splint (f)	['splenˀt]
submarino (m)	u-båd (f)	['u'ˌbɔð]
torpedo (m)	torpedo (f)	[tɒ'pe:do]
míssil (m)	missil (i)	[mi'siˀl]
carregar (uma arma)	at lade	[ʌ 'læ:ðə]
disparar, atirar (vi)	at skyde	[ʌ 'sky:ðə]
apontar para ...	at sigte på ...	[ʌ 'segtə pɔˀ ...]
baioneta (f)	bajonet (f)	[bɑjo'nɛt]
espada (f)	kårde (f)	['kɒˀʌ]
sabre (m)	sabel (f)	['sæˀbəl]
lança (f)	spyd (i)	['spyð]
arco (m)	bue (f)	['bu:ə]
flecha (f)	pil (f)	['piˀl]
mosquete (m)	musket (f)	[mu'skɛt]
besta (f)	armbrøst (f)	['ɑˀmˌbʁœst]

157. Povos da antiguidade

primitivo (adj)	fortids-	['fɔːtiðs-]
pré-histórico (adj)	forhistorisk	['fɔ:hi'stoˀɡisk]
antigo (adj)	oldtids-, antik	['ʌlˌtiðs-], [an'tik]
Idade (f) da Pedra	Stenalderen	['ste:nˌalˀʌən]
Idade (f) do Bronze	Bronzealder (f)	['bʁʌŋsəˌalˀʌ]
Era (f) do Gelo	istid (f), glacialtid (f)	['isˌtiðˀ], [gla'ɕælˌtiðˀ]
tribo (f)	stamme (f)	['stɑmə]
canibal (m)	kannibal (f)	[kani'bæˀl]

caçador (m)	jæger (f)	['jɛːjʌ]
caçar (vi)	at jage	[ʌ 'jæːjə]
mamute (m)	mammut (f)	['mɑmut]

caverna (f)	grotte (f)	['gʁʌtə]
fogo (m)	ild (f)	['ilˀ]
fogueira (f)	bål (i)	['bɔˀl]
pintura (f) rupestre	helleristning (f)	['hɛlə‚ʁɛstneŋ]

ferramenta (f)	redskab (i)	['ʁɛð‚skæˀb]
lança (f)	spyd (i)	['spyð]
machado (m) de pedra	stenøkse (f)	['steːn‚øksə]
guerrear (vt)	at være i krig	[ʌ 'vɛːʌ i kʁiˀ]
domesticar (vt)	at tæmme	[ʌ 'tɛmə]

ídolo (m)	idol (i)	[i'doˀl]
adorar, venerar (vt)	at dyrke	[ʌ 'dyɐ̯kə]
superstição (f)	overtro (f)	['ɒwʌ‚tʁoˀ]
ritual (m)	ritus (f), rite (f)	['ʁitus], ['ʁitə]

evolução (f)	evolution (f)	[evolu'ɕoˀn]
desenvolvimento (m)	udvikling (f)	['uð‚vekleŋ]
extinção (f)	forsvinden (f)	[fʌ'svenən]
adaptar-se (vr)	at tilpasse sig	[ʌ 'tel‚pasə saj]

arqueologia (f)	arkæologi (f)	[‚ɑːkɛolo'giˀ]
arqueólogo (m)	arkæolog (f)	[‚ɑːkɛo'loˀ]
arqueológico (adj)	arkæologisk	[‚ɑːkɛo'loˀisk]

escavação (sítio)	udgravningssted (i)	['uð‚gʁɑwˀneŋs ‚stɛð]
escavações (f pl)	udgravninger (f pl)	['uð‚gʁɑwˀneŋʌ]
achado (m)	fund (i)	['fonˀ]
fragmento (m)	fragment (i)	[fʁag'mɛnˀt]

158. Idade média

povo (m)	folk (i)	['fʌlˀk]
povos (m pl)	folk (i pl)	['fʌlˀk]
tribo (f)	stamme (f)	['stɑmə]
tribos (f pl)	stammer (f pl)	['stɑmʌ]

bárbaros (pl)	barbarer (pl)	[bɑ'bɑˀʌ]
galeses (pl)	gallere (pl)	['galɒˀʌ]
godos (pl)	gotere (pl)	['goˀtɒˀʌ]
eslavos (pl)	slaver (pl)	['slæˀvʌ]
viquingues (pl)	vikinger (pl)	['vikeŋʌ]

| romanos (pl) | romere (pl) | ['ʁoːmeˀʌ] |
| romano (adj) | romersk | ['ʁoˀmʌsk] |

bizantinos (pl)	byzantinere (pl)	[bysan'tiˀneʌ]
Bizâncio	Byzans	[by'sans]
bizantino (adj)	byzantinsk	[bysan'tiˀnsk]
imperador (m)	kejser (f)	['kɑjsʌ]

líder (m)	høvding (f)	['hœwdeŋ]
poderoso (adj)	mægtig, magtfuld	['mɛgti], ['mɑgt̩ful̩ʔ]
rei (m)	konge (f)	['kʌŋə]
governante (m)	hersker (f)	['hæɐ̯skʌ]

cavaleiro (m)	ridder (f)	['ʁiðʔʌ]
senhor feudal (m)	feudalherre (f)	[fœw'dæl̩ˌhæʔʌ]
feudal (adj)	feudal	[fœw'dæʔl]
vassalo (m)	vasal (f)	[va'salʔ]

duque (m)	hertug (f)	['hæɐ̯tu]
conde (m)	greve (f)	['gʁɛːvə]
barão (m)	baron (f)	[bɑ'ʁoʔn]
bispo (m)	biskop (f)	['biskʌp]

armadura (f)	rustning (f)	['ʁɔstneŋ]
escudo (m)	skjold (i, f)	['skjʌlʔ]
espada (f)	sværd (i)	['svɛʔg̊]
viseira (f)	visir (i)	[vi'siɐ̯ʔ]
cota (f) de malha	ringbrynje (f)	['ʁɛŋˌbʁynjə]

| cruzada (f) | korstog (i) | ['kɔːsˌtɔʔw] |
| cruzado (m) | korsfarer (f) | ['kɔːsˌfɑːɑ] |

território (m)	territorium (i)	[tæɐ̯i'toʔjɔm]
atacar (vt)	at angribe	[ʌ 'anˌgʁiʔbə]
conquistar (vt)	at erobre	[ʌ e'ʁoʔbʁʌ]
ocupar, invadir (vt)	at okkupere	[ʌ oku'peʔʌ]

assédio, sítio (m)	belejring (f)	[be'lɑjʔʁeŋ]
sitiado (adj)	belejret	[be'lɑjʔʁʌð]
assediar, sitiar (vt)	at belejre	[ʌ be'lɑjʔʁʌ]

inquisição (f)	inkvisition (f)	[enkvisi'ɕoʔn]
inquisidor (m)	inkvisitor (f)	[enkvi'sitʌ]
tortura (f)	tortur (f)	[tɔ'tuɐ̯ʔ]
cruel (adj)	brutal	[bʁu'tæʔl]
herege (m)	kætter (f)	['kɛtʌ]
heresia (f)	kætteri (i)	[kɛtʌ'ʁiʔ]

navegação (f) marítima	søfart (f)	['søˌfɑʔt]
pirata (m)	pirat, sørøver (f)	[pi'ʁɑʔt], ['søˌʁœː vʌ]
pirataria (f)	sørøveri (i)	['sø ʁœwʌ'ʁiʔ]
abordagem (f)	entring (f)	['ɑn̩tʁɛŋ]

| presa (f), butim (m) | bytte (i), fangst (f) | ['bytə], ['fɑŋʔst] |
| tesouros (m pl) | skatte (f pl) | ['skatə] |

descobrimento (m)	opdagelse (f)	['ʌpˌdæʔjəlsə]
descobrir (novas terras)	at opdage	[ʌ 'ʌpˌdæʔjə]
expedição (f)	ekspedition (f)	[ɛkspedi'ɕoʔn]

mosqueteiro (m)	musketer (f)	[muskə'teʔg̊]
cardeal (m)	kardinal (f)	[kɑdi'næʔl]
heráldica (f)	heraldik (f)	[heal'dik]
heráldico (adj)	heraldisk	[he'ʁaldisk]

159. Líder. Chefe. Autoridades

rei (m)	konge (f)	['kʌŋə]
rainha (f)	dronning (f)	['dʁʌneŋ]
real (adj)	kongelig	['kʌŋəli]
reino (m)	kongerige (i)	['kʌŋəˌʁiːə]
príncipe (m)	prins (f)	['pʁɛnˀs]
princesa (f)	prinsesse (f)	[pʁɛn'sɛsə]
presidente (m)	præsident (f)	[pʁɛsi'dɛnˀt]
vice-presidente (m)	vicepræsident (f)	['viːsə pʁɛsi'dɛnˀt]
senador (m)	senator (f)	[se'næːtʌ]
monarca (m)	monark (f)	[mo'nɑːk]
governante (m)	hersker (f)	['hæɐ̯skʌ]
ditador (m)	diktator (f)	[dik'tæːtʌ]
tirano (m)	tyran (f)	[ty'ʁɑnˀ]
magnata (m)	magnat (f)	[mɑw'næˀt]
diretor (m)	direktør (f)	[diɐ̯ek'tøˀɐ̯]
chefe (m)	chef (f)	['ɕɛˀf]
gerente (m)	forretningsfører (f)	[fʌ'ʁatneŋsˌføːʌ]
patrão (m)	boss (f)	['bʌs]
dono (m)	ejer (f)	['ajʌ]
líder (m)	leder (f)	['leːðʌ]
chefe (m)	leder (f)	['leːðʌ]
autoridades (f pl)	myndigheder (f pl)	['møndiˌheðˀʌ]
superiores (m pl)	overordnede (pl)	['ɒwʌˌɒˀdnəðə]
governador (m)	guvernør (f)	[guvʌ'nøˀɐ̯]
cônsul (m)	konsul (f)	['kʌnˌsuˀl]
diplomata (m)	diplomat (f)	[diplo'mæˀt]
Presidente (m) da Câmara	borgmester (f)	[bɒw'mɛstʌ]
xerife (m)	sherif (f)	[ɕe'ʁif]
imperador (m)	kejser (f)	['kajsʌ]
czar (m)	tsar (f)	['sɑˀ]
faraó (m)	farao (f)	['fɑːʁɑo]
cã, khan (m)	khan (f)	['kæˀn]

160. Violação da lei. Criminosos. Parte 1

bandido (m)	bandit (f)	[ban'dit]
crime (m)	forbrydelse (f)	[fʌ'bʁyðˀəlsə]
criminoso (m)	forbryder (f)	[fʌ'bʁyðˀʌ]
ladrão (m)	tyv (f)	['tywˀ]
roubar (vt)	at stjæle	[ʌ 'stjɛːlə]
furto, roubo (m)	tyveri (i)	[tywʌ'ʁiˀ]
raptar, sequestrar (vt)	at kidnappe	[ʌ 'kidˌnɑpə]
sequestro (m)	kidnapning (f)	['kidˌnɑpneŋ]

sequestrador (m)	kidnapper (f)	['kid‚nɑpʌ]
resgate (m)	løsepenge (pl)	['lø:sə‚pɛŋə]
pedir resgate	at kræve løsepenge	[ʌ 'kʁɛ:və 'lø:sə‚pɛŋə]

roubar (vt)	at røve	[ʌ 'ʁɶ:və]
assalto, roubo (m)	røveri (i)	[ʁɶwʌ'ʁi']
assaltante (m)	røver (f)	['ʁɶ:vʌ]

extorquir (vt)	at afpresse	[ʌ 'aw‚pʁasə]
extorsionário (m)	afpresser (f)	['aw‚pʁasʌ]
extorsão (f)	afpresning (f)	['aw‚pʁasneŋ]

matar, assassinar (vt)	at myrde	[ʌ 'myɐ̯də]
homicídio (m)	mord (i)	['mo'ɐ̯]
homicida, assassino (m)	morder (f)	['moɐ̯dʌ]

tiro (m)	skud (i)	['skuð]
dar um tiro	at skyde	[ʌ 'sky:ðə]
matar a tiro	at skyde ned	[ʌ 'sky:ðə 'neð']
disparar, atirar (vi)	at skyde	[ʌ 'sky:ðə]
tiroteio (m)	skydning (f)	['skyðneŋ]
incidente (m)	hændelse (f)	['hɛnəlsə]
briga (~ de rua)	slagsmål (i)	['slɑws‚mɔ'l]
Socorro!	Hjælp!	['jɛl'p]
vítima (f)	offer (i)	['ʌfʌ]

danificar (vt)	at skade	[ʌ 'skæ:ðə]
dano (m)	skade (f)	['skæ:ðə]
cadáver (m)	lig (i)	['li']
grave (adj)	alvorlig	[al'vɒ'li]

atacar (vt)	at anfalde	[ʌ 'ɒwʌ‚fal'ə]
bater (espancar)	at slå	[ʌ 'slɔ']
espancar (vt)	at tæske, at prygle	[ʌ 'tɛskə], [ʌ 'pʁy:lə]
tirar, roubar (dinheiro)	at berøve	[ʌ be'ʁɶ'və]
esfaquear (vt)	at stikke ihjel	[ʌ 'stekə i'jɛl]
mutilar (vt)	at lemlæste	[ʌ 'lɛm‚lɛstə]
ferir (vt)	at såre	[ʌ 'sɒ:ɒ]

chantagem (f)	afpresning (f)	['aw‚pʁasneŋ]
chantagear (vt)	at afpresse	[ʌ 'aw‚pʁasə]
chantagista (m)	afpresser (f)	['aw‚pʁasʌ]

extorsão (f)	afpresning (f)	['aw‚pʁasneŋ]
extorsionário (m)	afpresser (f)	['aw‚pʁasʌ]
gângster (m)	gangster (f)	['gæ:ŋstʌ]
máfia (f)	mafia (f)	['mɑfja]

punguista (m)	lommetyv (f)	['lʌmə‚tyw']
assaltante, ladrão (m)	indbrudstyv (f)	['enbʁuðs‚tyw']
contrabando (m)	smugleri (i)	[‚smu:lʌ'ʁi']
contrabandista (m)	smugler (f)	['smu:lʌ]

falsificação (f)	forfalskning (f)	[fʌ'fal'skneŋ]
falsificar (vt)	at forfalske	[ʌ fʌ'fal'skə]
falsificado (adj)	falsk	['fal'sk]

161. Violação da lei. Criminosos. Parte 2

estupro (m)	voldtægt (f)	['vʌlˌtɛgt]
estuprar (vt)	at voldtage	[ʌ 'vʌlˌtæˀ]
estuprador (m)	voldtægtsforbryder (f)	['vʌlˌtɛgts fʌ'bʁyð'ʌ]
maníaco (m)	maniker (f)	['manikʌ]
prostituta (f)	prostitueret (f)	[pʁostitu'e'ʌð]
prostituição (f)	prostitution (f)	[pʁostitu'ɕo'n]
cafetão (m)	alfons (f)	[al'fʌŋs]
drogado (m)	narkoman (f)	[nɑko'mæˀn]
traficante (m)	narkohandler (f)	['nɑ:koˌhanlʌ]
explodir (vt)	at sprænge	[ʌ 'spʁaŋə]
explosão (f)	eksplosion (f)	[ɛksplo'ɕo'n]
incendiar (vt)	at sætte ild	[ʌ 'sɛtə il']
incendiário (m)	brandstifter (f)	['bʁanˌsteftʌ]
terrorismo (m)	terrorisme (f)	[tæɐ̯ɒ'ʁismə]
terrorista (m)	terrorist (f)	[tæɐ̯ɒ'ʁist]
refém (m)	gidsel (i)	['gisəl]
enganar (vt)	at bedrage	[ʌ be'dʁɑˀwə]
engano (m)	bedrag (i)	[be'dʁɑˀw]
vigarista (m)	bedrager (f)	[be'dʁɑˀwʌ]
subornar (vt)	at bestikke	[ʌ be'stekə]
suborno (atividade)	bestikkelse (f)	[be'stekəlsə]
suborno (dinheiro)	bestikkelse (f)	[be'stekəlsə]
veneno (m)	gift (f)	['gift]
envenenar (vt)	at forgifte	[ʌ fʌ'giftə]
envenenar-se (vr)	at forgifte sig selv	[ʌ fʌ'giftə sɑj 'sɛl'v]
suicídio (m)	selvmord (i)	['sɛlˌmo'ɐ̯]
suicida (m)	selvmorder (f)	['sɛlˌmoɐ̯dʌ]
ameaçar (vt)	at true	[ʌ 'tʁu:ə]
ameaça (f)	trussel (f)	['tʁusəl]
atentar contra a vida de ...	at begå mordforsøg	[ʌ be'gɔˀ 'moɐ̯fʌˌsø'j]
atentado (m)	mordforsøg (i)	['moɐ̯fʌˌsø'j]
roubar (um carro)	at stjæle	[ʌ 'stjɛ:lə]
sequestrar (um avião)	at kapre	[ʌ 'kæ:pʁʌ]
vingança (f)	hævn (f)	['hɛwˀn]
vingar (vt)	at hævne	[ʌ 'hɛwnə]
torturar (vt)	at torturere	[ʌ tɒtu'ʁɛˀʌ]
tortura (f)	tortur (f)	[tɒ'tuɐ̯ˀ]
atormentar (vt)	at plage	[ʌ 'plæ:jə]
pirata (m)	pirat, sørøver (f)	[pi'ʁɑˀt], ['søˌʁœ:vʌ]
desordeiro (m)	bølle (f)	['bølə]

armado (adj)	bevæbnet	[be'vɛ'bnəð]
violência (f)	vold (f)	['vʌl']
ilegal (adj)	illegal, ulovlig	['ilə,gæ'l], [u'lɒw'li]

espionagem (f)	spionage (f)	[spio'næ:ɕə]
espionar (vi)	at spionere	[ʌ spio'ne'ʌ]

162. Polícia. Lei. Parte 1

justiça (sistema de ~)	justits, retspleje (f)	[ju'stits], ['ʁads,plɑjə]
tribunal (m)	retssal (f)	['ʁat,sæ'l]

juiz (m)	dommer (f)	['dʌmʌ]
jurados (m pl)	nævninger (pl)	['nɛwneɳʌ]
tribunal (m) do júri	nævningeting (i)	['nɛwneɳəteɳ']
julgar (vt)	at dømme	[ʌ 'dœmə]

advogado (m)	advokat (f)	[aðvo'kæ't]
réu (m)	anklagede (f)	['an,klæ'jəðə]
banco (m) dos réus	anklagebænk (f)	['an,klæjə,bɛɳ'k]

acusação (f)	anklage (f)	['an,klæ'jə]
acusado (m)	den anklagede	[dən 'an,klæ'jədə]

sentença (f)	dom (f)	['dʌm']
sentenciar (vt)	at dømme	[ʌ 'dœmə]

culpado (m)	skyldige (f)	['skyldiə]
punir (vt)	at straffe	[ʌ 'stʁɑfə]
punição (f)	straf (f), afstraffelse (f)	['stʁɑf], ['ɑw,stʁɑfəlsə]

multa (f)	bøde (f)	['bø:ðə]
prisão (f) perpétua	livsvarigt fængsel (i)	['liws,vɑ'igt 'fɛɳ'səl]
pena (f) de morte	dødsstraf (f)	['døðs,stʁɑf]
cadeira (f) elétrica	elektrisk stol (f)	[e'lɛktʁisk 'sto'l]
forca (f)	galge (f)	['galjə]

executar (vt)	at henrette	[ʌ 'hɛn,ʁatə]
execução (f)	henrettelse (f)	['hɛn,ʁatəlsə]

prisão (f)	fængsel (i)	['fɛɳ'səl]
cela (f) de prisão	celle (f)	['sɛlə]

escolta (f)	eskorte (f), konvoj (f)	[ɛs'kɒ:tə], [kʌn'vʌj']
guarda (m) prisional	fangevogter (f)	['faɳə,vʌgtʌ]
preso, prisioneiro (m)	fange (f)	['faɳə]

algemas (f pl)	håndjern (i pl)	['hʌn,jæɡ'n]
algemar (vt)	at sætte håndjern	[ʌ 'sɛtə 'hʌn,jæɡ'n]

fuga, evasão (f)	flugt (f)	['flɔgt]
fugir (vi)	at flygte	[ʌ 'fløgtə]
desaparecer (vi)	at forsvinde	[ʌ fʌ'sven'ə]
soltar, libertar (vt)	at løslade	[ʌ 'løs,læ:ðə]

anistia (f)	amnesti (i, f)	[ɑmnə'sti']
polícia (instituição)	politi (i)	[poli'ti']
polícia (m)	politibetjent (f)	[poli'ti be'tjɛn't]
delegacia (f) de polícia	politistation (f)	[poli'ti sta'ɕo'n]
cassetete (m)	gummiknippel (f)	['gomi‚knepəl]
megafone (m)	megafon (f)	[mega'fo'n]

carro (m) de patrulha	patruljebil (f)	[pa'tʁuljə‚bi'l]
sirene (f)	sirene (f)	[si'ʁɛ:nə]
ligar a sirene	at tænde for sirenen	[ʌ 'tɛnə fʌ si'ʁɛ:nən]
toque (m) da sirene	sirene hyl (i)	[si'ʁɛ:nə 'hy'l]

cena (f) do crime	åsted, gerningssted (i)	['ɔ'‚stɛð], ['gæɐ̯neŋs‚stɛð]
testemunha (f)	vidne (i)	['viðnə]
liberdade (f)	frihed (f)	['fʁi‚heð']
cúmplice (m)	medskyldig (f)	['mɛð‚skyldi]
escapar (vi)	at flygte	[ʌ 'fløgtə]
traço (não deixar ~s)	spor (i)	['spo'ɐ̯]

163. Polícia. Lei. Parte 2

procura (f)	eftersøgning (f)	['ɛftʌ‚søjneŋ]
procurar (vt)	at eftersøge ...	[ʌ 'ɛftʌ‚sø'jə ...]
suspeita (f)	mistanke (f)	['mis‚taŋkə]
suspeito (adj)	mistænkelig	[mis'tɛŋ'kəli]
parar (veículo, etc.)	at standse	[ʌ 'stansə]
deter (fazer parar)	at anholde	[ʌ 'an‚hʌl'ə]

caso (~ criminal)	sag (f)	['sæ'j]
investigação (f)	efterforskning (f)	['ɛftʌ‚fɔːskneŋ]
detetive (m)	detektiv, opdager (f)	[detek'tiw'], ['ʌp‚dæ'jʌ]
investigador (m)	efterforsker (f)	['ɛftʌ‚fɔːskʌ]
versão (f)	version (f)	[væɐ̯'ɕo'n]

motivo (m)	motiv (i)	[mo'tiw']
interrogatório (m)	forhør (i)	[fʌ'hø'ɐ̯]
interrogar (vt)	at forhøre	[ʌ fʌ'hø'ʌ]
questionar (vt)	at afhøre	[ʌ 'aw‚hø'ʌ]
verificação (f)	kontrol (f)	[kɔn'tʁʌl']

batida (f) policial	razzia (f)	['ʁadɕa]
busca (f)	ransagning (f)	['ʁan‚sæj'neŋ]
perseguição (f)	jagt (f)	['jagt]
perseguir (vt)	at forfølge	[ʌ fʌ'føl'jə]
seguir, rastrear (vt)	at spore	[ʌ 'spoː‚ʌ]

prisão (f)	arrestation (f)	[aasta'ɕo'n]
prender (vt)	at arrestere	[ʌ aa'ste'ʌ]
pegar, capturar (vt)	at fange	[ʌ 'faŋə]
captura (f)	pågribelse (f)	['pʌ‚gʁi'bəlsə]

documento (m)	dokument (i)	[doku'mɛn't]
prova (f)	bevis (i)	[be'vi' s]
provar (vt)	at bevise	[ʌ be'vi'sə]

pegada (f)	fodspor (i)	['foð‚spo'ɐ̯]
impressões (f pl) digitais	fingeraftryk (i pl)	['feŋˀʌ‚ɑwtʁœk]
prova (f)	bevis (i)	[be'viˀs]

álibi (m)	alibi (i)	[ali'biˀ]
inocente (adj)	uskyldig	[u'skylˀdi]
injustiça (f)	uretfærdighed (f)	[uʁat'fæɐ̯ˀdi‚heðˀ]
injusto (adj)	uretfærdig	[uʁat'fæɐ̯ˀdi]

criminal (adj)	kriminel	[kʁimi'nɛlˀ]
confiscar (vt)	at konfiskere	[ʌ kʌnfi'skeˀʌ]
droga (f)	narkotikum (i)	[nɑ'koˀtikɔm]
arma (f)	våben (i)	['vɔˀbən]
desarmar (vt)	at afvæbne	[ʌ 'ɑw‚vɛˀbnə]
ordenar (vt)	at befale	[ʌ be'fæˀlə]
desaparecer (vi)	at forsvinde	[ʌ fʌ'svenˀə]

lei (f)	lov (f)	['lɒw]
legal (adj)	lovlig	['lɒwli]
ilegal (adj)	ulovlig	[u'lɒwˀli]

| responsabilidade (f) | ansvar (i) | ['an‚svɑˀ] |
| responsável (adj) | ansvarlig | [an'svɑˀli] |

NATUREZA

A Terra. Parte 1

164. Espaço sideral

espaço, cosmo (m)	rummet, kosmos (i)	['ʁɔmet], ['kʌsmʌs]
espacial, cósmico (adj)	rum-	['ʁɔm-]
espaço (m) cósmico	ydre rum (i)	['yðʁʌ ʁɔmˀ]
mundo (m)	verden (f)	['væɐ̯dən]
universo (m)	univers (i)	[uni'væɐ̯s]
galáxia (f)	galakse (f)	[ga'lɑksə]
estrela (f)	stjerne (f)	['stjæɐ̯nə]
constelação (f)	stjernebillede (i)	['stjæɐ̯nə,beləðə]
planeta (m)	planet (f)	[pla'neˀt]
satélite (m)	satellit (f)	[satə'lit]
meteorito (m)	meteorit (f)	[meteo'ʁit]
cometa (m)	komet (f)	[ko'meˀt]
asteroide (m)	asteroide (f)	[astəʁo'iːðə]
órbita (f)	bane (f)	['bæːnə]
girar (vi)	at rotere	[ʌ ʁo'teˀʌ]
atmosfera (f)	atmosfære (f)	[atmo'sfɛːʌ]
Sol (m)	Solen	['soːlən]
Sistema (m) Solar	solsystem (i)	['soːl sy'steˀm]
eclipse (m) solar	solformørkelse (f)	['soːl fʌ'mœɐ̯kəlsə]
Terra (f)	Jorden	['jo'ɐ̯ən]
Lua (f)	Månen	['mɔːnən]
Marte (m)	Mars	['mɑˀs]
Vênus (f)	Venus	['veːnus]
Júpiter (m)	Jupiter	['jupitʌ]
Saturno (m)	Saturn	['sæ,tuɐ̯n]
Mercúrio (m)	Merkur	[mæɐ̯'kuɐ̯ˀ]
Urano (m)	Uranus	[u'ʁɑnus]
Netuno (m)	Neptun	[nɛp'tuˀn]
Plutão (m)	Pluto	['pluto]
Via Láctea (f)	Mælkevejen	['mɛlkə,vɑjən]
Ursa Maior (f)	Store Bjørn	['stoɐ̯ ,bjœɐ̯ˀn]
Estrela Polar (f)	Polarstjernen	[po'lɑ,stjæɐ̯nən]
marciano (m)	marsboer (f)	['mɑˀs,boˀʌ]
extraterrestre (m)	ikkejordisk væsen (i)	[,ekə'joɐ̯disk ,vɛˀsən]

alienígena (m)	rumvæsen (i)	['ʁɔmˌvɛˀsən]
disco (m) voador	flyvende tallerken (f)	['fly:vənə ta'læɐ̯kən]
espaçonave (f)	rumskib (i)	['ʁɔmˌskiˀb]
estação (f) orbital	rumstation (f)	['ʁɔm sta'ɕoˀn]
lançamento (m)	start (f)	['staˀt]
motor (m)	motor (f)	['moːtʌ]
bocal (m)	dyse (f)	['dysə]
combustível (m)	brændsel (i)	['bʁanˀsəl]
cabine (f)	cockpit (i)	['kʌkˌpit]
antena (f)	antenne (f)	[an'tɛnə]
vigia (f)	koøje (i)	['koˌʌjə]
bateria (f) solar	solbatteri (i)	['soːlbatʌ'ʁiˀ]
traje (m) espacial	rumdragt (f)	['ʁɔmˌdʁagt]
imponderabilidade (f)	vægtløshed (f)	['vɛgtløːsˌheðˀ]
oxigênio (m)	ilt (f), oxygen (i)	['ilˀt], [ʌgsy'geˀn]
acoplagem (f)	dokning (f)	['dʌknen]
fazer uma acoplagem	at dokke	[ʌ 'dʌkə]
observatório (m)	observatorium (i)	[ʌbsæɐ̯va'toɐ̯ˀjɔm]
telescópio (m)	teleskop (i)	[telə'skoˀp]
observar (vt)	at observere	[ʌ ʌbsæɐ̯'veˀʌ]
explorar (vt)	at udforske	[ʌ 'uðˌfɒ:skə]

165. A Terra

Terra (f)	Jorden	['joˀɐ̯ən]
globo terrestre (Terra)	jordklode (f)	['joɐ̯ˌkloːðə]
planeta (m)	planet (f)	[pla'neˀt]
atmosfera (f)	atmosfære (f)	[atmo'sfɛːʌ]
geografia (f)	geografi (f)	[geogʁɑ'fiˀ]
natureza (f)	natur (f)	[na'tuɐ̯ˀ]
globo (mapa esférico)	globus (f)	['gloːbus]
mapa (m)	kort (i)	['kɒːt]
atlas (m)	atlas (i)	['atlas]
Europa (f)	Europa	[œw'ʁoːpa]
Ásia (f)	Asien	['æˀɕən]
África (f)	Afrika	['afʁika]
Austrália (f)	Australien	[aw'stʁɑˀljən]
América (f)	Amerika	[ɑ'meʁika]
América (f) do Norte	Nordamerika	['noɐ̯ ɑ'meʁika]
América (f) do Sul	Sydamerika	['syð ɑ'meʁika]
Antártida (f)	Antarktis	[an'tɑˀktis]
Ártico (m)	Arktis	['ɑˀktis]

166. Pontos cardeais

norte (m)	nord (i)	['no'ɐ̯]
para norte	mod nord	[moð 'no'ɐ̯]
no norte	i nord	[i 'no'ɐ̯]
do norte (adj)	nordlig	['noɐ̯li]
sul (m)	syd (f)	['syð]
para sul	mod syd	[moð 'syð]
no sul	i syd	[i 'syð]
do sul (adj)	sydlig	['syðli]
oeste, ocidente (m)	vest (f)	['vɛst]
para oeste	mod vest	[moð 'vɛst]
no oeste	i vest	[i 'vɛst]
ocidental (adj)	vestlig	['vɛstli]
leste, oriente (m)	øst (f)	['øst]
para leste	mod øst	[moð 'øst]
no leste	i øst	[i 'øst]
oriental (adj)	østlig	['østli]

167. Mar. Oceano

mar (m)	hav (i)	['hɑw]
oceano (m)	ocean (i)	[osə'æ'n]
golfo (m)	bugt (f)	['bɔgt]
estreito (m)	stræde (i), sund (i)	['stʁɛ:ðə], ['sɔn']
terra (f) firme	land (i)	['lan']
continente (m)	fastland, kontinent (i)	['fast̩lan'], [kʌnti'nɛn't]
ilha (f)	ø (f)	['ø']
península (f)	halvø (f)	['hal̩ø']
arquipélago (m)	øhav, arkipelag (i)	['ø̩hɑw], [ɑkipe'læ'j]
baía (f)	bugt (f)	['bɔgt]
porto (m)	havn (f)	['hɑw'n]
lagoa (f)	lagune (f)	[la'gu:nə]
cabo (m)	kap (i)	['kɑp]
atol (m)	atol (f)	[a'tʌl']
recife (m)	rev (i)	['ʁɛw]
coral (m)	koral (f)	[ko'ʁal']
recife (m) de coral	koralrev (i)	[ko'ʁal̩ʁɛw]
profundo (adj)	dyb	['dy'b]
profundidade (f)	dybde (f)	['dybdə]
abismo (m)	afgrund (f), dyb (i)	['aw̩gʁɔn'], ['dy'b]
fossa (f) oceânica	oceangrav (f)	[osə̩æn 'gʁɑ'w]
corrente (f)	strøm (f)	['stʁœm']
banhar (vt)	at omgive	[ʌ 'ʌm̩gi']
litoral (m)	kyst (f)	['køst]

costa (f)	kyst (f)	['køst]
maré (f) alta	flod (f)	['flo'ð]
refluxo (m)	ebbe (i)	['ɛbə]
restinga (f)	sandbanke (f)	['san,baŋkə]
fundo (m)	bund (f)	['bɔn']
onda (f)	bølge (f)	['bøljə]
crista (f) da onda	bølgekam (f)	['bøljə,kɑm']
espuma (f)	skum (i)	['skɔm']
tempestade (f)	storm (f)	['stɒ'm]
furacão (m)	orkan (f)	[ɒ'kæ'n]
tsunami (m)	tsunami (f)	[tsu'nɑːmi]
calmaria (f)	stille (i)	['stelə]
calmo (adj)	stille	['stelə]
polo (m)	pol (f)	['po'l]
polar (adj)	polar-	[po'lɑ-]
latitude (f)	bredde (f)	['bʁɛ'də]
longitude (f)	længde (f)	['lɛŋ'də]
paralela (f)	breddegrad (f)	['bʁɛ'də,gʁɑ'ð]
equador (m)	ækvator (f)	[ɛ'kvæːtʌ]
céu (m)	himmel (f)	['heməl]
horizonte (m)	horisont (f)	[hɒi'sʌn't]
ar (m)	luft (f)	['lɔft]
farol (m)	fyr (i)	['fyɐ']
mergulhar (vi)	at dykke	[ʌ 'døkə]
afundar-se (vr)	at synke	[ʌ 'søŋkə]
tesouros (m pl)	skatte (f pl)	['skatə]

168. Montanhas

montanha (f)	bjerg (i)	['bjæɐ̯'w]
cordilheira (f)	bjergkæde (f)	['bjæɐ̯w,kɛːðə]
serra (f)	bjergryg (f)	['bjæɐ̯w,ʁɶg]
cume (m)	top (f), bjergtop (f)	['tʌp], ['bjæɐ̯w,tʌp]
pico (m)	tinde (f)	['tenə]
pé (m)	fod (f)	['fo'ð]
declive (m)	skråning (f)	['skʁɒ'nen]
vulcão (m)	vulkan (f)	[vul'kæ'n]
vulcão (m) ativo	aktiv vulkan (f)	['ɑk,tiw' vul'kæ'n]
vulcão (m) extinto	udslukt vulkan (f)	['uð,slɔkt vul'kæ'n]
erupção (f)	udbrud (i)	['uð,bʁuð]
cratera (f)	krater (i)	['kʁɑ'tʌ]
magma (m)	magma (i, f)	['mɑwma]
lava (f)	lava (f)	['læːva]
fundido (lava ~a)	glødende	['glø:ðənə]
cânion, desfiladeiro (m)	canyon (f)	['kanjʌn]

garganta (f)	kløft (f)	['kløft]
fenda (f)	revne (f)	['ʁawnə]
precipício (m)	afgrund (f)	['aw‚gʁɔnʔ]

passo, colo (m)	pas (i)	['pas]
planalto (m)	plateau (i)	[pla'to]
falésia (f)	klippe (f)	['klepə]
colina (f)	bakke (f)	['bakə]

geleira (f)	gletsjer (f)	['glɛtɕʌ]
cachoeira (f)	vandfald (i)	['van‚falʔ]
gêiser (m)	gejser (f)	['gɑjʔsʌ]
lago (m)	sø (f)	['søʔ]

planície (f)	slette (f)	['slɛtə]
paisagem (f)	landskab (i)	['lan‚skæʔb]
eco (m)	ekko (i)	['ɛko]

alpinista (m)	alpinist (f)	[alpi'nist]
escalador (m)	bjergbestiger (f)	['bjæɡwbe'stiʔə]
conquistar (vt)	at erobre	[ʌ e'ʁoʔbʁʌ]
subida, escalada (f)	bestigning (f)	[be'stiʔneŋ]

169. Rios

rio (m)	flod (f)	['floʔð]
fonte, nascente (f)	kilde (f)	['kilə]
leito (m) de rio	flodseng (f)	['floð‚sɛŋʔ]
bacia (f)	flodbassin (i)	['floð ba'sɛŋ]
desaguar no ...	at munde ud ...	[ʌ 'mɔnə uðʔ ...]

| afluente (m) | biflod (f) | ['bi‚floʔð] |
| margem (do rio) | bred (f) | ['bʁɛðʔ] |

corrente (f)	strøm (f)	['stʁœmʔ]
rio abaixo	nedstrøms	['neð‚stʁœmʔs]
rio acima	opstrøms	['ʌp‚stʁœmʔs]

inundação (f)	oversvømmelse (f)	['ɔwʌ‚svœmʔəlsə]
cheia (f)	flom (f)	['flʌmʔ]
transbordar (vi)	at flyde over	[ʌ 'fly:ðə 'ɔwʔʌ]
inundar (vt)	at oversvømme	[ʌ 'ɔwʌ‚svœmʔə]

| banco (m) de areia | grund (f) | ['gʁɔnʔ] |
| corredeira (f) | strømfald (i) | ['stʁœm‚falʔ] |

barragem (f)	dæmning (f)	['dɛmneŋ]
canal (m)	kanal (f)	[ka'næʔl]
reservatório (m) de água	reservoir (i)	[ʁɛsæɡvo'ɑ:]
eclusa (f)	sluse (f)	['slu:sə]

corpo (m) de água	vandområde (i)	['van 'ʌm‚ʁɔ:ðə]
pântano (m)	sump, mose (f)	['sɔmʔp], ['mo:sə]
lamaçal (m)	hængesæk (f)	['hɛŋə‚sɛk]

redemoinho (m)	strømhvirvel (f)	['stʁœm‚viɐ̯'wəl]
riacho (m)	bæk (f)	['bɛk]
potável (adj)	drikke-	['dʁɛkə-]
doce (água)	ferske	['fæɐ̯skə]

| gelo (m) | is (f) | ['i' s] |
| congelar-se (vr) | at fryse til | [ʌ 'fʁy:sə tel] |

170. Floresta

| floresta (f), bosque (m) | skov (f) | ['skɒv'] |
| florestal (adj) | skov- | ['skɒw-] |

mata (f) fechada	tæt skov (f)	['tɛt ‚skɒv']
arvoredo (m)	lund (f)	['lɔn']
clareira (f)	lysning (f)	['lysneŋ]

| matagal (m) | tæt krat (i) | ['tɛt 'kʁat] |
| mato (m), caatinga (f) | buskads (i) | [bu'skæ's] |

| pequena trilha (f) | sti (f) | ['sti'] |
| ravina (f) | ravine (f) | [ʁa'vi:nə] |

árvore (f)	træ (i)	['tʁɛ']
folha (f)	blad (i)	['blað]
folhagem (f)	løv (i)	['lø'w]

queda (f) das folhas	løvfald (i)	['løw‚fal']
cair (vi)	at falde	[ʌ 'falə]
topo (m)	trætop (f)	['tʁɛ‚tʌp]

ramo (m)	kvist (f)	['kvest]
galho (m)	gren (f)	['gʁɛ'n]
botão (m)	knop (f)	['knɔp]
agulha (f)	nål (f)	['nɔ'l]
pinha (f)	kogle (f)	['kɒwlə]

buraco (m) de árvore	træhul (i)	['tʁɛ‚hɔl]
ninho (m)	rede (f)	['ʁɛ:ðə]
toca (f)	hule (f)	['hu:lə]

tronco (m)	stamme (f)	['stamə]
raiz (f)	rod (f)	['ʁo'ð]
casca (f) de árvore	bark (f)	['bɑ:k]
musgo (m)	mos (i)	['mɔs]

arrancar pela raiz	at rykke op med rode	[ʌ 'ʁœkə ʌp mɛ 'ʁo:ðə]
cortar (vt)	at fælde	[ʌ 'fɛlə]
desflorestar (vt)	at hugge ned	[ʌ 'hɔgə 'neð']
toco, cepo (m)	træstub (f)	['tʁɛ‚stub]

fogueira (f)	bål (i)	['bɔ'l]
incêndio (m) florestal	skovbrand (f)	['skɒw‚bʁan']
apagar (vt)	at slukke	[ʌ 'slɔkə]

guarda-parque (m)	skovløber (f)	['skɒwˌløːbʌ]
proteção (f)	værn (i), beskyttelse (f)	['væɡ̊ˀn], [be'skøtəlsə]
proteger (a natureza)	at beskytte	[ʌ be'skøtə]
caçador (m) furtivo	krybskytte (f)	['kʁybˌskøtə]
armadilha (f)	saks (f), fælde (f)	['sɑks], ['fɛlə]
colher (cogumelos, bagas)	at plukke	[ʌ 'plɔkə]
perder-se (vr)	at fare vild	[ʌ 'fɑːɑ 'vilˀ]

171. Recursos naturais

recursos (m pl) naturais	naturressourcer (f pl)	[na'tuɡ̊ ʁɛ'suɡ̊sʌ]
minerais (m pl)	mineraler (i pl)	[minə'ʁɑˀlʌ]
depósitos (m pl)	forekomster (f pl)	['fɒːɒˌkʌmˀstʌ]
jazida (f)	felt (i)	['fɛlˀt]
extrair (vt)	at udvinde	[ʌ 'uðˌvenˀə]
extração (f)	udvinding (f)	['uðˌvenenŋ]
minério (m)	malm (f)	['malˀm]
mina (f)	mine (f)	['miːnə]
poço (m) de mina	mineskakt (f)	['minəˌskɑkt]
mineiro (m)	minearbejder (f)	['miːnəˀɑːˌbɑjˀdʌ]
gás (m)	gas (f)	['gas]
gasoduto (m)	gasledning (f)	['gasˌleðneŋ]
petróleo (m)	olie (f)	['oljə]
oleoduto (m)	olieledning (f)	['oljəˌleðneŋ]
poço (m) de petróleo	oliebrønd (f)	['oljəˌbʁœnˀ]
torre (f) petrolífera	boretårn (i)	['boːʌˌtɒˀn]
petroleiro (m)	tankskib (i)	['tɑŋkˌskiˀb]
areia (f)	sand (i)	['sanˀ]
calcário (m)	kalksten (f)	['kalkˌsteˀn]
cascalho (m)	grus (i)	['gʁuˀs]
turfa (f)	tørv (f)	['tœɡ̊ˀw]
argila (f)	ler (i)	['leˀɡ̊]
carvão (m)	kul (i)	['kɔl]
ferro (m)	jern (i)	['jæɡ̊ˀn]
ouro (m)	guld (i)	['gul]
prata (f)	sølv (i)	['søl]
níquel (m)	nikkel (i)	['nekəl]
cobre (m)	kobber (i)	['kɒwˀʌ]
zinco (m)	zink (i, f)	['senˀk]
manganês (m)	mangan (i)	[mɑŋ'gæˀn]
mercúrio (m)	kviksølv (i)	['kvikˌsøl]
chumbo (m)	bly (i)	['blyˀ]
mineral (m)	mineral (i)	[minə'ʁɑˀl]
cristal (m)	krystal (i, f)	[kʁy'stalˀ]
mármore (m)	marmor (i)	['mɑˀmoɡ̊]
urânio (m)	uran (i, f)	[u'ʁɑˀn]

A Terra. Parte 2

172. Tempo

tempo (m)	vejr (i)	['vɛ'ɐ̯]
previsão (f) do tempo	vejrudsigt (f)	['vɛɐ̯ˌuðsegt]
temperatura (f)	temperatur (f)	[tɛmpʁɑ'tuɐ̯']
termômetro (m)	termometer (i)	[tæɐ̯mo'me'tʌ]
barômetro (m)	barometer (i)	[bɑo'me'tʌ]
úmido (adj)	fugtig	['fɔgti]
umidade (f)	fugtighed (f)	['fɔgtiˌheð']
calor (m)	hede (f)	['he:ðə]
tórrido (adj)	hed	['heð']
está muito calor	det er hedt	[de 'æɐ̯ 'heð']
está calor	det er varmt	[de 'æɐ̯ 'vɑ'mt]
quente (morno)	varm	['vɑ'm]
está frio	det er koldt	[de 'æɐ̯ 'kʌlt]
frio (adj)	kold	['kʌl']
sol (m)	sol (f)	['so'l]
brilhar (vi)	at skinne	[ʌ 'skenə]
de sol, ensolarado	solrig	['so:lˌʁi']
nascer (vi)	at stå op	[ʌ stɔ' 'ʌp]
pôr-se (vr)	at gå ned	[ʌ gɔ' 'neð']
nuvem (f)	sky (f)	['sky']
nublado (adj)	skyet	['sky:əð]
nuvem (f) preta	regnsky (f)	['ʁɑjnˌsky']
escuro, cinzento (adj)	mørk	['mœɐ̯k]
chuva (f)	regn (f)	['ʁɑj'n]
está a chover	det regner	[de 'ʁɑjnʌ]
chuvoso (adj)	regnvejrs-	['ʁɑjnˌvɛɐ̯s-]
chuviscar (vi)	at småregne	[ʌ 'smɒʁɑjnə]
chuva (f) torrencial	øsende regn (f)	['ø:sənə ˌʁɑj'n]
aguaceiro (m)	styrtregn (f)	['styɐ̯tˌʁɑj'n]
forte (chuva, etc.)	kraftig, heftig	['kʁɑfti], ['hɛfti]
poça (f)	vandpyt (f)	['vanˌpyt]
molhar-se (vr)	at blive våd	[ʌ 'bli:ə 'vɔ'ð]
nevoeiro (m)	tåge (f)	['tɔ:we]
de nevoeiro	tåget	['tɔ:weð]
neve (f)	sne (f)	['sne']
está nevando	det sner	[de 'sne'ʌ]

173. Tempo extremo. Catástrofes naturais

trovoada (f)	tordenvejr (i)	['toɡdən‚vɛˀɡ]
relâmpago (m)	lyn (i)	['lyˀn]
relampejar (vi)	at glimte	[ʌ 'glemtə]
trovão (m)	torden (f)	['toɡdən]
trovejar (vi)	at tordne	[ʌ 'toɡdnə]
está trovejando	det tordner	[de 'toɡdnʌ]
granizo (m)	hagl (i)	['hɑwˀl]
está caindo granizo	det hagler	[de 'hɑwlɡ]
inundar (vt)	at oversvømme	[ʌ 'ɒwʌ‚svɶmˀə]
inundação (f)	oversvømmelse (f)	['ɒwʌ‚svɶmˀəlsə]
terremoto (m)	jordskælv (i)	['joɡ‚skɛlˀv]
abalo, tremor (m)	skælv (i)	['skɛlˀv]
epicentro (m)	epicenter (i)	[epi'sɛnˀtʌ]
erupção (f)	udbrud (i)	['uð‚bʁuð]
lava (f)	lava (f)	['læ:va]
tornado (m)	skypumpe (f)	['sky‚pompə]
tornado (m)	tornado (f)	[tɒ'næ:do]
tufão (m)	tyfon (f)	[ty'foˀn]
furacão (m)	orkan (f)	[ɒ'kæˀn]
tempestade (f)	storm (f)	['stɒˀm]
tsunami (m)	tsunami (f)	[tsu'nɑ:mi]
ciclone (m)	cyklon (f)	[sy'kloˀn]
mau tempo (m)	uvejr (i)	['u‚vɛˀɡ]
incêndio (m)	brand (f)	['bʁɑnˀ]
catástrofe (f)	katastrofe (f)	[kata'stʁo:fə]
meteorito (m)	meteorit (f)	[meteo'ʁit]
avalanche (f)	lavine (f)	[la'vi:nə]
deslizamento (m) de neve	sneskred (i)	['sne‚skʁɛð]
nevasca (f)	snefog (i)	['sne‚fɒwˀ]
tempestade (f) de neve	snestorm (f)	['sne‚stɒˀm]

Fauna

174. Mamíferos. Predadores

predador (m)	rovdyr (i)	['ʁɒwˌdyɐ̯ˀ]
tigre (m)	tiger (f)	['tiːʌ]
leão (m)	løve (f)	['løːvə]
lobo (m)	ulv (f)	['ulˀv]
raposa (f)	ræv (f)	['ʁɛˀw]
jaguar (m)	jaguar (f)	[jagu'ɑˀ]
leopardo (m)	leopard (f)	[leo'pɑˀd]
chita (f)	gepard (f)	[ge'pɑˀd]
pantera (f)	panter (f)	['panˀtʌ]
puma (m)	puma (f)	['puːma]
leopardo-das-neves (m)	sneleopard (f)	['sne leo'pɑˀd]
lince (m)	los (f)	['lʌs]
coiote (m)	coyote, prærieulv (f)	[ko'joːtə], ['pʁɛɐ̯jəˌulˀv]
chacal (m)	sjakal (f)	[ɕa'kæˀl]
hiena (f)	hyæne (f)	[hy'ɛːnə]

175. Animais selvagens

animal (m)	dyr (i)	['dyɐ̯ˀ]
besta (f)	bæst (i), udyr (i)	['bɛˀst], ['uˌdyɐ̯ˀ]
esquilo (m)	egern (i)	['eˀjʌn]
ouriço (m)	pindsvin (i)	['penˌsviˀn]
lebre (f)	hare (f)	['haːɑ]
coelho (m)	kanin (f)	[ka'niˀn]
texugo (m)	grævling (f)	['gʁawleŋ]
guaxinim (m)	vaskebjørn (f)	['vaskəˌbjœɐ̯ˀn]
hamster (m)	hamster (f)	['hamˀstʌ]
marmota (f)	murmeldyr (i)	['muɐ̯ˀməlˌdyɐ̯ˀ]
toupeira (f)	muldvarp (f)	['mulˌvɑːp]
rato (m)	mus (f)	['muˀs]
ratazana (f)	rotte (f)	['ʁʌtə]
morcego (m)	flagermus (f)	['flɑwʌˌmuˀs]
arminho (m)	hermelin (f)	[hæɐ̯mə'liˀn]
zibelina (f)	zobel (f)	['soˀbəl]
marta (f)	mår (f)	['mɒˀ]
doninha (f)	brud (f)	['bʁuð]
visom (m)	mink (f)	['meŋˀk]

| castor (m) | bæver (f) | ['bɛˀvʌ] |
| lontra (f) | odder (f) | ['ʌðˀʌ] |

cavalo (m)	hest (f)	['hɛst]
alce (m)	elg (f)	['ɛlˀj]
veado (m)	hjort (f)	['jɒ:t]
camelo (m)	kamel (f)	[ka'meˀl]

bisão (m)	bison (f)	['bisʌn]
auroque (m)	urokse (f)	['uɐ̯ˌʌksə]
búfalo (m)	bøffel (f)	['bøfəl]

zebra (f)	zebra (f)	['se:bʁɑ]
antílope (m)	antilope (f)	[anti'lo:pə]
corça (f)	rådyr (i), rå (f)	['ʁʌˌdyɐ̯ˀ], ['ʁɔˀ]
gamo (m)	dådyr (i)	['dʌˌdyɐ̯ˀ]
camurça (f)	gemse (f)	['gɛmsə]
javali (m)	vildsvin (i)	['vilˌsviˀn]

baleia (f)	hval (f)	['væˀl]
foca (f)	sæl (f)	['sɛˀl]
morsa (f)	hvalros (f)	['valˌʁʌs]
urso-marinho (m)	pelssæl (f)	['pɛlsˌsɛˀl]
golfinho (m)	delfin (f)	[dɛl'fiˀn]

urso (m)	bjørn (f)	['bjœɐ̯ˀn]
urso (m) polar	isbjørn (f)	['isˌbjœɐ̯ˀn]
panda (m)	panda (f)	['panda]

macaco (m)	abe (f)	['æ:bə]
chimpanzé (m)	chimpanse (f)	[ɕim'pansə]
orangotango (m)	orangutang (f)	[o'ʁɑŋguˌtɑŋˀ]
gorila (m)	gorilla (f)	[go'ʁila]
macaco (m)	makak (f)	[mæ'kɑk]
gibão (m)	gibbon (f)	['gibʌn]

elefante (m)	elefant (f)	[elə'fanˀt]
rinoceronte (m)	næsehorn (i)	['nɛ:səˌhoɐ̯ˀn]
girafa (f)	giraf (f)	[gi'ʁɑf]
hipopótamo (m)	flodhest (f)	['floðˌhɛst]

| canguru (m) | kænguru (f) | [kɛŋgu:ʁu] |
| coala (m) | koala (f) | [ko'æ:la] |

mangusto (m)	mangust (f)	[mɑŋ'gust]
chinchila (f)	chinchilla (f)	[tjen'tjila]
cangambá (f)	skunk (f)	['skɔŋˀk]
porco-espinho (m)	hulepindsvin (i)	['hu:lə 'penˌsviˀn]

176. Animais domésticos

gata (f)	kat (f)	['kat]
gato (m) macho	hankat (f)	['hanˌkat]
cão (m)	hund (f)	['hunˀ]

cavalo (m)	hest (f)	['hɛst]
garanhão (m)	hingst (f)	['heŋ'st]
égua (f)	hoppe (f)	['hʌpə]
vaca (f)	ko (f)	['ko']
touro (m)	tyr (f)	['tyɐ̯']
boi (m)	okse (f)	['ʌksə]
ovelha (f)	får (i)	['fɑː]
carneiro (m)	vædder (f)	['vɛð'ʌ]
cabra (f)	ged (f)	['geð']
bode (m)	gedebuk (f)	['geːðə,bɔk]
burro (m)	æsel (i)	['ɛ'səl]
mula (f)	muldyr (i)	['mul,dyɐ̯']
porco (m)	svin (i)	['svi'n]
leitão (m)	gris (f)	['gʁi's]
coelho (m)	kanin (f)	[ka'ni'n]
galinha (f)	høne (f)	['hœːnə]
galo (m)	hane (f)	['hæːnə]
pata (f), pato (m)	and (f)	['an']
pato (m)	andrik (f)	['an'dʁɛk]
ganso (m)	gås (f)	['gɔ's]
peru (m)	kalkun hane (f)	[kal'ku'n 'hæːnə]
perua (f)	kalkun (f)	[kal'ku'n]
animais (m pl) domésticos	husdyr (i pl)	['hus,dyɐ̯']
domesticado (adj)	tam	['tɑm']
domesticar (vt)	at tæmme	[ʌ 'tɛmə]
criar (vt)	at avle, at opdrætte	[ʌ 'ɑwlə], [ʌ 'ʌp,dʁatə]
fazenda (f)	farm (f)	['fɑ'm]
aves (f pl) domésticas	fjerkræ (i)	['fjeɐ̯,kʁɛ']
gado (m)	kvæg (i)	['kvɛ'j]
rebanho (m), manada (f)	hjord (f)	['jɔ'd]
estábulo (m)	stald (f)	['stal']
chiqueiro (m)	svinesti (f)	['svinə,sti']
estábulo (m)	kostald (f)	['ko,stal']
coelheira (f)	kaninbur (i)	[ka'nin,buɐ̯']
galinheiro (m)	hønsehus (i)	['hœnsə,hu's]

177. Cães. Raças de cães

cão (m)	hund (f)	['hun']
cão pastor (m)	hyrdehund (f)	['hyɐ̯də,hun']
pastor-alemão (m)	schæferhund (f)	['ɕɛ'fʌ,hun']
poodle (m)	puddel (f)	['puð'əl]
linguicinha (m)	gravhund (f)	['gʁɑw,hun']
buldogue (m)	buldog (f)	['bul,dʌg]

boxer (m)	bokser (f)	['bʌksʌ]
mastim (m)	mastiff (f)	[mas'tif]
rottweiler (m)	rottweiler (f)	['ʁʌt‚vɑjlʌ]
dóberman (m)	dobermann (f)	['dʌbʌ‚man]

basset (m)	basset (f)	['basɛt]
pastor inglês (m)	bobtail (f)	['bʌbtɛjl]
dálmata (m)	dalmatiner (f)	[dalma'ti’nʌ]
cocker spaniel (m)	cockerspaniel (f)	['kʌkʌ‚spanjəl]

terra-nova (m)	newfoundlænder (f)	[nju'fawnd‚lɛn’ʌ]
são-bernardo (m)	sanktbernhardshund (f)	[sɑŋt'bæɡ’nɑds‚hun’]

husky (m) siberiano	husky (f)	['hʌski]
Chow-chow (m)	chowchow (f)	[tjɑw'tjɑw]
spitz alemão (m)	spidshund (f)	['spes‚hun’]
pug (m)	moppe (f), mops (f)	['mʌpə], ['mʌps]

178. Sons produzidos pelos animais

latido (m)	gøen (f)	['gø’ən]
latir (vi)	at gø	[ʌ 'gø’]
miar (vi)	at mjave	[ʌ 'mjawə]
ronronar (vi)	at spinde	[ʌ 'spenə]

mugir (vaca)	at brøle	[ʌ 'bʁœ:lə]
bramir (touro)	at brøle	[ʌ 'bʁœ:lə]
rosnar (vi)	at knurre	[ʌ 'knoɡʌ]

uivo (m)	hyl (i)	['hy’l]
uivar (vi)	at hyle	[ʌ 'hy:lə]
ganir (vi)	at klynke	[ʌ 'kløŋkə]

balir (vi)	at bræge	[ʌ 'bʁɛ:jə]
grunhir (vi)	at grynte	[ʌ 'gʁœntə]
guinchar (vi)	at hvine	[ʌ 'vi:nə]

coaxar (sapo)	at kvække	[ʌ 'kvɛkə]
zumbir (inseto)	at surre, at summe	[ʌ 'suɡʌ], [ʌ 'sɔmə]
ziziar (vi)	at synge	[ʌ 'søŋə]

179. Pássaros

pássaro (m), ave (f)	fugl (f)	['fu’l]
pombo (m)	due (f)	['du:ə]
pardal (m)	spurv (f)	['spuɡ’w]
chapim-real (m)	musvit (f)	[mu'svit]
pega-rabuda (f)	skade (f)	['skæ:ðə]

corvo (m)	ravn (f)	['ʁaw’n]
gralha-cinzenta (f)	krage (f)	['kʁɑ:wə]
gralha-de-nuca-cinzenta (f)	kaie (f)	['kɑjə]

gralha-calva (f)	råge (f)	['ʁɔ:wə]
pato (m)	and (f)	['an']
ganso (m)	gås (f)	['gɔ's]
faisão (m)	fasan (f)	[fa'sæ'n]

águia (f)	ørn (f)	['œɐ̯'n]
açor (m)	høg (f)	['hø'j]
falcão (m)	falk (f)	['fal'k]

| abutre (m) | grib (f) | ['gʁi:b] |
| condor (m) | kondor (f) | [kʌn'do'ɐ̯] |

cisne (m)	svane (f)	['svæ:nə]
grou (m)	trane (f)	['tʁɑ:nə]
cegonha (f)	stork (f)	['stɒ:k]

papagaio (m)	papegøje (f)	[pɑpə'gʌjə]
beija-flor (m)	kolibri (f)	[koli'bʁi']
pavão (m)	påfugl (f)	['pʌˌfu'l]

| avestruz (m) | struds (f) | ['stʁus] |
| garça (f) | hejre (f) | ['hɑjʁʌ] |

| flamingo (m) | flamingo (f) | [fla'meŋgo] |
| pelicano (m) | pelikan (f) | [peli'kæ'n] |

| rouxinol (m) | nattergal (f) | ['natʌˌgæ'l] |
| andorinha (f) | svale (f) | ['svæ:lə] |

tordo-zornal (m)	drossel, sjagger (f)	['dʁʌsəl], ['ɕɑgʌ]
tordo-músico (m)	sangdrossel (f)	['sɑŋˌdʁʌsəl]
melro-preto (m)	solsort (f)	['so:lˌsoɐ̯t]

andorinhão (m)	mursejler (f)	['muɐ̯ˌsɑjlʌ]
cotovia (f)	lærke (f)	['læɐ̯kə]
codorna (f)	vagtel (f)	['vɑgtəl]

pica-pau (m)	spætte (f)	['spɛtə]
cuco (m)	gøg (f)	['gø'j]
coruja (f)	ugle (f)	['u:lə]
bufo-real (m)	hornugle (f)	['hoɐ̯nˌu:lə]
tetraz-grande (m)	tjur (f)	['tjuɐ̯']

| tetraz-lira (m) | urfugl (f) | ['uɐ̯ˌfu'l] |
| perdiz-cinzenta (f) | agerhøne (f) | ['æ'jʌˌhœ:nə] |

estorninho (m)	stær (f)	['stɛ'ɐ̯]
canário (m)	kanariefugl (f)	[ka'nɑ'jəˌfu'l]
galinha-do-mato (f)	hjerpe, jærpe (f)	['jæɐ̯pə]

| tentilhão (m) | bogfinke (f) | ['bowˌfeŋkə] |
| dom-fafe (m) | dompap (f) | ['dɔmˌpɑp] |

gaivota (f)	måge (f)	['mɔ:wə]
albatroz (m)	albatros (f)	['albaˌtʁʌs]
pinguim (m)	pingvin (f)	[peŋ'vi'n]

168

180. Pássaros. Canto e sons

cantar (vi)	at synge	[ʌ 'sønə]
gritar, chamar (vi)	at skrige	[ʌ 'skʁi:ə]
cantar (o galo)	at gale	[ʌ 'gæ:lə]
cocorocó (m)	kykeliky	[kykli'ky:]
cacarejar (vi)	at kagle	[ʌ 'kɑwlə]
crocitar (vi)	at krage	[ʌ 'kʁɑ:wə]
grasnar (vi)	at rappe	[ʌ 'ʁɑpə]
piar (vi)	at pippe	[ʌ 'pipə]
chilrear, gorjear (vi)	at kvidre	[ʌ 'kviðʁʌ]

181. Peixes. Animais marinhos

brema (f)	brasen (f)	['bʁɑ'sən]
carpa (f)	karpe (f)	['kɑ:pə]
perca (f)	aborre (f)	['ɑ,bɒ:ɒ]
siluro (m)	malle (f)	['malə]
lúcio (m)	gedde (f)	['geðə]
salmão (m)	laks (f)	['lɑks]
esturjão (m)	stør (f)	['stø'ɐ̯]
arenque (m)	sild (f)	['sil']
salmão (m) do Atlântico	atlantisk laks (f)	[at'lan'tisk 'lɑks]
cavala, sarda (f)	makrel (f)	[mɑ'kʁal']
solha (f), linguado (m)	rødspætte (f)	['ʁœð,spɛtə]
lúcio perca (m)	sandart (f)	['san,ɑ't]
bacalhau (m)	torsk (f)	['tɒ:sk]
atum (m)	tunfisk (f)	['tu:n,fesk]
truta (f)	ørred (f)	['œɐ̯ʌð]
enguia (f)	ål (f)	['ɔ'l]
raia (f) elétrica	elektrisk rokke (f)	[e'lɛktʁisk 'ʁʌkə]
moreia (f)	muræne (f)	[mu'ʁɛ:nə]
piranha (f)	piraya (f)	[pi'ʁɑja]
tubarão (m)	haj (f)	['hɑj']
golfinho (m)	delfin (f)	[dɛl'fi'n]
baleia (f)	hval (f)	['væ'l]
caranguejo (m)	krabbe (f)	['kʁɑbə]
água-viva (f)	gople, meduse (f)	['gʌplə], [me'du:sə]
polvo (m)	blæksprutte (f)	['blɛk,spʁutə]
estrela-do-mar (f)	søstjerne (f)	['sø,stjæɐ̯nə]
ouriço-do-mar (m)	søpindsvin (i)	['sø 'pen,svi'n]
cavalo-marinho (m)	søhest (f)	['sø,hɛst]
ostra (f)	østers (f)	['østʌs]
camarão (m)	reje (f)	['ʁɑjə]

| lagosta (f) | hummer (f) | ['hɔm'ʌ] |
| lagosta (f) | languster (f) | [laŋ'gustʌ] |

182. Anfíbios. Répteis

| cobra (f) | slange (f) | ['slaŋə] |
| venenoso (adj) | giftig | ['gifti] |

víbora (f)	hugorm (f)	['hɔg,oɐ̯'m]
naja (f)	kobra (f)	['ko:bʁɑ]
píton (m)	pyton (f)	['pytʌn]
jiboia (f)	boa (f)	['bo:a]

cobra-de-água (f)	snog (f)	['sno']
cascavel (f)	klapperslange (f)	['klapʌˌslaŋə]
anaconda (f)	anakonda (f)	[ana'kʌnda]

lagarto (m)	firben (i)	['fiɐ̯'be'n]
iguana (f)	leguan (f)	[legu'æ'n]
varano (m)	varan (f)	[va'ʁɑ'n]
salamandra (f)	salamander (f)	[sala'man'dʌ]
camaleão (m)	kamæleon (f)	[kaməle'o'n]
escorpião (m)	skorpion (f)	[skɒpi'o'n]

tartaruga (f)	skildpadde (f)	['skelˌpaðə]
rã (f)	frø (f)	['fʁœ']
sapo (m)	tudse (f)	['tusə]
crocodilo (m)	krokodille (f)	[kʁokə'dilə]

183. Insetos

inseto (m)	insekt (i)	[en'sɛkt]
borboleta (f)	sommerfugl (f)	['sʌmʌˌfu'l]
formiga (f)	myre (f)	['my:ʌ]
mosca (f)	flue (f)	['flu:ə]
mosquito (m)	stikmyg (f)	['stekˌmyg]
escaravelho (m)	bille (f)	['bilə]

vespa (f)	hveps (f)	['vɛps]
abelha (f)	bi (f)	['bi']
mamangaba (f)	humlebi (f)	['hɔmləˌbi']
moscardo (m)	bremse (f)	['bʁamsə]

| aranha (f) | edderkop (f) | ['ɛð'ʌˌkʌp] |
| teia (f) de aranha | edderkoppespind (i) | ['ɛð'ʌkʌpəˌsben'] |

libélula (f)	guldsmed (f)	['gulˌsmeð]
gafanhoto (m)	græshoppe (f)	['gʁasˌhʌpə]
traça (f)	natsværmer (f)	['natˌsvæɐ̯'mʌ]

| barata (f) | kakerlak (f) | [kakʌ'lak] |
| carrapato (m) | flåt, mide (f) | ['flɔ't], ['mi:ðə] |

| pulga (f) | loppe (f) | ['lʌpə] |
| borrachudo (m) | kvægmyg (f) | ['kvɛjˌmyg] |

gafanhoto (m)	vandregræshoppe (f)	['vandʁʌ 'gʁasˌhʌpə]
caracol (m)	snegl (f)	['snɑjˀl]
grilo (m)	fårekylling (f)	['fɔːɒˌkyleŋ]
pirilampo, vaga-lume (m)	ildflue (f)	['ilfluːə]
joaninha (f)	mariehøne (f)	[mɑ'ʁiˀəˌhœːnə]
besouro (m)	oldenborre (f)	['ʌlənˌbɒːɒ]

sanguessuga (f)	igle (f)	['iːlə]
lagarta (f)	sommerfuglelarve (f)	['sʌmʌˌfuːlə 'lɑːvə]
minhoca (f)	regnorm (f)	['ʁɑjnˌoɐˀm]
larva (f)	larve (f)	['lɑːvə]

184. Animais. Partes do corpo

bico (m)	næb (i)	['nɛˀb]
asas (f pl)	vinger (f pl)	['veŋʌ]
pata (f)	fod (f)	['foˀð]
plumagem (f)	fjerdragt (f)	['fjeɐˌdʁɑgt]
pena, pluma (f)	fjer (f)	['fjeˀɐ]
crista (f)	fjertop (f), kam (f)	['fjeɐˌtʌp], [kɑmˀ]

brânquias, guelras (f pl)	gæller (f pl)	['gɛlʌ]
ovas (f pl)	rogn (f)	['ʁɒwˀn]
larva (f)	larve (f)	['lɑːvə]
barbatana (f)	finne (f)	['fenə]
escama (f)	skæl (i)	['skɛlˀ]

presa (f)	hugtand (f)	['hɔgˌtanˀ]
pata (f)	pote (f)	['poːtə]
focinho (m)	mule (f), snude (f)	['muːlə], ['snuːðə]
boca (f)	gab (i)	['gæˀb]
cauda (f), rabo (m)	hale (f)	['hæːlə]
bigodes (m pl)	knurhår (i)	['knoɐˌhɒˀ]

| casco (m) | klov (f), hov (f) | ['klɒwˀ], ['hɒw] |
| corno (m) | horn (i) | ['hoɐˀn] |

carapaça (f)	rygskjold (i)	['ʁœgˌskjʌlˀ]
concha (f)	skal (f)	['skalˀ]
casca (f) de ovo	æggeskal (f)	['ɛgəˌskalˀ]

| pelo (m) | pelse (f) | ['pɛlsə] |
| pele (f), couro (m) | skind (i) | ['skenˀ] |

185. Animais. Habitats

hábitat (m)	habitat (i)	[habi'tæˀt]
migração (f)	migration (f)	[migʁɑ'ɕoˀn]
montanha (f)	bjerg (i)	['bjæɐˀw]

| recife (m) | rev (i) | ['ʁɛw] |
| falésia (f) | klippe (f) | ['klepə] |

floresta (f)	skov (f)	['skɒw']
selva (f)	jungle (f)	['djɔŋlə]
savana (f)	savanne (f)	[sa'vanə]
tundra (f)	tundra (f)	['tɔndʁɑ]

estepe (f)	steppe (f)	['stɛpə]
deserto (m)	ørken (f)	['œɐ̯kən]
oásis (m)	oase (f)	[o'æːsə]

mar (m)	hav (i)	['hɑw]
lago (m)	sø (f)	['sø']
oceano (m)	ocean (i)	[osə'æ'n]

pântano (m)	sump (f)	['sɔm'p]
de água doce	ferskvands-	['fæɡsk‚vans-]
lagoa (f)	dam (f)	['dɑm']
rio (m)	flod (f)	['flo'ð]

toca (f) do urso	hule (f)	['huːlə]
ninho (m)	rede (f)	['ʁɛːðə]
buraco (m) de árvore	træhul (i)	['tʁɛ‚hɔl]
toca (f)	hule (f)	['huːlə]
formigueiro (m)	myretue (f)	['myːʌ‚tuːə]

Flora

186. Árvores

árvore (f)	træ (i)	['tʁɛˀ]
decídua (adj)	løv-	['løw-]
conífera (adj)	nåle-	['nɔlə-]
perene (adj)	stedsegrønt, eviggrønt	['stɛðsə͜gʁœnˀt], ['e:vi͜gʁœnˀt]

macieira (f)	æbletræ (i)	['ɛˀblə͜tʁɛˀ]
pereira (f)	pæretræ (i)	['pɛʌ͜tʁɛˀ]
cerejeira (f)	moreltræ (i)	[moˈʁal͜tʁɛˀ]
ginjeira (f)	kirsebærtræ (i)	['kiɐ̯səbæɐ̯͜tʁɛˀ]
ameixeira (f)	blommetræ (i)	['blʌmə͜tʁɛˀ]

bétula (f)	birk (f)	['biɐ̯k]
carvalho (m)	eg (f)	['e'j]
tília (f)	lind (f)	['lenˀ]
choupo-tremedor (m)	asp (f)	['asp]
bordo (m)	løn (f), ahorn (f)	['lœnˀ], ['a͜hoɐ̯ˀn]
espruce (m)	gran (f)	['gʁɑn]
pinheiro (m)	fyr (f)	['fyɐ̯ˀ]
alerce, lariço (m)	lærk (f)	['læɐ̯k]
abeto (m)	ædelgran (f)	['ɛˀðəl͜gʁɑn]
cedro (m)	ceder (f)	['se:ðʌ]

choupo, álamo (m)	poppel (f)	['pʌpəl]
tramazeira (f)	røn (f)	['ʁœnˀ]
salgueiro (m)	pil (f)	['pi'l]
amieiro (m)	el (f)	['ɛl]
faia (f)	bøg (f)	['bø'j]
ulmeiro, olmo (m)	elm (f)	['ɛl'm]
freixo (m)	ask (f)	['ask]
castanheiro (m)	kastanie (i)	[ka'stanjə]

magnólia (f)	magnolie (f)	[mɑw'no'ljə]
palmeira (f)	palme (f)	['palmə]
cipreste (m)	cypres (f)	[sy'pʁas]

mangue (m)	mangrove (f)	[mɑŋ'gʁo:və]
embondeiro, baobá (m)	baobabtræ (i)	[bɑo'bɑb͜tʁɛˀ]
eucalipto (m)	eukalyptus (f)	[œwka'lyptus]
sequoia (f)	sequoia (f), rødtræ (i)	[sek'wojə], ['ʁœð͜tʁɛˀ]

187. Arbustos

arbusto (m)	busk (f)	['busk]
arbusto (m), moita (f)	buskads (i)	[bu'skæ's]

| videira (f) | vinranke (f) | ['vi:nˌʁɑŋkə] |
| vinhedo (m) | vingård (f) | ['vi:nˌgɒˀ] |

framboeseira (f)	hindbærbusk (f)	['henbæɐ̯ˌbusk]
groselheira-negra (f)	solbærbusk (f)	['soːlbæɐ̯ˌbusk]
groselheira-vermelha (f)	ribsbusk (f)	['ʁɛbsˌbusk]
groselheira (f) espinhosa	stikkelsbær (i)	['stekəlsˌbæɐ̯]

acácia (f)	akacie (f)	[a'kæˀɕə]
bérberis (f)	berberis (f)	['bæɐ̯ˀbʌʁis]
jasmim (m)	jasmin (f)	[ɕas'miˀn]

junípero (m)	ene (f)	['eːnə]
roseira (f)	rosenbusk (f)	['ʁoːsənˌbusk]
roseira (f) brava	Hunde-Rose (f)	['hunə-'ʁoːsə]

188. Cogumelos

cogumelo (m)	svamp (f)	['svɑmˀp]
cogumelo (m) comestível	spiselig svamp (f)	['spiːsəli 'svɑmˀp]
cogumelo (m) venenoso	giftig svamp (f)	['gifti svɑmˀp]
chapéu (m)	hat (f)	['hat]
pé, caule (m)	stok (f)	['stʌk]

boleto, porcino (m)	karljohan-rørhat (f)	[ˌkɑːljo'han 'ʁœˀɐ̯hat]
boleto (m) alaranjado	skælstokket rørhat (f)	['skɛlˌstʌkəð 'ʁœˀɐ̯hat]
boleto (m) de bétula	galde rørhat (f)	['galə ˌʁœˀɐ̯hat]
cantarelo (m)	kantarel (f)	[kantɑ'ʁalˀ]
rússula (f)	skørhat (f)	['skøɐ̯ˌhat]

morchella (f)	morkel (f)	['mɒːkəl]
agário-das-moscas (m)	fluesvamp (f)	['fluːəˌsvɑmˀp]
cicuta (f) verde	grøn fluesvamp (f)	['gʁœn 'fluːəˌsvɑmˀp]

189. Frutos. Bagas

fruta (f)	frugt (f)	['fʁɔgt]
frutas (f pl)	frugter (f pl)	['fʁɔgtʌ]
maçã (f)	æble (i)	['ɛˀblə]
pera (f)	pære (f)	['pɛˀʌ]
ameixa (f)	blomme (f)	['blʌmə]

morango (m)	jordbær (i)	['joɐ̯ˌbæɐ̯]
ginja (f)	kirsebær (i)	['kiɐ̯səˌbæɐ̯]
cereja (f)	morel (f)	[mo'ʁalˀ]
uva (f)	drue (f)	['dʁuːə]

framboesa (f)	hindbær (i)	['henˌbæɐ̯]
groselha (f) negra	solbær (i)	['soːlˌbæɐ̯]
groselha (f) vermelha	ribs (i, f)	['ʁɛbs]
groselha (f) espinhosa	stikkelsbær (i)	['stekəlsˌbæɐ̯]
oxicoco (m)	tranebær (i)	['tʁɑːnəˌbæɐ̯]

laranja (f)	appelsin (f)	[apəl'si'n]
tangerina (f)	mandarin (f)	[mandɑ'ʁi'n]
abacaxi (m)	ananas (f)	['ananas]
banana (f)	banan (f)	[ba'næ'n]
tâmara (f)	daddel (f)	['dað'əl]

limão (m)	citron (f)	[si'tʁo'n]
damasco (m)	abrikos (f)	[abʁi'ko's]
pêssego (m)	fersken (f)	['fæɐ̯skən]
quiuí (m)	kiwi (f)	['ki:vi]
toranja (f)	grapefrugt (f)	['gʁɛjp,fʁɔgt]

baga (f)	bær (i)	['bæɐ̯]
bagas (f pl)	bær (i pl)	['bæɐ̯]
arando (m) vermelho	tyttebær (i)	['tytə,bæɐ̯]
morango-silvestre (m)	skovjordbær (i)	['skɒw 'joɐ̯,bæɐ̯]
mirtilo (m)	blåbær (i)	['blɔ',bæɐ̯]

190. Flores. Plantas

flor (f)	blomst (f)	['blʌm'st]
buquê (m) de flores	buket (f)	[bu'kɛt]

rosa (f)	rose (f)	['ʁo:sə]
tulipa (f)	tulipan (f)	[tuli'pæ'n]
cravo (m)	nellike (f)	['nel'ekə]
gladíolo (m)	gladiolus (f)	[gladi'o:lus]

centáurea (f)	kornblomst (f)	['koɐ̯n,blʌm'st]
campainha (f)	blåklokke (f)	['blʌ,klʌkə]
dente-de-leão (m)	mælkebøtte, løvetand (f)	['mɛlkə,bøtə], ['lø:və,tan']
camomila (f)	kamille (f)	[ka'milə]

aloé (m)	aloe (f)	['æ'lo,e']
cacto (m)	kaktus (f)	['kɑktus]
fícus (m)	ficus, stuebirk (f)	['fikus], ['stu:ə,biɐ̯k]

lírio (m)	lilje (f)	['liljə]
gerânio (m)	geranie (f)	[ge'ʁɑ'njə]
jacinto (m)	hyacint (f)	[hya'sen't]

mimosa (f)	mimose (f)	[mi'mo:sə]
narciso (m)	narcis (f)	[nɑ'si:s]
capuchinha (f)	blomsterkarse (f)	['blʌm'stʌ,kɑ:sə]

orquídea (f)	orkide, orkidé (f)	[ɒki'de']
peônia (f)	pæon (f)	[pɛ'o'n]
violeta (f)	viol (f)	[vi'o'l]

amor-perfeito (m)	stedmoderblomst (f)	['stɛmoɐ̯ ,blʌm'st]
não-me-esqueças (m)	forglemmigej (f)	[fʌ'glɛm'mɑ,aj']
margarida (f)	tusindfryd (f)	['tusən,fʁyð']
papoula (f)	valmue (f)	['val,mu:ə]
cânhamo (m)	hamp (f)	['hɑm'p]

hortelã, menta (f)	mynte (f)	['møntə]
lírio-do-vale (m)	liljekonval (f)	['liljə kɔn'val']
campânula-branca (f)	vintergæk (f)	['ventʌˌgɛk]
urtiga (f)	nælde (f)	['nɛlə]
azedinha (f)	syre (f)	['sy:ʌ]
nenúfar (m)	åkande, nøkkerose (f)	['ɔ'kanə], ['nøkəˌʁo:sə]
samambaia (f)	bregne (f)	['bʁɑjnə]
líquen (m)	lav (f)	['lɑw]
estufa (f)	drivhus (i)	['dʁiwˌhu's]
gramado (m)	græsplæne (f)	['gʁasˌplɛ:nə]
canteiro (m) de flores	blomsterbed (i)	['blʌm'stʌˌbəð]
planta (f)	plante (f)	['plantə]
grama (f)	græs (i)	['gʁas]
folha (f) de grama	græsstrå (i)	['gʁasˌstʁɔ']
folha (f)	blad (i)	['blað]
pétala (f)	kronblad (i)	['krɔnˌblað]
talo (m)	stilk (f)	['stel'k]
tubérculo (m)	rodknold (f)	['ʁoðˌknʌl']
broto, rebento (m)	spire (f)	['spi:ʌ]
espinho (m)	torn (f)	['toɡ'n]
florescer (vi)	at blomstre	[ʌ 'blʌmstʁʌ]
murchar (vi)	at visne	[ʌ 'vesnə]
cheiro (m)	lugt (f)	['lɔgt]
cortar (flores)	at skære af	[ʌ 'skɛ:ʌ 'æ']
colher (uma flor)	at plukke	[ʌ 'plɔkə]

191. Cereais, grãos

grão (m)	korn (i)	['koɡ'n]
cereais (plantas)	kornsorter (f pl)	['koɡnˌsɔ:tʌ]
espiga (f)	aks (i)	['ɑks]
trigo (m)	hvede (f)	['ve:ðə]
centeio (m)	rug (f)	['ʁu']
aveia (f)	havre (f)	['hɑwʁʌ]
painço (m)	hirse (f)	['hiɡsə]
cevada (f)	byg (f)	['byg]
milho (m)	majs (f)	['mɑj's]
arroz (m)	ris (f)	['ʁi's]
trigo-sarraceno (m)	boghvede (f)	['bɔwˌve:ðə]
ervilha (f)	ært (f)	['æɡ't]
feijão (m) roxo	bønne (f)	['bœnə]
soja (f)	soja (f)	['sʌja]
lentilha (f)	linse (f)	['lensə]
feijão (m)	bønner (f pl)	['bœnʌ]

GEOGRAFIA REGIONAL

Países. Nacionalidades

192. Política. Governo. Parte 1

política (f)	politik (f)	[poli'tik]
político (adj)	politisk	[po'litisk]
político (m)	politiker (f)	[po'litikʌ]
estado (m)	stat (f)	['stæ'ʔt]
cidadão (m)	statsborger (f)	['stæ'ʔts‚bɒ:wʌ]
cidadania (f)	statsborgerskab (i)	['stæ'ʔts‚bɒ:wʌ‚skæ'ʔb]
brasão (m) de armas	rigsvåben (i)	['ʁis‚vɔʔbən]
hino (m) nacional	nationalsang (f)	[naɕo'næl‚sɑŋʔ]
governo (m)	regering (f)	[ʁɛ'ge'ʔ‚ɡ̊eŋ]
Chefe (m) de Estado	statschef (f)	['stæts‚ɕɛ'ʔf]
parlamento (m)	parlament (i)	[pɑla'mɛnʔt]
partido (m)	parti (i)	[pɑ'tiʔ]
capitalismo (m)	kapitalisme (f)	[kapita'lismə]
capitalista (adj)	kapitalistisk	[kapita'listisk]
socialismo (m)	socialisme (f)	[soɕa'lismə]
socialista (adj)	socialistisk	[soɕa'listisk]
comunismo (m)	kommunisme (f)	[komu'nismə]
comunista (adj)	kommunistisk	[komu'nistisk]
comunista (m)	kommunist (f)	[komu'nist]
democracia (f)	demokrati (i)	[demokʁɑ'tiʔ]
democrata (m)	demokrat (f)	[demo'kʁɑʔt]
democrático (adj)	demokratisk	[demo'kʁɑʔtisk]
Partido (m) Democrático	demokratisk parti (i)	[demo'kʁɑʔtisk pɑ'tiʔ]
liberal (m)	liberalist (f)	[libəʁɑ'list]
liberal (adj)	liberal	[libə'ʁɑʔl]
conservador (m)	konservator (f)	[kʌnsæɡ̊'væ:tʌ]
conservador (adj)	konservativ	[kɔn'sæɡ̊va‚tiwʔ]
república (f)	republik (f)	[ʁɛpu'blik]
republicano (m)	republikaner (f)	[ʁɛpubli'kæ'ʔnʌ]
Partido (m) Republicano	republikansk parti (i)	[ʁɛpubli'kæ'ʔnsk pɑ'tiʔ]
eleições (f pl)	valg (i)	['val'ʔj]
eleger (vt)	at vælge	[ʌ 'vɛljə]

| eleitor (m) | vælger (f) | ['vɛljʌ] |
| campanha (f) eleitoral | valgkampagne (f) | ['valj kɑm'panjə] |

votação (f)	afstemning (f)	['awˌstɛmˀneŋ]
votar (vi)	at stemme	[ʌ 'stɛmə]
sufrágio (m)	stemmeret (f)	['stɛməˌʁat]

candidato (m)	kandidat (f)	[kandi'dæˀt]
candidatar-se (vi)	at kandidere	[ʌ kandi'de'ʌ]
campanha (f)	kampagne (f)	[kɑm'panjə]

| da oposição | oppositions- | [oposi'ɕons-] |
| oposição (f) | opposition (f) | [oposi'ɕoˀn] |

visita (f)	besøg (i)	[be'søˀj]
visita (f) oficial	officielt besøg (i)	[ʌfi'ɕɛlˀ be'søˀj]
internacional (adj)	international	['entʌnaɕoˌnæˀl]

| negociações (f pl) | forhandlinger (f pl) | [fʌ'hanˀleŋʌ] |
| negociar (vi) | at forhandle | [ʌ fʌ'hanˀlə] |

193. Política. Governo. Parte 2

sociedade (f)	samfund (i)	['sɑmˌfɔnˀ]
constituição (f)	konstitution (f)	[kʌnstitu'ɕoˀn]
poder (ir para o ~)	magt (f)	['mɑgt]
corrupção (f)	korruption (f)	[kɒɒp'ɕoˀn]

| lei (f) | lov (f) | ['lɒw] |
| legal (adj) | lovlig | ['lɒwli] |

| justeza (f) | retfærdighed (f) | [ʁat'fæɡ̊ˀdiˌheðˀ] |
| justo (adj) | retfærdig | [ʁat'fæɡ̊ˀdi] |

comitê (m)	komite, komité (f)	[komi'teˀ]
projeto-lei (m)	lovforslag (i)	['lɒw 'fɔːˌslæˀj]
orçamento (m)	budget (i)	[by'ɕɛt]
política (f)	politik (f)	[poli'tik]
reforma (f)	reform (f)	[ʁɛ'fɒˀm]
radical (adj)	radikal	[ʁadi'kæˀl]

força (f)	kraft (f)	['kʁɑft]
poderoso (adj)	mægtig, magtfuld	['mɛgti], ['mɑgtˌfulˀ]
partidário (m)	tilhænger (f)	['telˌhɛŋˀʌ]
influência (f)	indflydelse (f)	['enˌflyðˀəlsə]

regime (m)	regime (i)	[ʁɛ'ɕiːmə]
conflito (m)	konflikt (f)	[kʌn'flikt]
conspiração (f)	sammensværgelse (f)	['sɑmənˌsvæɡ̊ˀwəlsə]
provocação (f)	provokation (f)	[pʁovoka'ɕoˀn]

derrubar (vt)	at styrte	[ʌ 'styɡ̊tə]
derrube (m), queda (f)	omstyrtelse (f)	['awˌsɛtəlsə]
revolução (f)	revolution (f)	[ʁɛvolu'ɕoˀn]

| golpe (m) de Estado | statskup (i) | ['stæ²ts¸kup] |
| golpe (m) militar | militærkup (i) | [mili'tɛɐ̯¸kup] |

crise (f)	krise (f)	['kʁi²sə]
recessão (f) econômica	økonomisk nedgang (f)	[øko'no²misk 'neð¸gaŋ²]
manifestante (m)	demonstrant (f)	[demɔn'stʁɑn²t]
manifestação (f)	demonstration (f)	[demɔnstʁɑ'ɕo²n]
lei (f) marcial	krigstilstand (f)	['kʁis 'tel¸stan²]
base (f) militar	militærbase (f)	[mili'tɛɐ̯¸bæ:sə]

| estabilidade (f) | stabilitet (f) | [stabili'te²t] |
| estável (adj) | stabil | [sta'bi²l] |

| exploração (f) | udbytning (f) | ['uð¸bytneŋ] |
| explorar (vt) | at udbytte | [ʌ 'uð¸bytə] |

racismo (m)	racisme (f)	[ʁɑ'sismə]
racista (m)	racist (f)	[ʁɑ'sist]
fascismo (m)	fascisme (f)	[fa'sismə]
fascista (m)	fascist (f)	[fa'sist]

194. Países. Diversos

estrangeiro (m)	udlænding (f)	['uð¸lɛn²eŋ]
estrangeiro (adj)	udenlandsk	['uðən¸lan²sk]
no estrangeiro	i udlandet	[i 'uð¸lan²əð]

emigrante (m)	emigrant (f)	[emi'gʁɑn²t]
emigração (f)	emigration (f)	[emigʁɑ'ɕo²n]
emigrar (vi)	at emigrere	[ʌ emi'gʁɛ²ʌ]

Ocidente (m)	Vesten	['vɛstən]
Oriente (m)	Østen	['østən]
Extremo Oriente (m)	Fjernøsten	['fjæɐ̯n¸østən]

civilização (f)	civilisation (f)	[sivilisa'ɕo²n]
humanidade (f)	menneskehed (f)	['mɛnəskə¸heð²]
mundo (m)	verden (f)	['væɐ̯dən]
paz (f)	fred (f)	['fʁɛð]
mundial (adj)	verdens-	['væɐ̯dəns-]

pátria (f)	fædreland (i)	['fɛðʁʌ¸lan²]
povo (população)	folk (i)	['fʌl²k]
população (f)	befolkning (f)	[be'fʌl²kneŋ]
gente (f)	folk (i)	['fʌl²k]
nação (f)	nation (f)	[na'ɕo²n]
geração (f)	generation (f)	[genəʁɑ'ɕo²n]

território (m)	territorium (i)	[tæɐ̯i'to²jɔm]
região (f)	region (f)	[ʁɛgi'o²n]
estado (m)	delstat (f)	['del¸stæ²t]

| tradição (f) | tradition (f) | [tʁadi'ɕo²n] |
| costume (m) | skik, sædvane (f) | ['skik], ['sɛð¸væ:nə] |

179

ecologia (f)	økologi (f)	[økolo'gi']
índio (m)	indianer (f)	[endi'æ'nʌ]
cigano (m)	sigøjner (f)	[si'gʌj'nʌ]
cigana (f)	sigøjner (f)	[si'gʌj'nʌ]
cigano (adj)	sigøjner-	[si'gʌjnʌ-]

império (m)	imperium, rige (i)	[em'pe'ɡiɔm], ['ʁi:ə]
colônia (f)	koloni (f)	[kolo'ni']
escravidão (f)	slaveri (i)	[slæwʌ'ʁi']
invasão (f)	invasion (f)	[enva'ɕo'n]
fome (f)	hungersnød (f)	['hɔŋʌs͵nø'ð]

195. Grupos religiosos mais importantes. Confissões

| religião (f) | religion (f) | [ʁɛli'gjo'n] |
| religioso (adj) | religiøs | [ʁɛli'gjø's] |

crença (f)	tro (f)	['tʁo']
crer (vt)	at tro	[ʌ 'tʁo']
crente (m)	troende (f)	['tʁo:ənə]

| ateísmo (m) | ateisme (f) | [ate'ismə] |
| ateu (m) | ateist (f) | [ate'ist] |

cristianismo (m)	kristendom (f)	['kʁɛstən͵dʌm']
cristão (m)	kristen (f)	['kʁɛstən]
cristão (adj)	kristen	['kʁɛstən]

catolicismo (m)	katolicisme (f)	[katoli'sismə]
católico (m)	katolik (f)	[kato'lik]
católico (adj)	katolsk	[ka'to'lsk]

protestantismo (m)	protestantisme (f)	[pʁotəstan'tismə]
Igreja (f) Protestante	den protestantiske kirke (f)	[dən pʁotə'stan'tiskə 'kiɡkə]
protestante (m)	protestant (f)	[pʁotə'stan't]

ortodoxia (f)	ortodoksi (f)	[ɒtodʌk'si']
Igreja (f) Ortodoxa	den ortodokse kirke (f)	[dən ɒto'dʌksə 'kiɡkə]
ortodoxo (m)	ortodoks (f)	[ɒto'dʌks]

presbiterianismo (m)	presbyterianisme (f)	[pʁɛsbytæɡiæ'nismə]
Igreja (f) Presbiteriana	den presbyterianske kirke	[dən pʁɛsbytæɡi'æ'nskə 'kiɡkə]
presbiteriano (m)	presbyterianer (f)	[pʁɛsbytæɡi'æ'nʌ]

| luteranismo (m) | lutheranisme (f) | [lutəʁɑ'nismə] |
| luterano (m) | lutheraner (f) | [lutə'ʁɑ'nʌ] |

| Igreja (f) Batista | baptisme (f) | [bɑp'tismə] |
| batista (m) | baptist (f) | [bɑp'tist] |

Igreja (f) Anglicana	den anglikanske kirke	[dən aŋle'kæ:nskə 'kiɡkə]
anglicano (m)	anglikaner (f)	[aŋgli'kæ'nʌ]
mormonismo (m)	mormonisme (f)	[mɒmo'nismə]

mórmon (m)	mormon (f)	[mɒ'moˀn]
Judaísmo (m)	jødedom (f)	['jø:ðəˌdʌmˀ]
judeu (m)	jøde (f)	['jø:ðə]

| budismo (m) | buddhisme (f) | [bu'dismə] |
| budista (m) | buddhist (f) | [bu'dist] |

| hinduísmo (m) | hinduisme (f) | [hendu'ismə] |
| hindu (m) | hindu (f) | ['hendu] |

Islã (m)	islam (f)	[is'lɑ:m], ['islɑm]
muçulmano (m)	muslim (f)	[mu'sliˀm]
muçulmano (adj)	muslimsk	[mu'sliˀmsk]

| xiismo (m) | shiisme (f) | [ɕi'ismə] |
| xiita (m) | shiit (f) | [ɕi'it] |

| sunismo (m) | sunnisme (f) | [su'nismə] |
| sunita (m) | sunnit (f) | [su'nit] |

196. Religiões. Padres

| padre (m) | præst (f) | ['pʁast] |
| Papa (m) | Paven | ['pæ:vən] |

monge (m)	munk (f)	['mɔŋˀk]
freira (f)	nonne (f)	['nʌnə]
pastor (m)	pastor (f)	['pastʌ]

abade (m)	abbed (f)	['ɑbeð]
vigário (m)	sognepræst (f)	['sɒwnəˌpʁast]
bispo (m)	biskop (f)	['biskʌp]
cardeal (m)	kardinal (f)	[kɑdi'næˀl]

pregador (m)	prædikant (f)	[pʁɛdi'kanˀt]
sermão (m)	prædiken (f)	['pʁɛðəkən]
paroquianos (pl)	sognebørn (pl)	['sɒwnəˌbœɐ̯ˀn]

| crente (m) | troende (f) | ['tʁo:ənə] |
| ateu (m) | ateist (f) | [ate'ist] |

197. Fé. Cristianismo. Islão

| Adão | Adam | ['æˀdɑm] |
| Eva | Eva | ['e:va] |

Deus (m)	Gud	['guð]
Senhor (m)	Herren	['hæːɐ̯ˀn]
Todo Poderoso (m)	Den Almægtige	[dən al'mɛgtiə]

| pecado (m) | synd (f) | ['sønˀ] |
| pecar (vi) | at synde | [ʌ 'sønə] |

| pecador (m) | synder (f) | ['sønʌ] |
| pecadora (f) | synder (f) | ['sønʌ] |

| inferno (m) | helvede (i) | ['hɛlvəðə] |
| paraíso (m) | paradis (i) | ['pɑːɑˌdiˀs] |

| Jesus | Jesus | ['jeːsus] |
| Jesus Cristo | Jesus Kristus | ['jeːsus 'kʁɛstus] |

Espírito (m) Santo	Den Hellige Ånd	[dən 'hɛˌliˀə ˌʌnˀ]
Salvador (m)	Frelseren	['fʁalsʌˀn]
Virgem Maria (f)	Jomfru Maria	['jʌmfʁu mɑˌʁiːa]

Diabo (m)	Djævelen	['djɛːvelən]
diabólico (adj)	djævelsk	['djɛːvəl-]
Satanás (m)	Satan	['sæːtan]
satânico (adj)	satanisk	[sa'tæˀnisk]

anjo (m)	engel (f)	['ɛŋəl]
anjo (m) da guarda	skytsengel (f)	['skøtsˌɛŋəl]
angelical	engle-	['ɛŋlə-]

apóstolo (m)	apostel (f)	[a'pʌstəl]
arcanjo (m)	ærkeengel (f)	['æɐ̯kəˀŋəl]
anticristo (m)	Antikrist	['antiˌkʁɛst]

Igreja (f)	kirke (f)	['kiɐ̯kə]
Bíblia (f)	Bibelen, bibel (f)	['biːbəln], ['biːbəl]
bíblico (adj)	bibelsk	['biˀbəlsk]

Velho Testamento (m)	Det Gamle Testamente	[de 'gɑmlə tɛsta'mɛntə]
Novo Testamento (m)	Det Nye Testamente	[de 'nyːə tɛsta'mɛntə]
Evangelho (m)	evangelium (i)	[evɑŋ'geˀljom]
Sagradas Escrituras (f pl)	Den Hellige Skrift	[dən 'hɛˌliˀə 'skʁɛft]
Céu (sete céus)	Himlen, Himmerige	['hemlən], ['hemʌˌʁiːə]

mandamento (m)	bud (i)	['buð]
profeta (m)	profet (f)	[pʁo'feˀt]
profecia (f)	profeti (f)	[pʁofə'tiˀ]

Alá (m)	Allah	['ala]
Maomé (m)	Muhamed	['muhɑˌmɛð]
Alcorão (m)	Koranen	[ko'ʁanən]

mesquita (f)	moske (f)	[mo'skeˀ]
mulá (m)	mullah (f)	['mula]
oração (f)	bøn (f)	['bœnˀ]
rezar, orar (vi)	at bede	[ʌ 'beˀðə]

peregrinação (f)	pilgrimsrejse (f)	['pilˌgʁɛmsˌʁajsə]
peregrino (m)	pilgrim (f)	['pilˌgʁɛmˀ]
Meca (f)	Mekka	['mɛka]

igreja (f)	kirke (f)	['kiɐ̯kə]
templo (m)	tempel (i)	['tɛmˀpəl]
catedral (f)	katedral (f)	[katə'dʁaˀl]

gótico (adj)	gotisk	['go'tisk]
sinagoga (f)	synagoge (f)	[syna'go:ə]
mesquita (f)	moske (f)	[mo'ske']

capela (f)	kapel (i)	[ka'pɛl']
abadia (f)	abbedi (i)	[abə'di']
convento (m)	kloster (i)	['klʌstʌ]
monastério (m)	kloster (i)	['klʌstʌ]

sino (m)	klokke (f)	['klʌkə]
campanário (m)	klokketårn (i)	['klʌkəˌtɒ'n]
repicar (vi)	at ringe	[ʌ 'ʁɛŋə]

cruz (f)	kors (i)	['kɒ:s]
cúpula (f)	kuppel (f)	['kupəl]
ícone (m)	ikon (i, f)	[i'ko'n]

alma (f)	sjæl (f)	['ɕɛ'l]
destino (m)	skæbne (f)	['skɛ:bnə]
mal (m)	ondskab (f)	['ɔnˌskæ'b]
bem (m)	godhed (f)	['goðˌheð']

vampiro (m)	vampyr (f)	[vɑm'pyɐ̯']
bruxa (f)	heks (f)	['hɛks]
demônio (m)	dæmon (f)	[dɛ'mo'n]
espírito (m)	ånd (f)	['ʌn']

| redenção (f) | forløsning (f) | [fʌ'lø'snɐŋ] |
| redimir (vt) | at sone | [ʌ 'so:nə] |

missa (f)	gudstjeneste (f)	['guðsˌtjɛ:nəstə]
celebrar a missa	at holde gudstjeneste	[ʌ 'hʌlə 'guðsˌtjɛ:nəstə]
confissão (f)	skrifte (i)	['skʁɛftə]
confessar-se (vr)	at skrifte	[ʌ 'skʁɛftə]

santo (m)	helgen (f)	['hɛljən]
sagrado (adj)	hellig	['hɛli]
água (f) benta	vievand (i)	['vi:əˌvan']

ritual (m)	ritual (i)	[ʁitu'æ'l]
ritual (adj)	rituel	[ʁitu'ɛl']
sacrifício (m)	ofring (f)	['ʌfʁʌɛŋ]

superstição (f)	overtro (f)	['ɒwʌˌtʁo']
supersticioso (adj)	overtroisk	['ɒwʌˌtʁo'isk]
vida (f) após a morte	efterliv (i)	['ɛftʌˌliw']
vida (f) eterna	det evige liv	[de 'e:viə liw']

TEMAS DIVERSOS

198. Várias palavras úteis

ajuda (f)	hjælp (f)	['jɛlˀp]
barreira (f)	forhindring (f)	[fʌ'henˀdʁɛŋ]
base (f)	basis (f)	['bæːsis]
categoria (f)	kategori (f)	[katəgo'ʁiˀ]
causa (f)	årsag (f)	['ɒːˌsæˀj]
coincidência (f)	sammenfald (i)	['samənˌfalˀ]
coisa (f)	ting (f)	['tenˀ]
começo, início (m)	begyndelse (f)	[be'gønˀəlsə]
cômodo (ex. poltrona ~a)	bekvem	[be'kvɛmˀ]
comparação (f)	sammenligning (f)	['samənˌliːneŋ]
compensação (f)	kompensation (f)	[kʌmpɛnsa'ɕoˀn]
crescimento (m)	vækst (f)	['vɛkst]
desenvolvimento (m)	udvikling (f)	['uðˌvekleŋ]
diferença (f)	forskel (f)	['fɒːskɛl]
efeito (m)	effekt (f)	[e'fɛkt]
elemento (m)	element (i)	[elə'mɛnˀt]
equilíbrio (m)	balance (f)	[ba'laŋsə]
erro (m)	fejl (f)	['fajˀl]
esforço (m)	anstrengelse (f)	['anˌstʁaŋˀəlsə]
estilo (m)	stil (f)	['stiˀl]
exemplo (m)	eksempel (i)	[ɛk'sɛmˀpəl]
fato (m)	faktum (i)	['faktɔm]
fim (m)	slut (f)	['slut]
forma (f)	form (f)	['fɒˀm]
frequente (adj)	hyppig	['hypi]
fundo (ex. ~ verde)	baggrund (f)	['bawˌgʁɒnˀ]
gênero (tipo)	slags (i, f)	['slags]
grau (m)	grad (f)	['gʁɑˀð]
ideal (m)	ideal (i)	[ide'æˀl]
labirinto (m)	labyrint (f)	[laby'ʁɛnˀt]
modo (m)	måde (f)	['mɔːðə]
momento (m)	øjeblik (i)	['ʌjəˌblek]
objeto (m)	objekt (i)	['ʌbˌjɛkt]
obstáculo (m)	hindring (f)	['hendʁɛŋ]
original (m)	original (f)	[ɒigi'næˀl]
padrão (adj)	standard-	['stanˌdɑd-]
padrão (m)	standard (f)	['stanˌdɑˀd]
paragem (pausa)	ophold (i)	['ʌpˌhʌlˀ]
parte (f)	del (f)	['deˀl]

partícula (f)	partikel (f)	[pɑ'tikəl]
pausa (f)	pause (f)	['pɑwsə]
posição (f)	position (f)	[posi'ɕo'n]
princípio (m)	princip (i)	[pʁin'sip]

problema (m)	problem (i)	[pʁo'ble'm]
processo (m)	proces (f)	[pʁo'sɛs]
progresso (m)	fremskridt (i)	['fʁam‚skʁit]
propriedade (qualidade)	egenskab (f)	['ejən‚skæ'b]

reação (f)	reaktion (f)	[ʁɛak'ɕo'n]
risco (m)	risiko (f)	['ʁisiko]
ritmo (m)	tempo (i)	['tɛmpo]
segredo (m)	hemmelighed (f)	['hɛməli‚heð']
série (f)	serie (f)	['seɐ̯'jə]

sistema (m)	system (i)	[sy'ste'm]
situação (f)	situation (f)	[sitwa'ɕo'n]
solução (f)	løsning (f)	['lø:snɛŋ]
tabela (f)	tabel (f)	[ta'bɛl']
termo (ex. ~ técnico)	term (f)	['tæɐ̯'m]

tipo (m)	type (f)	['ty:pə]
urgente (adj)	haster	['hastə]
urgentemente	omgående	['ʌm‚gɔ'ənə]
utilidade (f)	nytte (f)	['nøtə]

variante (f)	variant (f)	[vɑi'an't]
variedade (f)	valg (i)	['val'j]
verdade (f)	sandhed (f)	['san‚heð']
vez (f)	tur (f)	['tuɐ̯']
zona (f)	zone (f)	['so:nə]

www.ingramcontent.com/pod-product-compliance
Lightning Source LLC
Chambersburg PA
CBHW071340090426
42738CB00012B/2954